飞盘运动

主 编 郑 淳

北京体育大学出版社

策划编辑　张　力
责任编辑　张　力
责任校对　任　侠
版式设计　联众恒创

图书在版编目（CIP）数据

飞盘运动 / 郑淳主编. -- 北京 : 北京体育大学出版社, 2024.4（2025.8重印）
ISBN 978-7-5644-3987-3

Ⅰ. ①飞… Ⅱ. ①郑… Ⅲ. ①飞盘—文娱性体育活动—基本知识 Ⅳ. ①G898.1

中国国家版本馆CIP数据核字（2023）第237548号

飞 盘 运 动
FEIPAN YUNDONG
郑　淳　主编

出版发行：北京体育大学出版社
地　　址：北京市海淀区农大南路 1 号院 2 号楼 2 层办公 B-212
邮　　编：100084
网　　址：http：//cbs.bsu.edu.cn
发 行 部：010-62989320
邮 购 部：北京体育大学出版社读者服务部 010-62989432
印　　刷：三河市龙大印装有限公司
开　　本：710mm × 1000mm　1/16
成品尺寸：170mm × 240mm
印　　张：14.5
字　　数：216 千字
版　　次：2024 年 4 月第 1 版
印　　次：2025 年 8 月第 2 次印刷
定　　价：48.00 元

编 委 会

主　　编：郑　淳

副 主 编：梁　壮　周　杰　王海棠

编写组成员：孙钰瀚　孙钰浩　廖小琼　徐　祺
刘　伟　许盛涛　刘　皞　郑　励
牛珍龙　殷琦凯　王海粟　侯焙涵
沈莹莹

一本书了解飞盘运动的来龙去脉，掌握飞盘运动基本技巧和教学方式，熟知飞盘比赛的竞赛组织，理解飞盘精神。

前 言

2008 年，我在天津体育学院首次接触到飞盘运动时，飞盘运动在国内还处在一个非常初级的阶段，参与者寥寥，基本是外籍玩家和极少数的高校在校学生。他们对飞盘技能的学习、飞盘比赛战术的训练、规则的认知都是通过口口相传。在这个阶段，飞盘运动的文字资料很少，一部分是对外文的翻译，一部分是早期参与者的零散记录，呈现碎片化状态。在撰写毕业论文时，我选择了飞盘运动方向的选题。我当时就认为需要有体系化的飞盘运动书籍为飞盘运动的从业者、教练、参与者提供更全面细致的飞盘运动资料。

2014 年，《关于加快发展体育产业促进体育消费的若干意见》的出台为全国体育运动的发展创造了广阔的空间，包括飞盘运动在内的小众运动获得了越来越多的关注。飞盘运动因其安全性高、易上手、成本低的特点，成为一部分学校校园体育教育新兴项目的选择，开始在各级各类学校生根发芽。我在这个过程中参与了不少飞盘运动在学校的推广和教学工作，从课程和活动设计到校本教材的编写，逐渐形成了飞盘运动教学的体系思路，并且愈发认为，一本能呈现飞盘运动整体发展情况、技战术教学、规则学习的书对于其发展十分必要。

2019 年，国家体育总局社会体育指导中心开始对飞盘运动进行监管，指导整个飞盘运动的发展，飞盘教练、裁判员（观察员）体系开始建立，基层的飞盘运动培训、教练梯队建设、校园飞盘教学等需求日渐增加，零散的教学资料已经无法满足飞盘运动发展的需求。基于此，我开始联合教练、在校教师撰写本书，希望能为飞盘运动的发展尽绵薄之力。

本书共八章。第一章是飞盘运动概述，从飞盘运动的起源说起，梳理了国内外飞盘运动发展的历程，分析了飞盘运动的价值，希望读者可以通过了解飞盘运动的历史来寻找更好的发展方式。第二、四、五章是飞盘运动项目的技战术讲解和运动开展方式的介绍，主要围绕目前主流的三个运动项目——团队飞盘、掷准飞盘、躲避飞盘来展开，以为教练、教师的日常训练、授课提供支持。第三、六、七、八章的内容围绕飞盘运动做了延伸，涉及飞盘运动的竞赛组织、体能训练、心理调节和运动损伤，为更好地开展飞盘运动提供保障性的内容。

本书的编写离不开飞盘圈的朋友们和在校老师们的支持，衷心感谢参与本书编写的每一位成员，因篇幅有限，在此不一一致谢，期待未来可以再次共事。

飞盘运动是一项有教育意义、充满活力的运动，未来的发展空间广阔。希望本书的出版可以起到抛砖引玉的作用，吸引更多人参与到飞盘运动的推广中来，打造飞盘运动的良好氛围，实现飞盘运动的内在价值。

郑　淳

2021年6月7日

目 录

第一章 飞盘运动概述

一、飞盘运动的起源和发展

飞盘运动的起源可以追溯到公元前 8 世纪的古希腊。当时，古希腊人会通过投掷圆盘类的坚硬物体来打猎或者进行军事训练，直到 20 世纪初的时候，才产生了用于休闲娱乐的飞盘运动。

20 世纪初，美国一家叫作弗里斯比（Frisbie）的餐厅制作的披萨深受周边大学生的欢迎，用餐结束后，学生们经常通过相互投掷圆形的外卖披萨盘来进行娱乐。由于披萨盘上印有“Frisbie”的标志，所以学生们会在投掷时大喊“Frisbie”来提醒其他人注意躲避。“Frisbie（或者 Frisbee）”这个名称也一直沿用至今。

美国西海岸的发明家莫里森在接触到这项娱乐活动后对其材质进行了改进，制作出了世界上第一个塑料飞盘，当时称为冥王星浅盘（Pluto Platter）。1955 年，美国玩具制造商威猛奥将莫里森招至麾下，正式在流水线生产塑料飞盘玩具，并将其销往全球。塑料飞盘的产生使得飞盘的飞行更加稳定，飞行距离更远，飞行轨迹更加丰富，从而提升了飞盘的可玩性，为丰富飞盘运动的玩法提供了基础。1967 年，威猛奥公司成立了国际飞盘运动协会（IFA），作为公司的飞盘运动推广部门，通过赞助飞盘赛事和飞盘运动员来推销自己的飞盘产品，在获得销量提升的同时，大大促进了飞盘运动在全世界尤其是在北美和欧洲的发展。1983 年，威猛奥公司被收购，国际飞盘协会停止运行，其时共有 30 个国家约 10 万名运动员。

飞盘运动发展大事记

1871 年　威廉·拉塞尔·弗里斯比在康涅狄格州布里奇波特管理一家披萨公司,之后他买下了这家公司并将它命名为弗里斯比(Frisbie)披萨公司。

1947 年　弗雷德·莫里森用一块醋酸丁酸纤维素塑料制作出第一个塑料飞盘。

1951 年　第一个批量生产的飞盘——“冥王星”飞盘投入市场。

1954 年　美国达特茅斯大学举办了勇气飞盘赛，比赛每边有两人参赛。

1957 年　美国的玩具厂商威猛奥从莫里森手中买下飞盘的版权。

1959 年　威猛奥在 5 月 26 日注册了“Frisbee”这个名字作为商标，商标代码 679186。

1964 年　由爱德·海德里克设计的专业飞盘模型由威猛奥推出。

1966 年　爱德·海德里克获得了编号 3359678 的飞盘第一项机械专利。海德里克以 10 美元的价格将引进“海德里克系列”的专利并将其转让给了威猛奥。

1967 年　乔尔·西尔弗和其他人在位于新泽西州梅普伍得的哥伦比亚高中发明了团队飞盘比赛。

国际飞盘协会（IFA）由爱德·海德里克在洛杉矶成立。

1968 年　国际飞盘协会大师赛预选赛于 4 月 27 日在加利福尼亚州帕萨迪纳的玫瑰碗体育场举行，杰伊·谢尔顿获得冠军。

第一场团队飞盘比赛在哥伦比亚高中举行。

威猛奥公司发布了由爱德·海德里克设计的飞盘主模型。

1969 年　国际飞盘协会组织了“伯克利 VS 南加州飞盘赛”。比赛项目包括飞盘掷远赛、飞盘掷准赛、飞盘勇气赛和掷准飞盘赛。比赛在加利福尼亚州帕萨迪纳的布鲁克塞德公园举行，这是第一个已知的掷准飞盘锦标赛，当时使用呼啦圈作为临时的掷准目标。伯克利差不多在同一时间布置了使用钢管制作的目标筐。

1970 年　《团队飞盘比赛规则》的第一版和第二版由巴兹·赫林、约珥·西尔佛和乔恩·海因斯编写。

1971 年　五支队伍在美国新泽西州组成了新泽西飞盘联盟。

1972 年　罗格斯大学以 29 比 27 击败普林斯顿大学，这是第一场高校间的团队飞盘比赛。巧合的是，103 年以前，第一场橄榄球比赛正是在同一个场地（已经变成了停车场），同一支球队以同样的优势获胜。

1974 年　5 月，第一届飞盘全能赛在新泽西州新布伦瑞克的罗格斯大学举办。这次比赛有 8 个项目。

在多伦多举办的 1974 年加拿大飞盘公开赛上，吉姆·肯纳和肯·韦斯特菲尔德第一次向大众介绍了花式飞盘并赢得了冠军。

8 月 2 日，美国飞盘公开赛在美国罗切斯特举行。丹·罗迪克获得了掷准飞盘赛的冠军，并获得了一辆汽车作为奖励。

威猛奥在玫瑰碗体育场举办了第一届世界飞盘锦标赛。

1975 年　第一个永久性的掷准飞盘场地由肯和爱德·海德里克在帕萨迪纳橡树林建造，投掷目标筐是用钢管制作的。

第一场有组织的团队飞盘锦标赛——耶鲁大学校际飞盘锦标赛在美国举行，八支队伍参加了比赛，罗格斯大学获得冠军。

1976 年　肯和爱德·海德里克在橡树林地区和拉米拉达安装了第一个带链条的掷准飞盘目标筐。

耶鲁团队飞盘锦标赛更名为全美团队飞盘锦标赛，罗格斯大学再次获得冠军。

1977 年　第一项链条抓取设备专利（4039189）于 8 月 12 日发布给肯和爱德·海德里克，他们两人成立了世界职业掷准飞盘协会（PDGA）。

1978　双飞盘赛首次被纳入世界飞盘锦标赛。

在瑞典举办了第一次室内团队飞盘比赛，对阵双方是斯科格什伊丹和哈尔姆斯塔德。

1979 年　美国团队飞盘协会（LPA）于 12 月成立，汤姆·肯尼迪当选为第一任主席。

1980 年　第一届欧洲团队飞盘锦标赛在巴黎举行。芬兰、英国、瑞典分别获得第一、第二和第三名。

欧洲个人飞盘锦标赛在比利时举行。

1981 年　欧洲飞盘联合会成立。

在意大利米兰举行的欧洲团队飞盘和勇气飞盘锦标赛上，瑞典队获得了团队飞盘和飞盘勇气赛两项冠军。

瑞典的彼得詹森赢得了在埃森举行的第一届欧洲掷准飞盘锦标赛冠军。

1982 年　美国飞盘运动协会成立。

第一届世界掷准飞盘锦标赛在南加州举行，爱德·海德里克为赛事主管。

1983 年　在塔夫茨举办的第一届美国团队飞盘协会全国大学生比赛上，斯坦福大学战胜格拉斯伯罗大学获得了冠军。

世界团队飞盘和勇气飞盘锦标赛在瑞士的卢森举行，其间提出的成立世界飞盘联合会的提议，得到了大部分参赛国家的认可。

1984 年　世界飞盘联合会（WFDF）成立。

1985 年　第一届世界飞盘联合会世界掷准飞盘锦标赛在瑞典赫尔辛堡举行。

第一届世界飞盘联合会大会召开，英格兰的查理·米德当选主席，瑞典的约翰·林德格伦当选秘书。

1987 年　第一届世界飞盘联合会世界飞盘全能锦标赛在美国柯林斯堡举行。

在马萨诸塞州阿默斯特举办的团队飞盘锦标赛有约 80 支队伍参加。

1989 年　飞盘运动在卡尔斯鲁厄举行的世界运动会上作为表演项目展示。

1991 年　第二届世界俱乐部飞盘锦标赛在加拿大多伦多举行。

世界飞盘联合会飞盘全能锦标赛和世界飞盘联合会大会在美国加利福尼亚州圣克鲁斯举行。

1992 年　世界飞盘联合会大会于 8 月 16 日在宇都宫举行。美国的罗伯特·劳赫当选为世界飞盘联合会的新主席。

1993 年　第一届世界飞盘联合会团队飞盘锦标赛在美国举行。

1994 年　第七届世界团队飞盘与勇气飞盘锦标赛在英国科尔切斯特举行。在锦标赛期间举办的世界飞盘联合会大会上，比尔·赖特当选为世界飞盘联合会的新主席。

1995 年　世界飞盘联合会被认可为国际体育联合会（GAISF）和国际世界运动会（IWGA）的正式成员。

2001 年　团队飞盘比赛成为世界运动会正式比赛项目，2001 年至 2009 年，比赛采用 6 人制的混合形式，每队上场 3 名男选手 3 名女选手。2013 年开始采用 7 人制混合赛。每次比赛由上一年世界团队飞盘锦标赛的前五名以及主办国参加。

2015 年　世界飞盘联合会正式成为国际奥林匹克委员会（IOC）成员，并开始申请将团队飞盘赛事纳入奥运会主竞赛项目。

二、飞盘运动的分类

（一）团队飞盘（Ultimate Frisbee）项目介绍

据世界飞盘联合会统计，至 2018 年年底，全球已有超过 1000 万名团队飞盘玩家。2016 年在伦敦举行的世界飞盘锦标赛共有来自全球 50 多个国家的 3964 名运动员参赛，规模达到历史新高。团队飞盘运动也被《时代周刊》评为 21 世纪发展最快的团队运动项目。

团队飞盘是一项没有身体接触、通过自我裁判来开展的飞盘竞赛项目，官方比赛所用飞盘重量为175克。比赛在一块100米长、37米宽的草地上进行，场地每边各有一个37米宽、18米长的得分区。比赛由两支队伍进行对抗，每队有7名队员在场上，分为公开组（男女均可参加、无性别比例要求）、女子组和混合组（有男女比例要求），其中混合组场上必须有至少3名女队员在场。每一方队伍防守一个得分区。如果一名己方队员在对方防守的得分区中成功接住飞盘，就得一分。

（二）掷准飞盘（Disc Golf）项目介绍

掷准飞盘是近年发展较快的新兴运动之一。掷准飞盘是一项非常容易上手、趣味性极高的运动。无论是高水平的专业比赛，还是集体出游的休闲体验，掷准飞盘都将带给玩家极佳的运动和观赏体验。

该运动人口以每年15%的速度增长，北美已拥有超过6000个掷准飞盘场地，呈高速发展状态，2017年一年，北美地区就新增了600个场地。

掷准飞盘是飞盘与高尔夫球规则结合的运动。规则玩法与高尔夫球类似，但跟高尔夫球用球杆将球打入球洞不同，掷准飞盘使用塑料飞盘投入金属目标筐。

作为职业运动，2019年全球赛事有4651个，参赛者322491人，总奖金5579546美元。全球赛事数量、赛事规模和参赛人数都在快速增长。

掷准飞盘比赛中，运动员的目标是用尽可能少的飞盘投掷次数完成场地上所有目标筐的投掷。比赛场地通常包含9～18个目标筐，每一筐为一个单独记分单元。在每一筐的比赛中，从开盘区开始开盘，后续的每次投掷都从上次投掷的落停点开始，直至将飞盘投入目标筐。当选手完成一个筐的比赛后，便去下一个筐的开盘区继续投掷，直到完成所有目标筐的投掷。

掷准飞盘比赛形式分为个人赛和双人赛，其中双人赛又分为好盘、坏盘、轮流投掷等不同的竞赛形式。

掷准飞盘场地通常在具有各种不同地势的景区或公园中，在那里树木和坡道对飞盘形成自然障碍。掷准飞盘场地利用率高，对场地改造小，可最大限度地保留和保护自然风景。

（三）躲避飞盘项目介绍

躲避飞盘比赛是一项以安全为优先的运动，结合了躲避球赛的部分规则及飞盘运动的投掷动作与飞盘的飞行，具有多变的竞赛规则，无论是幼儿园的小朋友还是成年人均可以一起享受掷盘乐趣。躲避飞盘运动使用以尼龙加泡棉材质制作的飞盘，安全性高。场地尺寸 9 米 ×18 米，与排球场大小相同。整个比赛场地分为内外场，双方在一开始可以自由安排内外场人数，但外场至少有一人。一方将对方内场队员全部击打出局或比赛结束后，内场存活人数较多的一方获胜。

（四）飞盘狗项目介绍

飞盘狗竞赛是由人和狗通过飞盘来进行配合的竞技运动，包括掷远接盘比赛、自由花式飞盘狗等项目。这项运动是为了通过参赛的宠物狗和其主人之间的配合来展现他们之间的羁绊。

（五）飞盘勇气赛（Guts）项目介绍

飞盘勇气赛是一项高速运动，在这项运动中，玩家以最快的速度和大幅度运动来掷出飞盘，让对手队伍在 14 米外无法用一只手将其抓住。由于飞盘飞行速度一般超过 80 千米 / 小时，所以玩家的反应时间不到一秒。

比赛形式为每队 5 人，有两条平行的得分线，得分线长 15 米，两条得分线之间距离为 14 米。双方队员站在得分线后，交替地将飞盘掷向对方，攻破对方得分线，和接住对方掷来的飞盘防守自己的得分线。当防守方没有接住进攻方掷出的合规盘，则进攻方得 1 分；当进攻方掷盘违规时，防守方得 1 分；当飞盘被接住时，双方均不得分。首先获得 21 分的队获胜。

（六）飞盘运动其他项目

1. 回收飞盘赛

回收飞盘赛包括回收计时赛（图 1–1）和回收距离赛（图 1–2）两项。选手判断风向，以一定的角度将飞盘用力掷向空中，之后阅读飞盘的运动轨迹并在其落地之前单手将飞盘接住。在回收计时赛中，选手的目标是使出盘和接盘之间的时间最大化；在回收距离赛中，选手的目标是使投掷点和接盘点之间的距离最大化。

图 1–1　回收计时赛

图 1–2　回收距离赛

2. 飞盘掷准赛

飞盘掷准赛（图 1–3）要求选手将飞盘精确地掷入距离地面 1 米的 1.5 米 ×1.5 米方形的目标筐（图 1–4）。一共有 7 个不同方向、不同距离的目标筐，选手在每个目标筐有 4 次投掷机会，一共 28 次。飞盘掷准赛的世界纪录是 28 投 25 中。

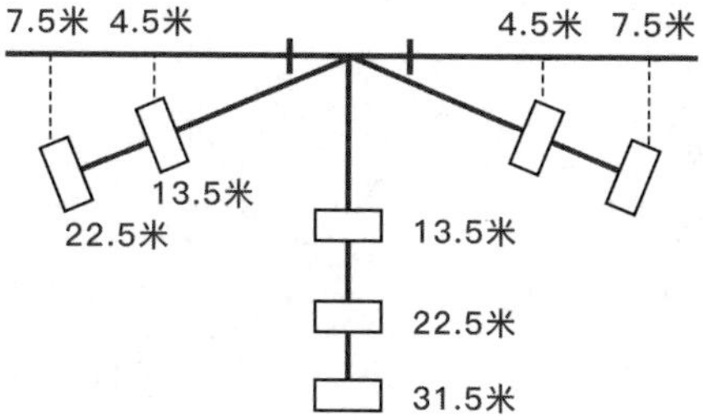

图 1–3　掷准赛场地布局

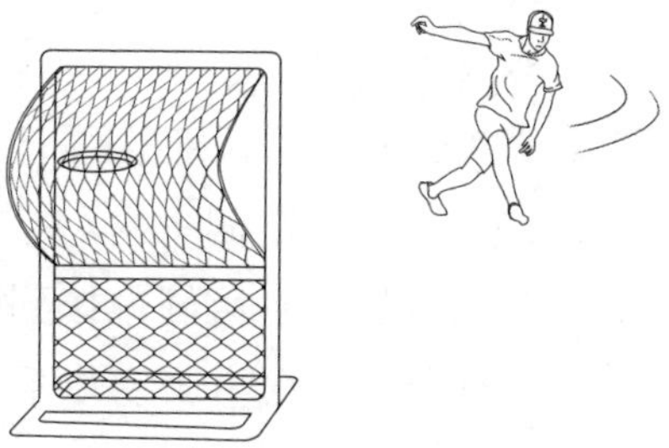

图 1–4　将飞盘投入掷准赛目标筐

3. 飞盘掷远赛

飞盘掷远赛指选手在规定的一条线后将飞盘尽可能远地掷出（图 1–5）。选手有 5 次尝试的机会，其中飞盘落地点与投掷线距离最远的一次即为最终成绩。

图 1–5　飞盘掷远赛选手将飞盘用力掷出

4. 飞盘越野赛

飞盘越野赛指选手从起点开始，携带 2 个或 3 个飞盘交替掷出，使飞盘从指定方向绕过障碍，经多次投掷后使飞盘通过终点（图 1–6）。选手将飞盘掷出后，奔跑至飞盘的停留处后方可投掷另一个飞盘，之后捡起飞盘奔向下一个投掷点，以此类推。选手的目标是用最短的时间完成比赛。飞盘越野赛一般在开放的公园中进行，赛道长度从 200 米到

1000 米不等。

5. 双人飞盘赛

双人飞盘赛中，每个队两个人分别站在两个 13 米 ×13 米的区域内，两个区域相距 17 米（图 1–7）。比赛开始时双方各持一个飞盘，同时掷向对方的区域，在区域内接到对手掷来的飞盘后，须在接盘处再次投掷，如此往复。得分方式有以下几种：①当飞盘在对方区域内触地，并停留在其中，得 1 分；②当对方两名运动员同时持有两个飞盘，得 2 分；③当飞盘在区域外触地，对方得 1 分。

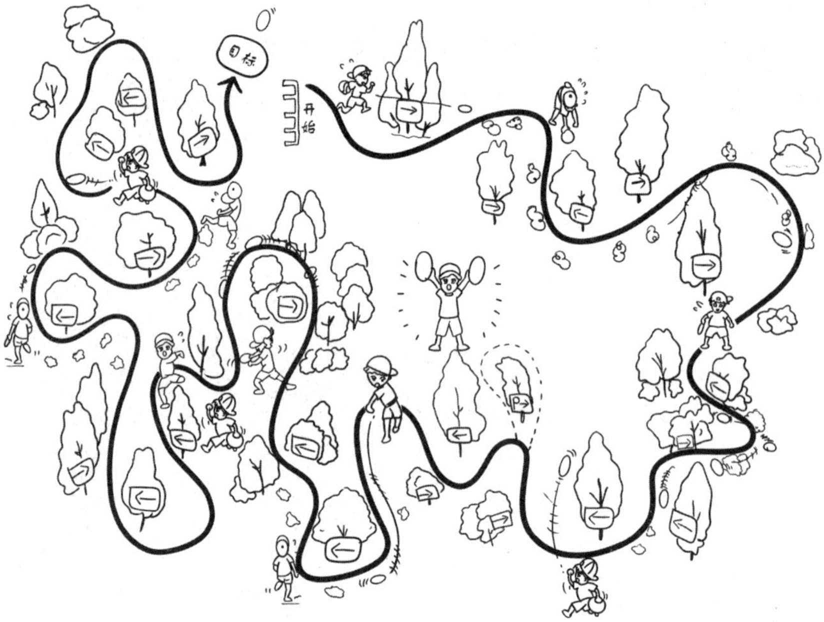

图 1–6　飞盘越野赛场地设计

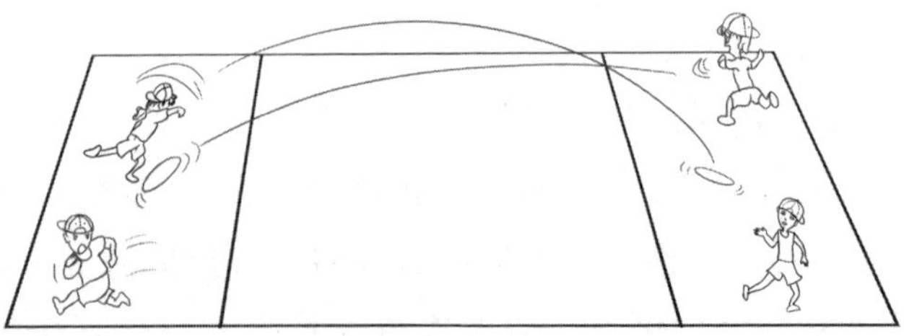

图 1–7　双人飞盘赛比赛示意图

6. 花式飞盘赛

用飞盘表演创造性、艺术性和运动性的动作是花式飞盘的精髓。在花式飞盘赛中，运动员将体操和舞蹈与飞盘的传接相结合来进行表演（图1–8）。可以一个人完成，也可以两人一队，使用一个或多个飞盘配合音乐完成精心排练的表演。

花式飞盘由最初简单的背后接盘开始，逐渐发展出了更多观赏性极高的动作与组合，如指甲延迟、胯下传接、上下抛盘、绕胸转盘等。表演时长为3～5分钟，评委根据难度（10）、艺术表现（10）和完成度（10）来进行评分，得分高的队伍或个人获胜。

图 1–8　花式飞盘选手配合音乐展示花式技术

三、飞盘运动的锻炼价值

（一）健身价值

参与飞盘运动需要运用到跑、跳、投掷等基本的身体动作，能锻炼力量、耐力、速度等一般身体素质，还可以发展灵敏、弹跳、反应等专项身体素质，让人在充满乐趣的比赛活动中锻炼身体，摆脱枯燥的基础练习。同时，无氧运动与有氧运动的结合使得参与飞盘运动的人既可以锻炼到心肺功能，又能达到增强肌肉力量、塑造身型的目的。

（二）益智价值

飞盘运动中蕴含了很多智慧。飞盘在空中旋转时，不同角度产生的飞行弧线包含了很多数学和物理原理，可以激发青少年的好奇心，促进青少年的思考。团队飞盘和躲避飞盘比赛中，赛前的人员安排、策略计划、场上的执行以及赛后的总结需要参与者充分发挥领导能力、决策能力、观察能力、大局观和共情能力。

（三）德育价值

飞盘精神提倡的公平公正、开放、诚信、团队合作、守则等精神不论在运动场上还是在平时的生活学习中都是为人处世的基础。通过参与飞盘运动，在运动中潜移默化地理解和学习这些优良品德，并在生活学习中体现，有助于参与者心理上的健康成长，有助于参与者在成长的关键时段塑造良好品德以及在成年后树立良好的公民道德意识。

同时，团队飞盘赛中“盘不落地，永不放弃”的理念体现了飞盘运动中的拼搏精神，鼓励参与者不放弃每一次可以抓住飞盘的机会。参与者在生活学习中也难免会遇到难以解决的困难，通过参与飞盘运动，可以培养拼搏奋斗的精神，在面对困难的时候学会不放弃，努力争取，完成自己的目标，实现梦想。

（四）娱乐价值

飞盘运动具有上手容易、安全性高、参与成本低、玩法多样的特点，男女老少、不同年龄的人群都可以参与其中，不论是日常的休闲娱乐、家庭的亲子游戏、老年人的健身活动，还是年轻人喜欢的高强度、快节奏的激烈竞技，飞盘运动都可以提供相应的玩法，满足不同人群的需求，非常符合全民健身的潮流。

（五）社交价值

运动可以打破人与人之间的隔阂，飞盘运动更是如此。飞盘运动作为一项新兴的运动项目，持有开放、包容、快乐的价值观，能吸引不同人群参与其中，通过飞盘的价值观相互融合。在众多企业团建活动中，飞盘运动成为近几年的新时尚，包括华为、百度、阿里巴巴、腾讯等在内的科技公司都选择了飞盘运动作为新员工的团队建设项目，通过共同参与飞盘运动来迅速打破新老员工之间的隔阂，帮助新员工更好地融入团队。国企、银行等大型企业也将飞盘运动加入了职工运动会等公司内部的集体活动，以丰富员工的日常生活，帮助员工释放压力。

（六）经济价值

飞盘运动拥有巨大的发展潜力，近几年的运动活跃人口快速增加，由此产生的相关器材销售充分带动了上下游的产业发展。飞盘运动在青少年中的普及创造了飞盘运动青训市场，为体育培训提供了全新的就业机会。目前，飞盘专业教练员数量严重不足，培训市场火爆。

飞盘项目的竞赛还带动了体育竞赛参与和观赏市场的发展，促进了体育旅游产业的发展。在 2019 年 7 月 23—27 日举行的亚洲大洋洲飞盘锦标赛中，来自 11 个国家的近 600 名运动员参加比赛，吸引了数千人次的观众到现场观赛。2019 年全年有 40 多场各地的飞盘赛事，参与人次数万，由此带动了当地的旅游参观、酒店住宿及餐饮业的发展。掷准飞盘赛事的举办更是成为城市的亮点，为城市宣传打造了全新的形象。

四、飞盘运动的管理机构

（一）国际机构

1. 世界飞盘联合会

世界飞盘联合会（World Flying Disc Federation, WFDF）是一个国际性的飞盘运动组织（图 1–9），管理包含团队飞盘（草地和沙滩）、掷准飞盘、花式飞盘、飞盘勇气赛、飞盘全能赛等在内的飞盘运动项目。世界飞盘联合会是国际奥林匹克委员会及国际残疾人奥林匹克委员会

（IPC）、国际大学生体育联合会（FISU）、国际体育联合会协会（ARISF）、国际单项体育联合会总会、国际世界老将运动会协会（IMGA）和国际世界运动会协会成员，还是世界反兴奋剂组织的签署组织之一。

图 1–9　世界飞盘联合会在 2015 年正式成为国际奥林匹克委员会的成员

世界飞盘联合会现有来自 95 个国家和地区的会员单位，其中有 20 个国家和地区单位被当地奥委会承认，包括美国、法国、芬兰、英国、瑞典、瑞士、荷兰、挪威、波兰、日本等。据不完全统计，目前全世界有超过 2000 万的飞盘玩家。参与飞盘运动的人数过去十年平均增长率超过 11%。

2. 世界职业掷准飞盘协会

世界职业掷准飞盘协会（PDGA）于 1976 年在美国成立，是管理与推动掷准飞盘运动在全球发展的非营利性组织（图 1–10）。在全球，世界职业掷准飞盘协会拥有 54 个会员国成员。

图 1–10　世界职业掷准飞盘协会官方标志

在世界职业掷准飞盘协会的推动下，全球世界职业掷准飞盘协会正式注册的掷准飞盘运动员已超 12 万名，并有逾 600 万玩家在参与这项运动。世界职业掷准飞盘协会年龄纪录最小的参赛选手为 6 岁，最大年龄为 94 岁。在过去的十年，玩家每年增长率保持在 15% 以上。目前，世界职业掷准飞盘协会推动参与的认证赛事每年超过 4000 场。注册成为世界职业掷准飞盘协会会员，可以在世界职业掷准飞盘协会认证的赛事中获得积分，并参与全球排名，相关信息可在世界职业掷准飞盘协会官网随时查询。

世界职业掷准飞盘协会非常重视中国掷准飞盘运动的发展，2018 年，世界职业掷准飞盘协会国际部主席布赖恩·霍尼日、名人堂成员大卫·格林威尔以及最年轻的掷准飞盘赛世界冠军威尔·舒斯特里克到中国进行了为期两周的运动推广，其中包括给青少年玩家进行掷准飞盘启蒙教学课。未来，世界职业掷准飞盘协会将会继续派遣更多的国际顶级运动员前来中国开展交流和教学。

（二）国内机构

国内飞盘运动管理机构为全国飞盘运动推广委员会（以下简称“委员会”）。它是遵照国家体育总局的要求，在国家体育总局社会体育指导中心（以下简称“社体中心”）领导下成立的全国飞盘运动推广机构（图 1-11）。委员会的宗旨是遵守宪法、法律、法规和国家政策，遵守社会道德风尚，自觉加强诚信自律建设，在全国范围内推广和发展飞盘运动，团结和组织全国飞盘运动爱好者和工作者，促进飞盘运动技术水平和理论水平的提高，为全民健身计划和构建和谐社会服务。委员会接受社体中心的业务指导和监督管理。

全国飞盘运动推广委员会
CHINESE FLYING DISC ADMINISTRATIVE COMMITTEE

图 1-11　国家体育总局社会体育指导中心全国飞盘运动推广委员会标志

五、飞盘运动赛事介绍

（一）国际飞盘赛事

1. 世界飞盘锦标赛

1974 年，第一届世界飞盘锦标赛（WUGC）成功举办。在 1974—1982 年，每隔一年举办一次赛事。1983 年，世界飞盘联合会成立之后成功举办了第一届比赛，从此一直到 2000 年均为每隔 2 年举办一次比赛。2000—2016 年改为每 4 年举办一次比赛。

2. 世界飞盘俱乐部锦标赛

1989 年在德国科隆举办了为期 4 天的世界飞盘俱乐部锦标赛（WUCC），设立了公开组和女子组，在 1989—1999 年均为两年举办一届比赛，在 1999—2018 年改为 4 年一届，设有男子组、女子组、混合组三个组别。

3. 世界 24 岁以下青年飞盘锦标赛

2013 年，在加拿大多伦多举办了第一届世界 23 岁以下青年飞盘锦标赛（WU24UL），为期 6 天。时隔 2 年，在 2015 年举办了第二届比赛。2018 年，该项赛事改名为世界 24 岁以下青年飞盘锦标赛，2019 年，世界 24 岁以下青年飞盘锦标赛在德国海德堡举办。

4. 世界沙滩飞盘锦标赛

2011 年在意大利的利尼亚诺萨比亚多罗举办了第一届世界沙滩飞盘锦标赛（WCBU），设公开组、女子组、混合组、大师组。在 2015 年举办了第二届世界沙滩飞盘锦标赛，增加了一个女子大师组，去掉了一个大师组。2017 年举办了第三届比赛，设男子组、女子组、混合组、老将组。

5. 亚洲大洋洲飞盘锦标赛

亚洲大洋洲飞盘锦标赛（AOUGC），共举办了 3 届，比赛为 4 年一届。第一届比赛仅有公开组和混合组两个组别，第二届比赛增加了女子组别，在 2019 年第三届比赛中增加了男子组和勇气赛。2019 年亚洲大洋洲飞盘锦标赛是中国第一次承办的国际飞盘赛事。

6. 世界掷准飞盘团体锦标赛

世界掷准飞盘团体锦标赛是由世界飞盘联合会主办的 2 年一届的国际掷准飞盘赛事。比赛设置 4 个组别：公开组、女子组、大师组和青少年组。每个代表队由至少 3 名公开组选手、1 名女子组选手、1 名大师组选手和 1 名 18 岁以下的青少年组男或女选手组成，且队伍上限为 12 人。各个代表队将在 4 天内进行 5 轮比赛的角逐，从小组赛到淘汰赛，最后决出冠军。

世界掷准飞盘团体锦标赛共举办过 3 届。第一届于 2016 年在加拿大温哥华举办，第二届于 2017 年在英国科尔切斯特举办，第三届于 2019 年在爱沙尼亚举办。

7. 飞盘全能赛

飞盘全能赛类似于田径运动中的七项全能赛，包含 7 个飞盘运动项目，其中大多数是个人项目。这些项目考验了运动员的各项飞盘技能和运动能力，在比赛中得分最高的运动员获得优胜。一场完整的飞盘全能赛包括：回收飞盘赛、飞盘掷准赛、飞盘掷远赛、飞盘越野赛、双人飞盘、花式飞盘比赛和掷准飞盘赛。

世界飞盘联合会主办的世界飞盘全能锦标赛每 2 年一届，是目前规模最大的飞盘全能赛事。

（二）国内飞盘赛事

1. 全国飞盘公开赛

全国飞盘公开赛，是全国性的规模最大、竞技水平最高且具有广泛影响力的飞盘赛事。该赛事的目的是提供一个高竞技水平的交流平台，提高中国飞盘运动的竞技水平，丰富全民健身活动并使人民群众了解、接触和开展飞盘运动。

2. 全国青少年飞盘公开赛

全国青少年飞盘公开赛是飞盘运动推广及飞盘运动体系建设的重要组成部分，飞盘项目自进入中国以来，吸引了众多青少年参与其中，全国各省（区、市）引入飞盘项目作为体育教学项目的学校数量不断增加。飞盘项目男女混合参与、青年化的特点与国际奥委会未来发展计划中提到的男女平等和重视青奥会十分吻合。

3. 全国飞盘城市系列赛

全国飞盘城市系列赛为在全国范围落地的飞盘分站赛事。目标是满足已开展飞盘运动的城市及周边城市的赛事需求，吸引更多飞盘爱好者及群众参与到飞盘赛事中，推动飞盘运动的发展，将这项休闲与竞技兼顾的运动带入全民健身活动中。

4. 中国大学生飞盘联赛

中国大学生飞盘联赛是中国大学生体育协会举办的国内最高标准、最高水平的大学生飞盘赛事，比赛设置东南西北四个赛区，每个赛区获得相应的参加总决赛的名额，获得名额者参与最终的总决赛，决出冠军。

该赛事为高校飞盘运动员提供了一个高水平竞技的平台，有利于进一步强化国内优秀青年运动员的竞赛能力，并为国家队伍培养后备人才，以备战世界 24 岁以下青年锦标赛及世界锦标赛。

5. 全国青少年 U 系列飞盘巡回赛

全国青少年 U 系列飞盘巡回赛主要是为青少年提供一个展示自我的平台，通过赛事挖掘并培养青少年飞盘运动员。巡回赛设置 17 岁以下和 14 岁以下组别。

6. 全国掷准飞盘系列赛

全国掷准飞盘系列赛由 4 个分站赛和 1 个总决赛组成。分站赛接受全国飞盘爱好者报名，采取积分排名制。4 个分站赛运动员根据排名晋级总决赛。该赛事从每年 4 月开始，贯穿全年，参赛选手来自各国家和地区，每站参赛人数限制为 36 人。每站设置有体验环节，体验活动人数限制为 200 人。

第二章　团队飞盘

一、团队飞盘运动概述

（一）团队飞盘的起源和早期发展

1968 年，美国新泽西州枫林市哥伦比亚高中（CHS）的乔尔·西尔弗向学生会介绍了“终极”飞盘游戏的想法。已知的第一场相关比赛是 1968 年在学生会和校报工作人员之间进行的，校报工作人员获胜。那场比赛唯一的场地界线是球门线和其他自然边线（如铁轨、河流、栅栏等）。比赛在第二年继续，选择了晚上在学校新停车场的水银蒸气灯下进行。第一版和第二版的比赛规则由巴兹·赫林、约珥·西尔佛和乔恩·海因斯共同起草撰写并修订。1970 年，第一场校际团队飞盘比赛在哥伦比亚高中和米尔本高中之间进行，哥伦比亚高中以 43 比 10 获胜。

第一个团队飞盘联赛创办于 1971 年，由 5 所新泽西高中参加。一些高中团队飞盘联赛的毕业生又在各自的学院和大学组建了飞盘队伍。1972 年 11 月 6 日，罗格斯大学（美国新泽西州）在第一场高校校际比赛中以 29 比 27 击败普林斯顿大学（美国新泽西州）。巧合的是，这场比赛是在第一场高校校际美式足球赛之后整整 103 年举行的，比赛场地也相同，同一个学校的球队以同样的优势获胜。耶鲁大学于 1975 年主办了第一届团队飞盘锦标赛，总共有八支大学队伍参加，罗格斯大学获得了冠军。同年夏天，在玫瑰碗体育场举办的第二届世界飞盘锦标赛推出“团队飞盘”，使团队飞盘在美国西海岸获得发展。

飞盘运动几乎同时开始向其他洲传播，这从 1974 年瑞典飞盘联合会、

1975 年日本飞盘运动协会和 1976 年澳大利亚飞盘运动协会的成立就可见一斑。比利时和奥地利于 1977 年成立了飞盘运动协会，芬兰飞盘运动协会和丹麦飞盘运动协会也都于 1978 年成立。美国团队飞盘运动协会成立于 1979 年，汤姆 · 肯尼迪当选为第一任主席。美国团队飞盘运动协会是美国团队飞盘运动的国家管理机构，是美国第一个由运动员管理的国家级运动组织。在此之前，这类活动由国际飞盘运动协会赞助运营，该协会曾是威猛奥玩具公司的推广部门。1979 年，在第一届美国团队飞盘运动协会全国比赛中，格拉斯博罗州立大学以 19 比 18 战胜了圣巴巴拉秃鹰队。第一届欧洲团队飞盘锦标赛于 1980 年在法国巴黎举行，芬兰、英国和瑞典分别获得第一、二、三名。

1984 年，在欧洲团队飞盘锦标赛期间，欧洲飞盘联合会提议组建一个全球范围的飞盘运动管理组织来协调发展飞盘运动。在同年举办的世界飞盘锦标赛上，该项提议受到了所有参赛国家的认可，世界飞盘联合会宣告正式成立。当时，瑞典的飞盘水平在世界领先，所以由瑞典飞盘联合会负责运营世界飞盘联合会。

（二）团队飞盘在国际上的发展

（1）飞盘运动发达国家——美国、加拿大：历史悠久、群众基数大、拥有从业余到俱乐部的整个飞盘运动体系。

美国飞盘运动协会在 2014 年正式成为美国奥林匹克委员会承认的组织。据其 2017 年年报统计，该协会拥有超过 58000 名注册运动员，其中青少年运动员超过 15000 名，大学生运动员超过 18000 名。当年组织了超过 520 场认证赛事，参赛方包括青少年、大学、社会俱乐部、职业俱乐部等。

飞盘运动在加拿大拥有数量庞大的拥趸，根据世界飞盘联合会统计，有 22 万飞盘运动员组建了超 7000 支队伍。加拿大时任总理贾斯汀 · 特鲁多曾是团队飞盘选手和教练，他非常重视加拿大飞盘运动的发展。美国和加拿大在 2012 年成立了职业联赛——美国职业团队飞盘联盟（AUDL），目前联盟拥有 4 个赛区，23 支队伍，规模逐年壮大。

（2）赛事驱动飞盘运动发展——日本、哥伦比亚。通过举办重大飞盘赛事或拥有飞盘项目的世界综合性运动会来扩大本国飞盘运动的影响力。

2001 年，日本举办了秋田世界运动会，飞盘运动在日本第一次亮相；2012 年，世界飞盘锦标赛在日本大阪堺市举行。作为东道主，日本制订了一系列推动飞盘运动发展的计划，如培养飞盘人才、引入社会资源和资金、扶持飞盘产业等，使日本队迅速成为世界强队，打破欧美垄断世界飞盘赛事的格局。每年举办的日本“梦幻杯”公开赛吸引超过 100 支队伍，近 3000 名运动员参加。

作为 2013 年卡利世界运动会东道主，哥伦比亚通过集训和输送优秀队员去美国训练、学习，并在 2017 年弗罗茨瓦夫（波兰）世界运动会上获得银牌，世界排名跃升至前列。

（3）体育和教育的良好结合——菲律宾、印度、澳大利亚。飞盘运动安全易开展、重体育精神，适合作为体育教育手段。

菲律宾和印度是近几年飞盘运动发展最快的国家。因为飞盘运动对场地要求不高又能进行体育教育，非常易于校园体育课程和社会俱乐部活动的开展，已积累了大量的人才储备。其中，菲律宾每年举办的马尼拉公开赛已成为亚洲最具影响力的赛事。印度组织的以“性别平等”为主题的飞盘运动获得了各界支持，并在各类学校广泛开展。

澳大利亚已全面推进飞盘运动进入校园课程计划。

（三）团队飞盘在国内的发展

1. 飞盘运动在国内的起源

1980 年年初，中央电视台引进并译制了《大西洋底来的人》（*The Man from Atlantis*）这部美剧，在剧中，演员们经常在沙滩上玩投掷和接飞盘的游戏，带动了飞盘运动在中国的第一波风靡，但彼时飞盘在国内仅仅是一种游戏道具。

21 世纪初，中国巨大的发展潜力吸引了越来越多的外籍人士来华工作，其中就有一部分飞盘运动员。北京和上海的外籍飞盘运动员成立的北京大哥飞盘俱乐部和上海沪蛙飞盘俱乐部，是国内最早的飞盘俱乐部。在这两支俱乐部以及其他热衷于飞盘运动的外籍人士的带动下，越来越多的国内玩家参与到飞盘运动当中，他们组织日常的飞盘活动，逐渐形成了环渤海、长三角和珠三角三个飞盘运动起源地，并组建了由国人主导的飞盘俱乐部。

在飞盘运动发展的初期，关于飞盘运动的资料十分匮乏，但高校以及有外资背景的初高中学校由于有外教资源，积累了很多飞盘运动的训练方法和组织方式，形成了比较好的飞盘文化雏形。第一批参与飞盘运动的学生，毕业后对所在城市的飞盘运动发展做出了巨大的贡献。

2. 团队飞盘运动在国内的发展现状

作为世界上发展速度最快的团队运动，团队飞盘一直是国内飞盘运动的主流，经过十几年的发展，已经形成了俱乐部、高校队伍、青少年社团共同发展的局面。目前有社会俱乐部100多个，分布在全国各级城市。

（1）社会化运营的飞盘俱乐部。飞盘俱乐部成员主要是在当地生活工作的各行各业人士，俱乐部的运作依靠俱乐部成员自发维持，由成员推选负责人管理俱乐部日常事务，由经验丰富的队员担任队长，组织固定训练。

除了肩负当地飞盘运动推广的使命之外，俱乐部还有一个重要的作用，就是组织团队飞盘比赛。不论是地区交流赛还是全国范围内的邀请赛，一次比赛可以为当地的飞盘运动带来显著的关注，很多地方性媒体都愿意报道这类新兴运动在当地的发展，而比赛是最好的呈现方式。俱乐部举办比赛，可使其他地区的队伍拥有交流平台，自身也可以借此机会扩大在当地的影响力。可见，举办比赛是现在维持并推动飞盘运动发展的重要方式。

（2）高校飞盘社团。高校飞盘社团是国内飞盘运动发展最快的一个群体。据统计，全国共有高校飞盘队伍100多支，其中不乏清华大学、北京大学等名校，并且每年都有新的高校加入这个群体。这不仅是因为高校有更好的客观条件，如场地等，更重要的是团队飞盘满足了高校学子在新环境中的社交需求及团队成就感。通过参与飞盘比赛、组织飞盘社团、开展校际飞盘活动或承办大学生飞盘比赛，队员们能够收获课堂上无法学到的知识及经验。

同时，高校飞盘也是各城市社会飞盘俱乐部发展的推动力，高校飞盘队员在毕业后会分散到全国各地，为当地的飞盘队伍补充新鲜血液，维持社会飞盘俱乐部的活力。

（3）校园飞盘的发展。校园飞盘的发展从国内的国际学校起步，如包玉刚学校、平和双语、协和国际学校以及枫叶国际学校等。通过参与飞盘运动，国际学校的学生获得了更多与国际接轨的机会和经历，这能帮助他们在出国留学时更好地融入当地。

国内的公立学校在体教融合政策的大背景下，为了丰富学生的体育活动内容，进一步培养学生的健康意识，让学生掌握运动知识，对小众体育项目进入校园逐渐呈开放姿态。飞盘运动因其安全性高、易教易学、投入成本低、容易开展等优点受到众多学校的青睐，并在全国各地校园中以不同形式开展起来。据不完全统计，截至 2019 年，全国共有超过 200 所中小学开设了飞盘课程，形式包括与基本素质训练结合的体育课、社团课或兴趣课、训练队等。

3. 团队飞盘赛事现状

在 2019 年以前，国内的比赛都是以民间自发的形式举办，主要目的是为参与飞盘运动的玩家提供一个交流平台，娱乐氛围大于竞技需求。中国境内有记录的最早的团队飞盘赛事是 2001 年在上海举办的上海国际飞盘邀请赛。2007 年，在天津大港举办了第一届飞盘俱乐部赛，当时仅有 8 支队伍参加。2015 年到 2018 年的飞盘俱乐部赛都达到了满额的 24 支队伍。2018 年有 40 多场团队飞盘赛事，主要为公开赛和邀请赛的形式，也有不少城市之间的交流赛。

青少年赛事的增加是近几年的赛事亮点，各地区依托当地资源，开展了地区性比赛及校际联赛，学生参与热情很高。例如，在上海举办的青少年校际赛事已经连续举办多年，从第一届的五支参赛队伍扩大到了近两年稳定的 24 支参赛队伍。

2019 年国家体育总局社体中心自开始管理飞盘项目起，发布了一系列管理办法，包括办赛指导办法、观察员的培训和管理办法、运动员管理办法等，同时组织了观察员培训等，为标准化办赛储备人才，团队飞盘赛事走上了规范化、标准化建设的道路。2019 年 7 月在上海举办的亚洲大洋洲飞盘锦标赛是国内首个认定为国际 A 类赛事的飞盘比赛，为团队飞盘赛事的组织树立了标杆。

二、团队飞盘的器材

团队飞盘官方赛事所用飞盘重量为 175 克，直径 27.3 厘米（图 2–1）。

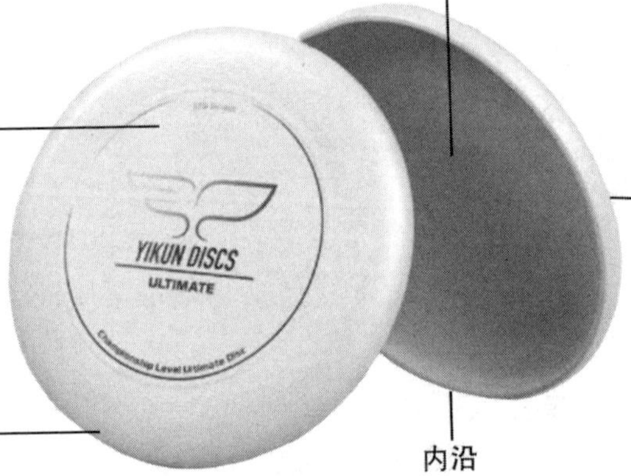

图 2–1　团队飞盘的结构

（一）团队飞盘分类

1.175 克国际标准赛事飞盘

世界飞盘联合会为保障赛事高质量举行及选手需求制定了严格的官方标准赛事用盘认证体系，其采用特定技术筛选出符合官方标准尺寸和重量的飞盘，并由各级别运动员对飞盘的飞行特性进行测试，以确保通过世界飞盘联合会认证的飞盘拥有可接受的飞行特性、适合所有运动员的舒适抓握感和合理的抛接特性，而不只是满足大小和重量的要求。目前，世界飞盘联合会提供对三个不同级别飞盘的认证，分别为锦标赛级别、一般级别和青少年级别，且均要求采用聚乙烯（PE）材质制作。标准团队飞盘适合 12 岁以上青少年及成人使用。

2. 青少年飞盘

与 175 克国际标准赛事用盘相比，青少年飞盘保持了相同的基本结构和材质，但重量减少到135克和95克，直径缩小到24.5厘米和22厘米，在保证了飞盘轨迹稳定性的同时更适合尚处在发育阶段的青少年抓握。

3. 软飞盘

软飞盘直径为23厘米，采用相对柔软的聚氨酯（PU）材质制作，最大限度地保障了使用的安全性。其与硬质飞盘一样具有稳定的飞行特性，适合低龄段的儿童使用。

（二）飞盘角标和飞盘柱

飞盘角标和飞盘柱（图2–2）用于在训练中标示点位。

图2–2 飞盘角标和飞盘柱

飞盘角标质地柔软、不易变形且易于携带，可以承受运动员踩踏，避免其在运动中受伤。

立起的飞盘柱即使在户外草地中也十分明显，所以它通常被用来在比赛中标定得分区。飞盘柱外包材质为聚氯乙烯，整体结构牢固，防水防晒。内包材质为海绵，安全性高。内芯填充细沙配重保持平衡，在必要情况下也可将其放倒。

（三）飞盘九宫格

飞盘九宫格（图2–3）由钢管、魔术贴、目标粘板组成，可以用于飞盘传盘的精准性练习，也可在飞盘运动会等综合性活动中用于投掷项目。

（四）飞盘战术板

飞盘战术板（图 2-4）包含一块比赛全场示意图及得分区示意图，红色和蓝色圆形磁吸各七个，作为上场运动员标志，两个黄色圆形磁吸作为观察员以及一个白色圆形磁吸作为飞盘，一支马克笔。战术板可用于日常训练内容讲解、比赛中的战术规划等。

图 2-3　飞盘九宫格

图 2-4　教练使用飞盘战术板进行战术讲解

三、团队飞盘的技术动作

（一）反手传盘的技术要领

1. 反手握盘

首先用持盘手的手掌贴住飞盘的外沿，其余四指以握拳的姿势放在飞盘的底部（图 2-5），食指要同时接触飞盘的边沿及底面，将大拇指放在飞盘正面的凸起纹路上并向下压。双手持盘进行调整，找到自己最舒适的握盘方式，握盘既不要太紧也不要太松，保证可以控制飞盘平行于地面即可。

由于每个人的手掌大小不同、手指粗细也有差别，所以不存在一种完全适合所有人的握盘方式，但握盘时都要关注两个要点：一是手掌要紧贴飞盘边缘（图 2-6），以保证对飞盘的控制；二是要能把飞盘端平，使其与手腕和前臂呈一条直线。

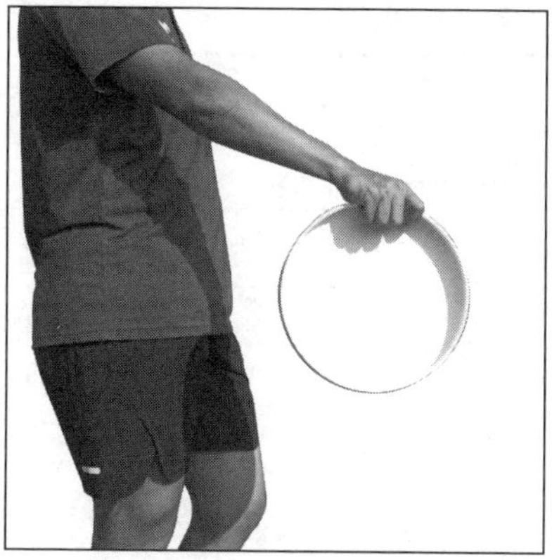

图 2-5　四指以握拳的姿势放在飞盘的底部

图 2-6　手掌要紧贴飞盘边缘

2. 反手传盘

反手传盘是飞盘运动最重要的基本技术，是参与所有飞盘运动的基础动作，也是团队飞盘比赛中最容易掌握、运用最广的技术动作。

在进行反手传盘时，要始终保持飞盘和前臂在一个水平面上。握盘手同侧的腿向反方向斜前方迈出，身体略微侧向迈腿方向。重心放低，保持在身体中轴线上，身体稳定，看向传盘方向。手臂自然弯曲，不要将飞盘抱在怀里。

准备传盘时持盘手的肩膀对着传盘目标，传盘过程中当胸口正对目标时将飞盘掷出。掷出飞盘时，手腕旋转发力，随即产生制动，使飞盘旋转起来。旋转速度越快，飞盘的飞行越稳定。整个传盘动作要连贯，腿、核心、手臂要协调发力，同时整个传盘过程中保持视线在传盘目标上。可以运用臀部的力量来使飞盘掷得更远。（图 2-7）

图 2-7　反手传盘动作流程（从左至右）

3. 反手传盘常见的问题（表 2–1）

表 2–1 反手传盘常见问题及解决方法

常见问题	解决方法
飞盘总是从接盘人头上飞过	传盘时降低飞盘的前端
飞盘没到接盘人之前就落地	传盘时抬高飞盘的前端
飞盘在飞行中抖动	握盘更紧一点，手腕用力，让飞盘旋转得更快，出手动作更顺畅一点
飞盘的飞行轨迹不平	在整个传盘过程中保持飞盘平行于地面。想象飞盘上有一个装满水的杯子，整个传盘过程中都不能让水从杯中溅出
飞盘飞行无力	传盘时不要正对接盘人，要和接盘人形成垂直的角度，以便于发力。身体重心在出手后再向前移动，而不是在一开始就把重心移到腿上
飞盘飞行方向偏离，总是飞到接盘人的身侧	调整出手的时机以及飞盘的角度，尝试通过不同角度传盘来找到最正确的角度再做出随挥动作

（二）正手传盘的技术要领

1. 正手握盘

正手传盘是团队飞盘比赛中重要的基础动作之一，握盘的舒适与否会影响正手传盘的质量。握盘时，将飞盘放置于虎口位置，用虎口和大拇指夹紧飞盘的外沿，拇指指向飞盘的中心（图 2–8）；中指压在飞盘的内沿上，食指与中指并拢或分开，以控制飞盘的平衡（图 2–9）。双手持盘来进行调整，找到最适合自己的握盘方式。

正手握盘在一开始的时候会有不舒适的感觉，这主要是由于正手握盘姿势和其他运动中的姿势有很大区别，与日常生活中惯用的动作也有很大的不同，人体的肌肉和关节缺少对类似动作的记忆和反应。练习者需要通过一段时间的练习，来逐渐适应正手的握盘方式以及接下来的正手传盘。

图 2-8　用虎口和大拇指夹紧飞盘的外沿，拇指指向飞盘的中心

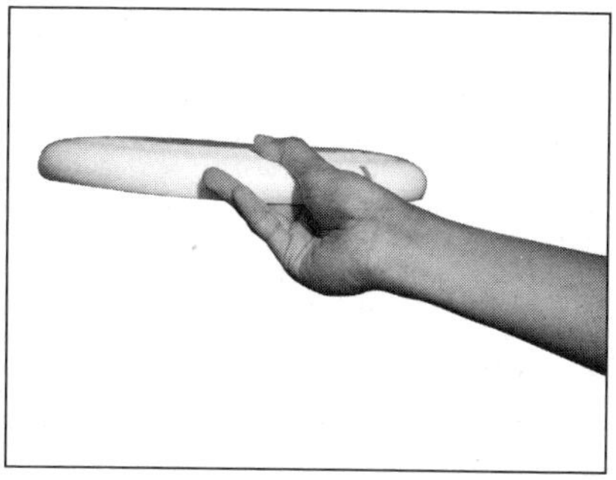

图 2-9　中指压在飞盘的内沿上，食指与中指并拢或分开

2. 正手传盘

正手传盘时，握盘手同侧的腿向身体侧面迈出，成侧弓步，同时保持身体平衡，重心降低，控制在身体中轴线上。手臂既不要完全伸直也不要贴住身体，肘部靠近身体但不要碰到身体，肩膀略微下沉。运用手腕和小臂的甩动来发力，出手时飞盘外侧可以略微向下倾斜，以保持飞盘平稳飞行。在发力过程中，尽可能减少手臂动作，用身体的核心力量提升手腕甩动的力度，从而增强传盘的力度（图 2-10）。正手传盘比较难掌握，建议从短距离的传盘开始练习，逐渐熟练后再拉长距离。

图 2-10　正手传盘动作流程（从右至左）

3. 正手传盘常见的问题及解决方法（表 2–2）

表 2–2　正手传盘常见问题及解决方法

常见问题	解决方法
飞盘总是从接盘人头上飞过	传盘时降低飞盘的前端
飞盘没到接盘人之前就落地	传盘时抬高飞盘的前端
飞盘直接落地并在地上滚动	出手时确保手掌向上，在水平面上完成传盘动作
飞盘在飞行中抖动	握盘更紧一点，手腕和手指用力，让飞盘旋转得更快，出手动作更顺畅一点
飞盘飞行方向偏离，总是飞到接盘人的身侧	调整出手的时机以及飞盘的角度，尝试通过不同角度传盘来找到最正确的角度，做出随挥动作时指向传盘方向，发力动作在同一水平面上完成

（三）接盘

1. 双手拍接

双手拍接是最稳妥的接盘方式，也是初学者应该最先掌握的接盘动作，一般在飞盘飞向接盘人腰部以上、肩膀以下的位置时采用这种接盘方法（图 2–11）。

双手拍接要求接盘人双手平行，掌心相对，五指尽量张开，以扩大接盘面积（图 2–12）。传盘的惯用手放在上面，以方便在接盘后快速转换成传盘动作。接盘过程中，注意力集中，始终注视飞盘，调整身体姿势，使胸部和飞盘垂直，接住飞盘后将飞盘往怀里带，进行缓冲保护。

图 2–11　双手拍接

图 2–12　五指尽量张开，以扩大接盘面积

2. **握接**

在团队飞盘比赛中，当防守人和接盘人距离比较近时，要采用握接的接盘方式，以保证在防守人防守到位之前接到飞盘，一般在飞盘高于接盘人肩膀或者低于接盘人腰部时使用。握接包括双手握接（图 2–13）及单手握接（图 2–14）。

采用握接时，手臂尽可能地向前伸展，迎向飞行中的飞盘，飞盘高于肩膀时，手掌向下，拇指在飞盘底部；飞盘低于腰部时，手掌向上，拇指在飞盘正面，注意力集中在飞盘上，冲刺跑向飞盘，不要减速。当双手碰触到飞盘时，用力握住飞盘，先保证将飞盘控制在手中，再考虑下一步的传盘动作。

图 2–13　双手握接

图 2–14　单手握接

3. **接开盘**

在团队飞盘比赛中，利用接开盘的机会发动快速进攻，在防守队员落位之前打开进攻节奏，对于进攻方而言十分重要。所以，如何做好接开盘的准备并完成一次高质量的接开盘后的进攻是值得去认真学习的。

开盘前，要确保己方队员都已经准备就绪，包括身体准备和心理准备，尤其要商量好由哪一位队员去接开盘，以及接住后的下一步应该如何衔接，然后举手向防守方示意开盘。接盘人始终注视飞盘，直到将飞盘接稳。接盘时，前脚掌着地，膝盖略微弯曲，以缓冲飞盘下坠的力量。要注意接盘后首次传盘的方向，尽量将飞盘先传到场地中心，以便充分利用空间，尽可能在防守队员落位前向前多推进。进攻的队列要根据飞盘的落点来进行调整，队列大致与飞盘保持 8 ～ 15 米的距离。

（四）假动作

合理地运用假动作可以在团队飞盘比赛中迷惑防守人，创造更好的传盘时机，保证传盘质量。假动作的宗旨并不是做出一个虚晃的动作，而是在传盘中选择更好的传盘时机。

在持盘时，传盘人要时刻保持对场上队友位置的观察，寻找合适的传盘机会。跑动中队友的空位很可能只存在一瞬间，很容易错过，但为了把握这些转瞬即逝的机会，持盘人需要不断做出传盘动作，在做这些传盘动作时要保持平衡，随时准备变假动作为真传盘。在做假动作时要用胳膊来配合手腕的甩盘动作，使动作更加逼真，也使持盘人假动作变真传盘的过程更加顺畅。

假动作的流畅运用需要飞盘参与者熟练地进行正反手握盘转换，在日常练习中，可以单手持盘，不断进行正反手握盘转换，提升盘感，以在比赛中做到游刃有余。

（五）轴心旋转

在团队飞盘比赛中，不允许走步，轴心脚（与握盘手异侧）要始终保持在轴心点上，不能移动、抬起或拖动。以轴心脚为轴心，非轴心脚（与握盘手同侧）可以向任意方向跨步。

在比赛中，持盘人要充分、合理地运用轴心旋转来创造足够的传盘空间。在进行轴心旋转动作时，身体要始终保持平衡，重心降低，并维持在身体的中轴线上，以迅速地进行正反手位置的转变。在轴心旋转的同时，配合手上的传盘假动作可以更好地晃开防盘人。

要熟练地进行轴心旋转，持盘人的迈步幅度就要适中，幅度过大会使身体难以控制，无法进行下一步动作；幅度过小则起不到创造空间的作用。同时要加强核心力量和腿部力量的训练，让肌肉提供更强的爆发力，以提升动作的速率和稳定性。

（六）其他传盘技术动作

1. 锤子传盘（过顶传盘）

锤子传盘（过顶传盘）在比赛中可以用来从防守队员头顶将飞盘传给队友，能起到很好的破防作用。握盘方式与正手握盘相同，飞盘底面向上，非握盘手一侧的肩膀正对传盘目标，将飞盘举过头顶，用手臂将飞盘从身体后方向前掷出，出手点位于头前方45度处，出手时抖动手腕，使飞盘旋转起来，手臂随挥，指向传盘目标，使其平稳地落入接盘人手中。

2. 内弧线传盘

内弧线传盘可以有效地避开防守队员，达到很好的破防效果。另外，在有风的天气里，内弧线传盘可以使飞盘飞行得更稳定。

相比普通传盘，内弧线传盘时肩膀要下沉更多，握盘时，飞盘的外边缘要略微向下，同时降低出手点，向握盘手的反方向出手并做随挥动作。出手要低，飞盘的前端略微向上翘起，使飞出去的盘可以在飞行过程中抬升，从而使接盘人更容易接到。

3. 外弧线传盘

外弧线传盘可以使飞盘绕过防守队员，让接盘队员有更好的角度接住飞盘。出手时，飞盘的外边缘要向上抬升一定的角度，出手点略高于内弧线传盘。因为向上抬升的角度决定了飞盘在飞行中的角度，所以可以通过控制出手角度来控制飞盘的空中弧线。身体保持平衡，同时降低重心。

风的大小对外弧线传盘有很大影响，可以在有风的天气多进行练习，观察风对传盘的影响并作出调整。

4. 升空盘

升空盘在面对有风的天气、区域防守以及紧逼防守时可以达到很好的效果。传盘时出手点尽可能地放低，最好低至可以感受到地面的草，用最大的力量来甩动手腕，使飞盘更快地旋转。出手时，飞盘的前端略微向上抬升，并用大拇指向下压，尽量控制飞盘飞向接盘人胸口的位置。

5. 推射式传盘

推射式传盘可以用于一些普通传盘难以使用或难以达到效果的情

况，如超短距离的传盘、接盘后不停顿直接传盘等。

运用推射式传盘时，采用反手传盘的握法，将食指放在飞盘的外沿上，手掌向前，向要传盘的方向甩动手腕，以顺时针方向使飞盘旋转，尽可能地让飞盘转得快，感受到飞盘从食指滚出去的感觉。推射式传盘很难对抗比较大的风力，所以在逆风时要谨慎使用这项技术。

6. 反手的低位传盘

在有风的天气或者面对正面防守时，降低出手点会有很好的效果。出手前的迈步动作要连贯利落，比正常转盘的步幅更大，非轴心脚的膝盖呈 90 度。出手点要低至手接触到草地，采用类似升空盘的传盘方式，飞盘的前端略微向上翘起。

7. 正手的低位传盘

正手的低位传盘在面对正面防守时可以达到更好的效果，适用于有风的天气以及中短距离的传盘，在比赛中非常实用。

在进行传盘时尽可能地压低身体的重心，放低手和肩膀的位置，轴心脚的脚尖正对传盘方向，非轴心脚的脚尖指向身体外侧，以扩大传盘选择面积。出手点可以低至出盘时能感受到地面的草，用力甩动手腕，使飞盘尽可能快地旋转。

8. 反手的高位传盘

反手的高位传盘可以越过防守人进行传盘，多运用在中短距离的传盘中。

传盘的出手点要在胸口以上，多运用手腕的力量让飞盘旋转起来，尽量减少手臂动作。飞盘的前端与地面保持平行或略微向下倾斜，以保证飞盘的直线飞行轨迹，完成传盘动作时要保证胸口面对传盘目标。由于出手点高，飞盘更容易受到风力的影响，所以在有风的天气要慎用这项技术。

9. 正手的高位传盘

正手的高位传盘可以使传盘人越过防守人进行传盘，在短距离的传盘中，有很好的破防效果。

在传盘之前要略微调整握盘姿势，使手掌向前，并更用力地握盘，使发力更加顺畅。传盘的出手点在胸口以上，传盘时用手腕的力量带动手指用力拨动飞盘，使飞盘更快地旋转。飞盘的前端与地面保持平行或略微向下倾斜，以保证飞盘的直线飞行轨迹。由于出手点高，飞盘更容易受到风力的影响，所以在有风的天气要慎用这项技术。

10. 反手长传

反手长传需要比较大的发力空间，要注意创造更大的空当，不要勉强进行反手长传，以免受到防守的影响从而造成飞行方向的偏离。

在发力时，肩膀位置略低于正常反手传盘，保持飞盘和小臂在平行位置，以内弧线的角度将飞盘掷出来，获得更多向前的动力。出手点在腰部附近，用臀部和肩膀带动身体发力，出手后继续完成随挥动作。

11. 正手长传

正手长传的隐蔽性和速度要远高于反手，更适合快节奏的比赛使用。但发力和控制比较困难，需要更多的练习。

在进行正手长传时，虎口要夹紧飞盘，拇指要比正常正手传盘更用力地压住盘面，以增加手部与飞盘的摩擦力，从而更好地将力量传导到飞盘上。手臂尽量远离身体，拉长力臂。飞盘的前端要略微抬升，以保证飞行的高度，但不能过高，过高的正手传盘会使飞行轨迹难以判断，增加被对方防守拦截的可能性。要利用核心的力量，通过转髋挺髋的动作增加飞盘向前的冲力，使飞盘飞得更远。出手后继续完成随挥动作。

12. 在大风中的传盘

（1）阅读风力及风向。在室外比赛中，风对飞盘的影响是多方面的，学会如何在大风的比赛中传盘，并且在传盘中利用风力和风向，可以达到事半功倍的效果。

尝试用不同的角度和方式在有风的天气进行传盘练习，并做好记录，记下不同的风力和风向对传盘的影响。出手时要用力使飞盘转得更快，以对抗风的影响。传直线盘时，尽量降低出手点，减小传盘的动作幅度，干脆利落地完成传盘，同时要始终保持飞盘的正面正对风吹来的方向。

（2）逆风传盘的注意点。面对逆风时，飞盘容易被风抬升，所以要尽可能地降低出手点。如果想要把盘扔平稳，出手时需要控制飞盘的前端向下倾斜，通过更加用力地握盘来提高精确度。

逆风传盘时，传盘的距离越远，准确性越差，不要过多尝试远距离传盘，出手时要用力使飞盘转得更快，尝试用内弧线传盘的方式来传盘。

（3）顺风传盘的注意点。顺风传盘时，可以多利用风向和风力尝试长传。出手点略高于正常传盘，飞盘的前端略微向上翘起，不要太用力，让风带着飞盘向前飞行。顺风情况下，飞盘会比无风时飞得更远，弧线盘的精准度会有所下降。

13. 在雨天的传盘

在雨天传盘，要多尝试短距离的传盘，反手传盘会比正手传盘有更高的稳定性；多用衣服或毛巾擦拭手和飞盘，减少湿滑；尽量用双手持盘，做假动作时要更加用力地握盘，避免飞盘从手中滑落。

四、团队飞盘的战术

团队飞盘战术，是运动员在比赛中根据团队飞盘的比赛规律、现场比赛的具体情况和临场变化，有效运用跑位所采取的有预见、有目的、有组织的行动。

队伍在选择战术时，需要从队伍的实际出发，根据队员的技术水平、技术特点、身体条件和体能等情况，选择相应的战术。在运用战术时，还要根据对方的技战术特点以及临场变化，采取灵活的战术对策，从而打乱对方的战术意图，掌握比赛的主动权。

团队飞盘战术的分类就是按飞盘运动的特点，把战术的内容分为若干层次，并说明它们之间的关系，从而对飞盘战术有一个总体的了解。

按参与战术的人数，飞盘战术可划分为个人战术、区域战术和集体战术三部分。个人战术，分为破防传盘、破防接盘、防守拦截和防守抢断等。区域战术是指 2 人以上的小范围所开展的进攻或防守时采取的有效跑位。集体战术，分为集体进攻战术和集体防守战术两大类。进攻战术，包括横排进攻和竖排进攻两大基本战术，其他进攻战术都是在此基础之上进行演变的。防守战术，有盯人对位战术和区域战术两大类，其他防守战术也都是在此基础之上进行演变的（图 2–15、图 2–16）。

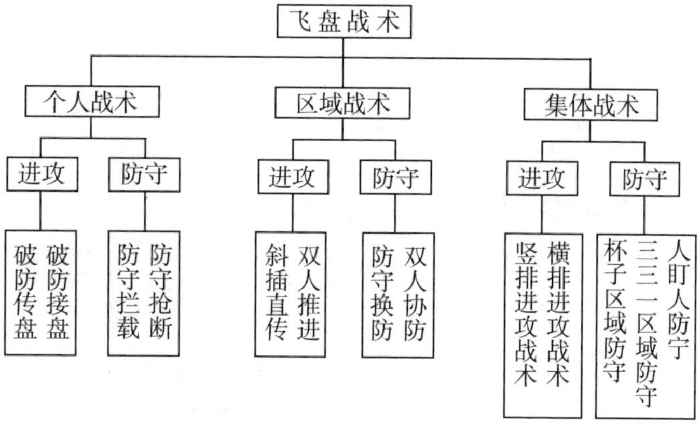

图 2-15　团队飞盘的飞盘战术体系

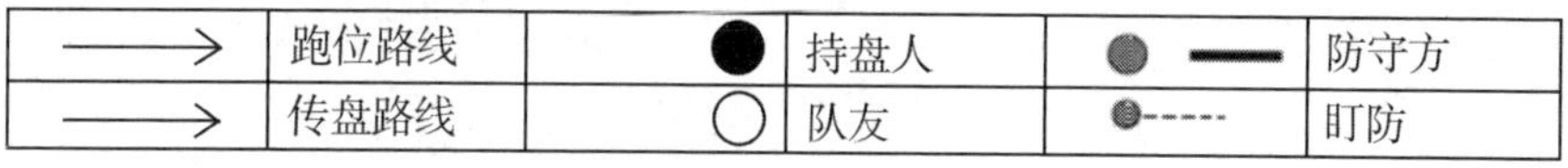

图 2-16　战术板块图示

（一）进攻战术

1. 进攻综述

团队飞盘是一项团队运动，场上队员间的配合十分重要，强大的个人能力并不一定意味着强大的团队。作为进攻方，创造跑动空间是第一目标。在进攻中要保持冷静以及耐心，时刻观察场上的形势，寻找跑动空间；同时注意队友的跑位，避免重复跑动；相信队友。在跑动时要寻找空间来发挥自己最大的优势，同时分析防守方的策略，找出防守中的漏洞。

进攻中要保持飞盘在场上的转移，利用回传和横传来拉开空间，充分利用场地的宽度和长度，逼迫防守方不断移动，从而找到防守的空当，获得进攻推进的机会。在进攻中要尽量避免在边线开展进攻，在边线进攻会使传盘和跑动空间变小，使防守变得简单，而使进攻变得困难。

2. 进攻时的跑动技巧

掌握正确的跑动技巧是进攻队员减少失误的基础，正确的跑动技巧可以使进攻队员在正确的时机出现在正确的进攻路线上，让队友的传盘变得更简单。

在比赛中，有效的跑动技巧包含三个步骤：首先要降低重心，就像百米赛跑的运动员在起跑线准备时那样，团队飞盘比赛中，队员如果想快速启动，也必须降低重心，随时准备启动，即使无法第一时间甩开防守人，也有利于完成下一个动作。其次，在带动防守人跟自己一起跑动之后，想好自己要去的下一个方向，利用小碎步略微降速，进行变向。最后，在通过晃动找到跑动空间后爆发全力，冲刺跑向场上出现的空间。

具体到跑动动作，要降低身体重心，用前脚掌着地，膝盖弯曲，臀部沉下去，维持身体重心。身体略微前倾，肩膀前倾超过脚尖，双手保持在腰的高度，随时准备快速启动。折返时身体重量要压到跑动方向一侧的腿上，用力蹬地产生推力。加速启动时手臂向前摆动，增加前进动力。注意不要让对手发现自己的启动动作，如低头、耸肩等。

3. 破防传盘

（1）反手内弧线破防传盘。反手内弧线破防传盘可以用于防守方采取反手逼向防守以及在反手位破防时。手臂尽量伸展，扩大步幅，使出手点尽量远离防守队员。飞盘的外沿向下，使飞盘以内弧线的轨迹飞行。传盘时要将飞盘传向接盘人的前进路线，引导接盘人向前接盘。尽可能减少手臂的动作，用手腕发力，提高传盘的出手速度。

（2）正手内弧线破防传盘。正手内弧线破防传盘用于对方采用正手逼向防守时进行破防。传盘时保证飞盘和小臂在同一水平面，向身体正手位同侧迈步，在迈步过程中蓄力进行传盘，降低重心并保持稳定，用内弧线的角度将飞盘传向接盘人的前进路线，引导接盘人向前接盘。

（3）反手位绕开防守进行传盘。这项技术动作可以在对方采取正手位逼向防守时绕开防守人进行横传。向反手位的侧后方迈步以获得更好的传盘角度，同时完全伸展手臂获得更大的传盘空间，采用外弧线的角度，以保证整个传盘动作流畅完成。可以在传盘前做一个正手的假动作来晃开防守人。

（4）正手位绕开防守进行传盘。这项技术动作可以在对方采取反手位逼向防守时绕开防守人进行横传，向正手位的后方迈步以获得更好的传盘角度，同时手臂完全伸展，以获得更大的传盘空间，用小臂及手腕的甩动来发力。传盘过程中始终将注意力放在传盘目标上，不要受到防守人的干扰。

4. 如何传盘给内切的队友

内切跑位是指以持盘人的方向为准，往持盘人被防守的一边进行切入的跑位动作。内切跑位可以创造出很好的进攻空间，帮助队伍打出流畅的配合，但对传盘人的时机把握要求很高，最好的传盘机会转瞬即逝，所以要求传盘人能及时找到机会将飞盘准确地传出。

在准备传盘时，要利用假动作来晃开防守人，获得传盘空间。传盘时注视接盘人，瞄准接盘人的胸口，以便于接盘人在跑动中舒服地接盘。如果接盘人跑动的速度很快，传盘时控制力量不要过猛，避免冲击力过大掉盘。另外，传盘尽量传向接盘人跑动的前进路线，保证接盘人可以不改变方向去追盘，以免被防守人跟上，造成断盘。

5. 横传

横传是传盘手的重要技术，用于将飞盘从场地的一边传向另一边（图2–17），多运用这项技术可以在进攻中充分利用场地的宽度获得更好的进攻视野和空间。

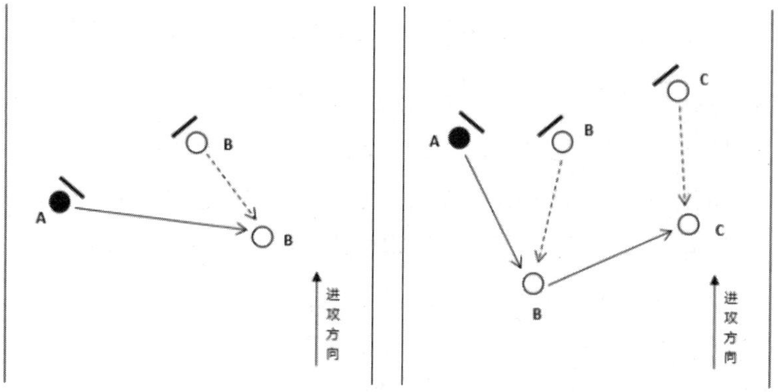

图 2–17　两种不同的横穿方式——直接传给横向队友或通过中间队员进行二次转移

进行横传时，迈步要尽量伸展，使出手点远离防守人，这样可以拥有更好的传盘角度。握盘动作及握盘时飞盘的位置要调整到可以快速将飞盘掷出。如果接盘的队友是静止状态准备接盘的，传出去的飞盘要比平时更快，以防止被防守队员看破意图中途拦截。在无法向前传盘时，要尽早寻找横传的机会，避免计数快接近 10 而没有机会出手造成被动甚至失误。

6. 斜插直传

斜插直传是两人破防推进的最有效进攻方法。在对方防守出现失位或通过假动作晃开防守队员获得斜插跑位的机会时，向持盘人前方沿进攻方向的路线进行跑位，从而达到成功推进进攻距离的目的（图 2–18）。斜插直传经常用于传盘手之间的快速推进或是在边线进攻时进行快速推进。

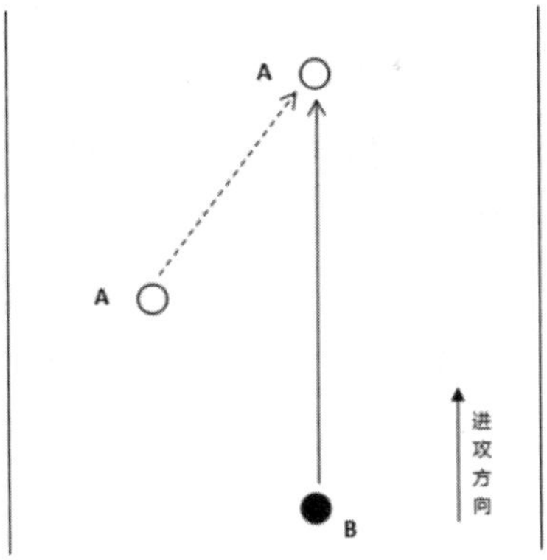

图 2–18 A 运动员斜插后接住 B 运动员的直传，完成直传斜插

斜插直传，队员之间需要提前进行眼神交流，同时观察防守队员站位。跑位队员启动时运用一些小的假动作迷惑防守队员，获得斜插的空间，快速跑出身位。传盘队员需要平稳出盘，向跑动队员的跑动路线进行传盘，让跑动队员可以保持冲刺状态接盘。出盘时机与跑位时机需要完美契合，这样才能获得最好的进攻效果。

7. 切入接盘

切入接盘是所有战术跑位中的基础。要成功地进行切入跑位，从而获得破防接盘的机会，运动员首先要有良好的跑位技巧，控制好自己的身体平衡，同时通过假动作和位移的变化，甩开防守队员，全速冲向飞盘的方向，进而达到接盘的目的。在进行跑位时，经常会选择先向实际接盘位置的反方向进行一个跑位，带动防守队员，在合适的时机进行急停折返变向，这样可以获得更多的接盘空间（图 2–19）。

8. **下底接盘**

下底接盘，是比赛中可以最大限度地推进进攻距离的一种方式，也是直接得分的最快方式（图 2–20）。

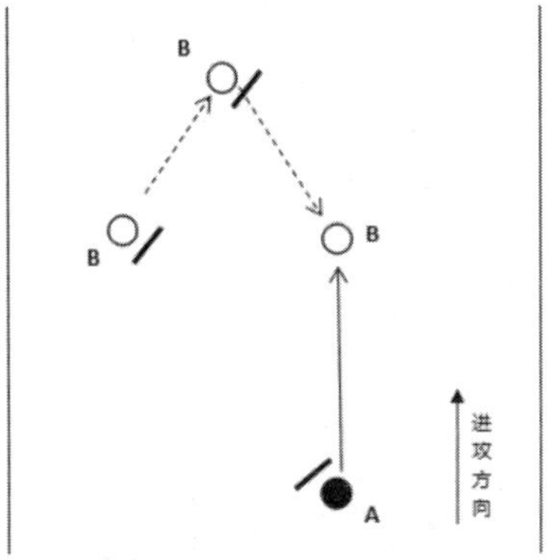

图 2–19　进行一次变向后再切入

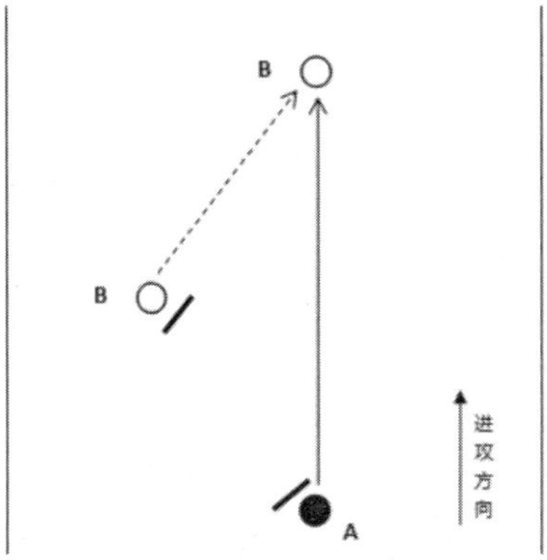

图 2–20　下底接盘

队员在进攻时须观察防守队员的站位，如果防守队员失去防守下底的位置，可以果断做出下底跑位。

所有的跑位都要与队友有很好的战术上的交流，这样才可以把跑位的攻击性发挥到极致。

9. **双人推进**

双人推进，是指比赛中两个队员甩开防守队员，在对方防守落位前通过快速传接盘向前推进的方式（图 2–21）。这种推进方式在短时间内可以快速推进一定的距离，从而打乱防守方的防守阵型，甚至可以直接得分。

须特别注意的是在推进过程中走步问题。因为推进速度快，往往在接到盘的同时要进行传盘动作，轴心脚的建立以及出盘均在一瞬间，所以需要脚步和传盘协调一致，有节奏地快速推进。

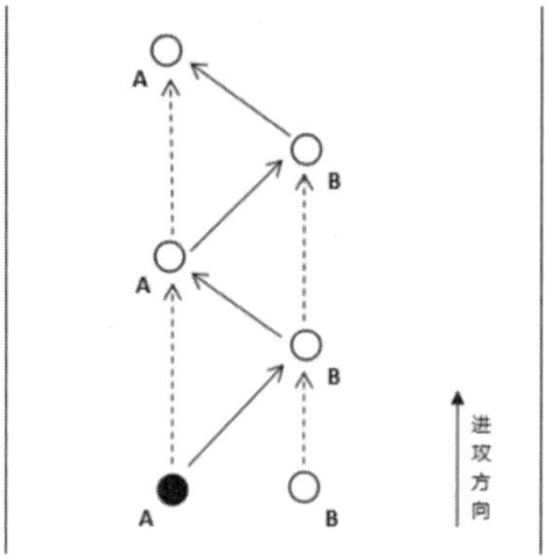

图 2-21　双人推进

10. **竖排战术**

（1）站位原则。竖排站位是团队飞盘中最基础的进攻战术，经常用于应对人盯人防守。竖排战术的目的是更好地利用场地的长度，在场地两边为跑位创造空间。在靠近得分区时也会使用竖排战术，这样可以保证得分区有足够的空间进行跑位。

在落位时，队列要排在场地的中间，在队列中的队员之间要保持合理的距离，一般控制在 3 ～ 5 米，这样既有足够的跑动空间，也能避免造成阻挡而影响进攻流畅性。排头位置一般距离持盘人 10 ～ 15 米，为传盘保留空间。接应回传的传盘手始终和持盘人保持合理的距离，在竖排队友没有创造接盘机会时随时进行接应，确保竖排战术的执行。要始终保持跑位空间上没有人阻挡，队列不要过长，过长的队列会使跑切队员消耗更多的体力，也会给防守队员更多的反应时间。队列的排头可以安排为第三名传盘手，在无法创造跑位空间时去接应持盘人，增加竖排进攻的变化。尽量保持飞盘在场地中间的位置，以保证竖排始终在场地中间运行，避免被压迫到边线，减少由于靠近边线产生的场上位置的不确定性。

（2）竖排战术示例（图 2-22 ～图 2-24）。

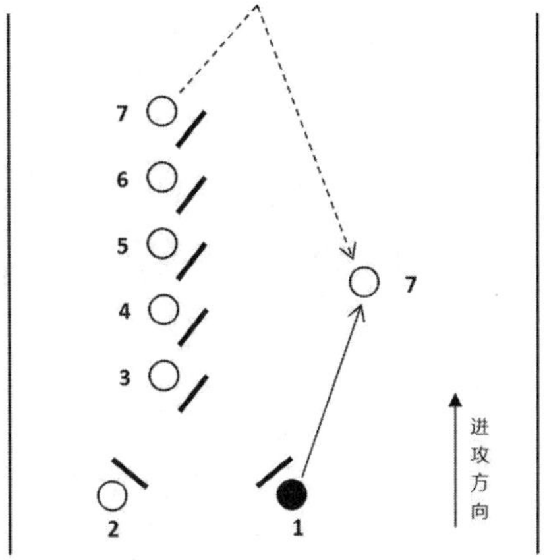

（a）7号切入

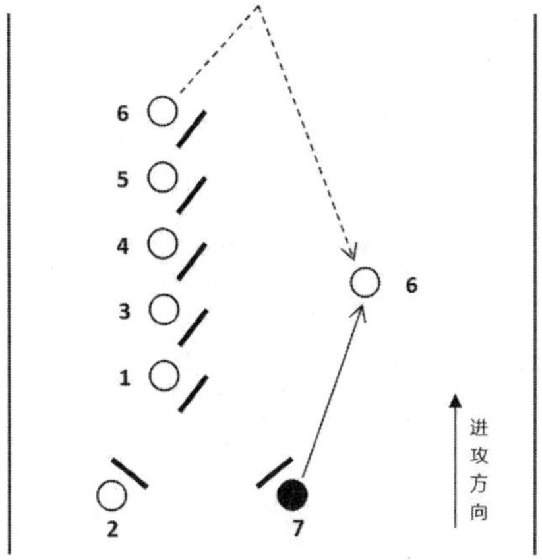

（b）6号继续切入，1号回位

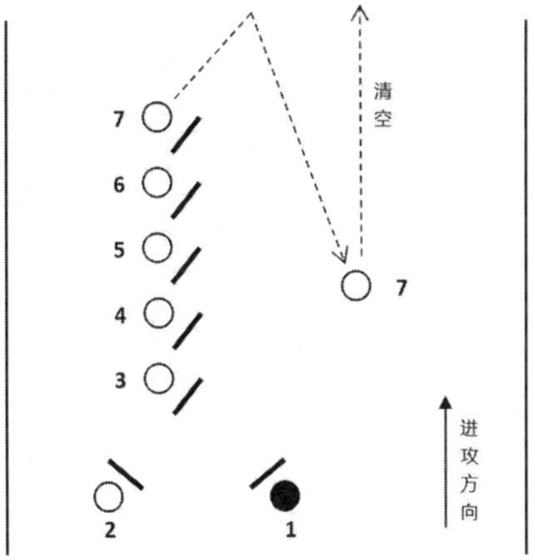

（c）7号切入无机会，转下底

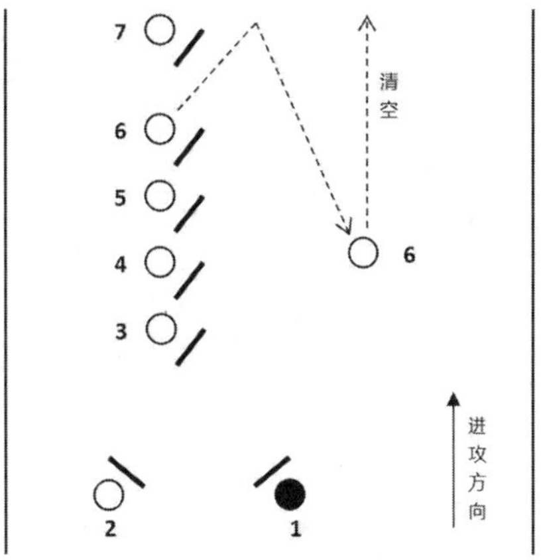

（d）6号重复7号动作

图 2-22　竖排战术演示一

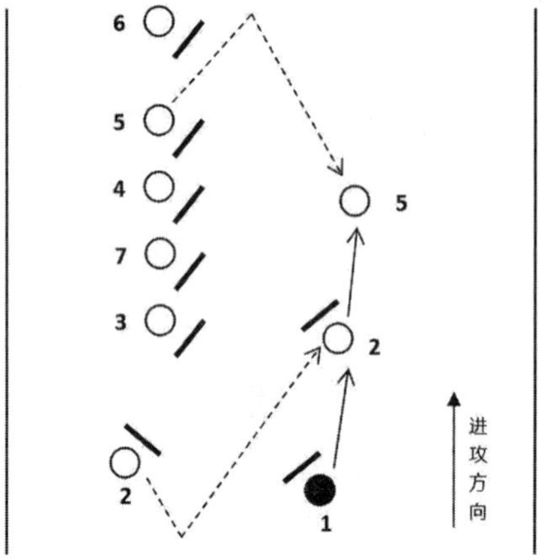

（a）1号、2号传盘手进行转移

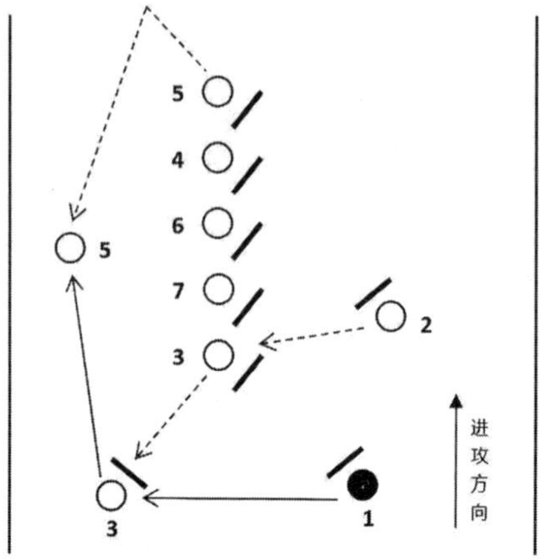

（b）3号辅助转移，5号切入

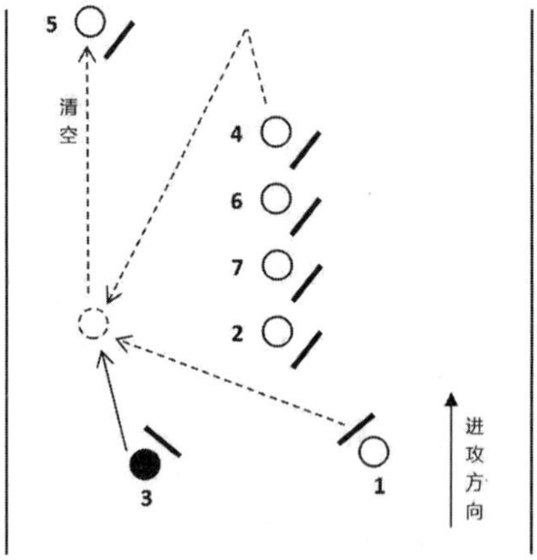

（c）5号无切入机会，转下底

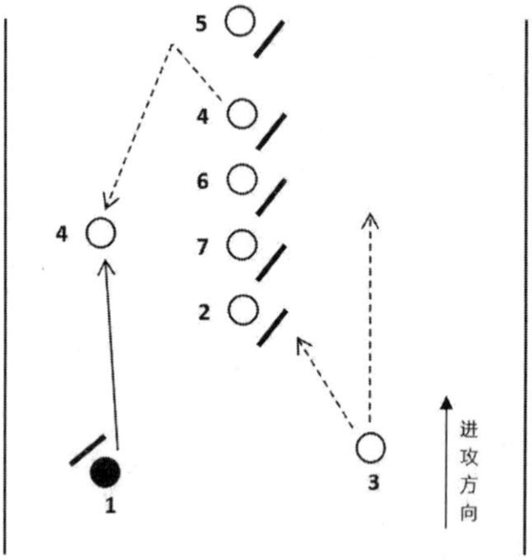

（d）4号切入，3号清开空间

图 2-23　竖排战术演示二

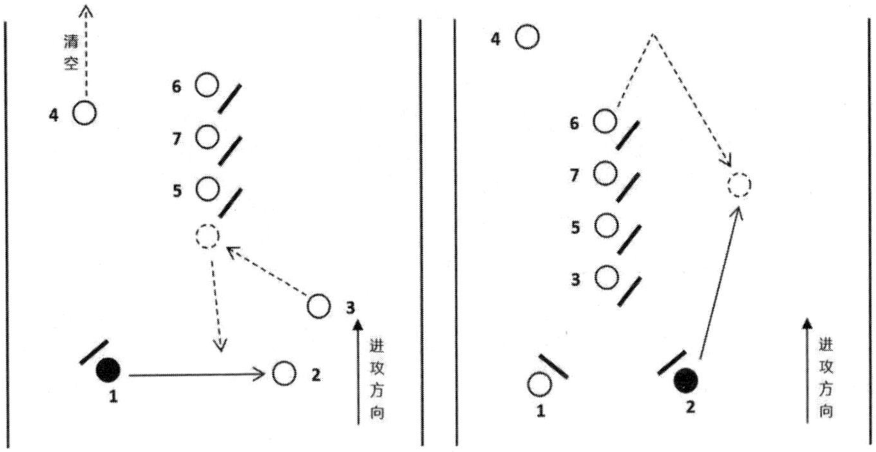

（a）传盘手转移后就位　　（b）回到初始位置

图 2–24　竖排战术演示三

11. 横排战术：

（1）站位原则。横排站位利用的是队列前后的空间，可以为下底拉开空间，更好地进行长传得分，在面对人盯人防守时可以产生更多变化，拉开更多的空间。

落位时，中间的跑位队员和传盘手保持 10 ～ 15 米距离，不要太远也不要太近，太远会使防守人有更多反应时间，太近会挤压空间；尽量保持飞盘在场地中间的位置，避免被压迫到边线；四名跑锋两两配合，进行跑位；处在中间的两位跑锋要积极跑动；当靠近得分区时，需要转变成竖排战术。

（2）横排战术示例（图 2–25、图 2–26）。

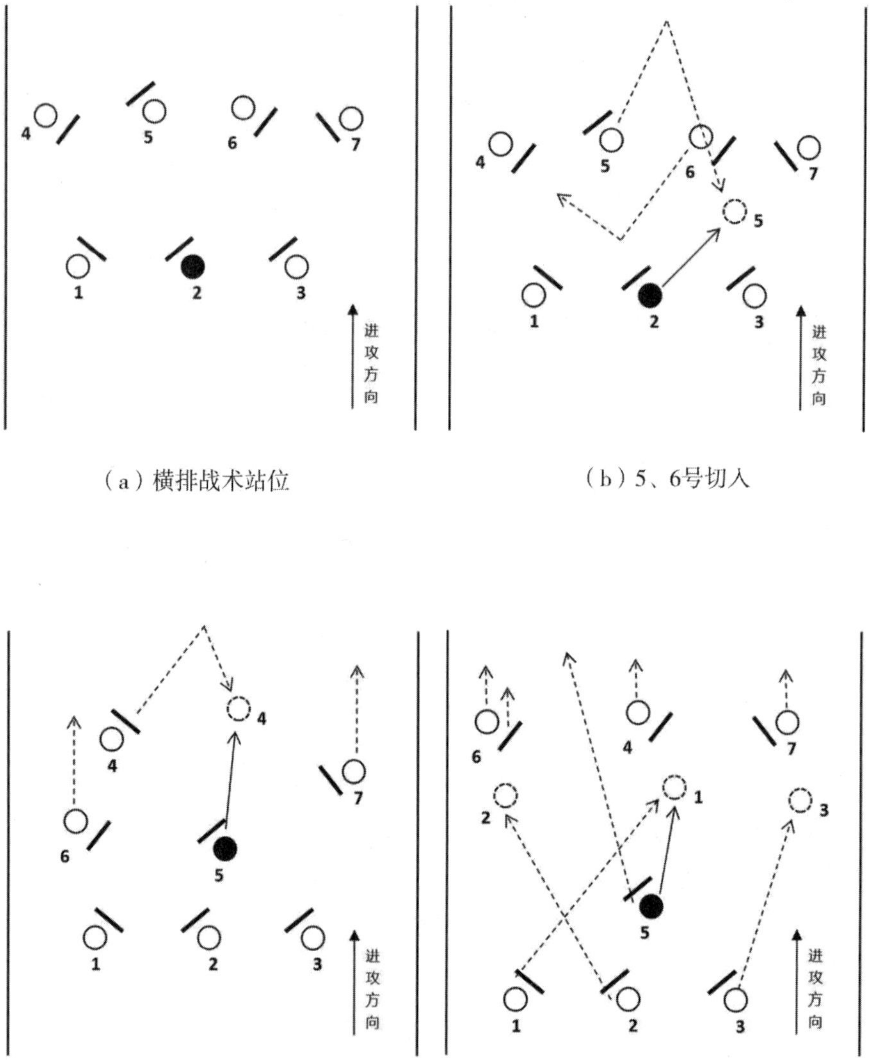

（a）横排战术站位

（b）5、6号切入

（c）4号、6号、7号接应5号进攻

（d）1号队员接应，其他队员向前移位

图 2-25　横排战术演示一

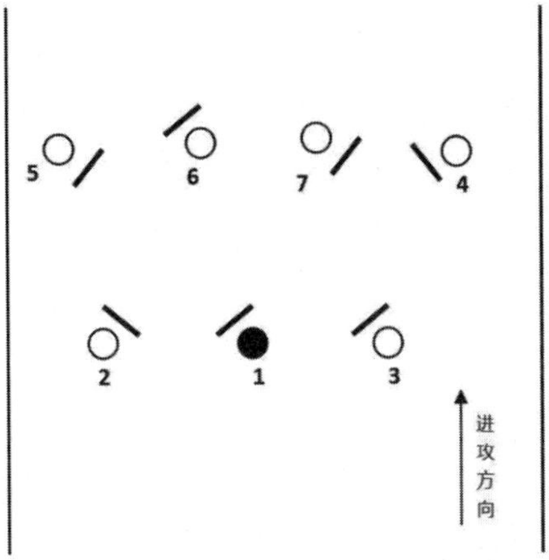

（a）传盘手不变，其他队员轮转换位

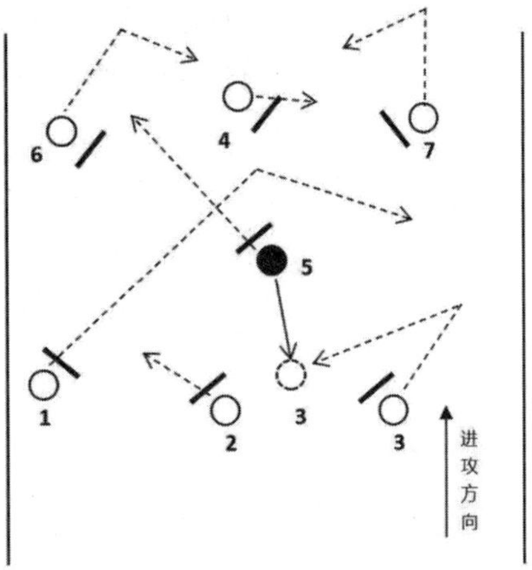

（b）传盘手之间配合跑位

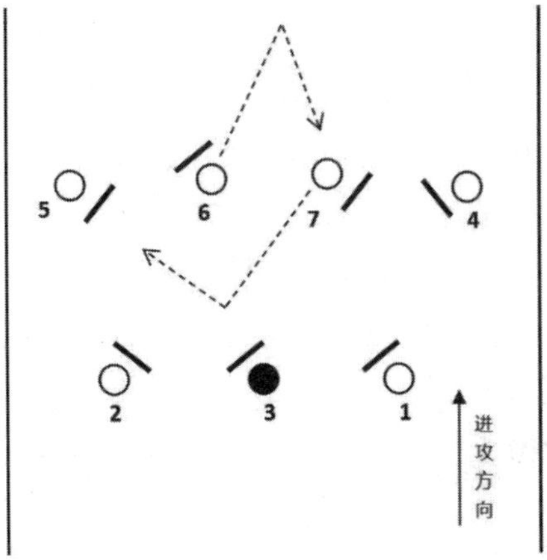

（c）再次回到横排战术阵型，继续菱形跑位推进进攻

图 2-26 横排战术演示二

（二）防守战术

1. 防守综述

在团队飞盘中，防守是非常重要的一环，成功有效的防守可以使队伍获得更多的进攻机会，从而获得比赛的优势。比赛中的防守与其说是一种战术，不如说是对防守队员精神上的考验，防守队员有顽强的拼搏

意志、专注的态度、永不放弃的精神，才能保证场上的防守强度。

具体到防守策略，作为防守的第一线，对持盘人的防守显得格外重要，是防守的起点，只有先做好对持盘人的防守，其他防守策略才能奏效。在防守中，要学会观察防守对象的优劣势，逼迫他们用不擅长的进攻方式来进行比赛，采用不同的防守策略破坏对方进攻的流畅性，打乱其进攻节奏。一旦防守成功，就要抓住攻防转换的间隙，快速组织进攻，打对方一个措手不及。

2. 防守持盘人

对持盘人的防守是团队飞盘防守中最重要的部分，也是基础。只有做好对持盘人的防守，让持盘人无法以最舒服的角度传盘，其他的防守策略才能发挥作用。

在防守持盘人时，面对防守人，用脚尖着地，提升移动速度，降低重心，臀部下沉，背部保持一条直线，同时保持平衡。双手保持晃动，干扰持盘人的传盘选择，通过脚步移动来保持对持盘人的压迫。减少上身的转动，不要轻易受到持盘人假动作的干扰，保持住防守位置。最重要的并不是打断对方的传盘，而是让他将盘传向我方希望对方传的方向。

防守过程中要注意以下几点，避免违例：①和持盘人保持一个飞盘以上的距离；②不可以用手故意遮挡对方的眼睛；③双手手掌的连接线不可以穿越持盘人的核心位置（不可以环抱对方）；④双脚的连接线不可以穿过对方的轴心脚。

3. 对跑动队员的防守

防守跑动中的对方队员，阻止他们轻松接到飞盘或是下底得分，这既需要有良好的防守意识，也要掌握一定的防守技巧。在站位时，和对手保持一定的距离，建议这个距离为伸手能够碰到对方但又不会造成身体接触的距离，同时降低重心，做好启动的准备。跟随对方进行移动，始终保持开始时的距离，不要让对方摆脱自己，做好随时飞扑出去断盘的准备，即使本身并没有尝试或者练习过飞扑的动作，但准备姿势会给予对手压力，同时给予自己信心。时刻关注（或者让场下的队友提醒）对方持盘人的位置，这有利于更好地判断飞盘有可能会从哪个角度向自己防守的队员飞来。

不要过度追求将飞盘抢断下来，首要任务是阻止对方获得好的接盘机会或是在最有进攻威胁的位置接盘。当有百分之百的把握可以断盘时，可以抢断飞盘并转换进攻，如果对方成功接到了飞盘，要立即转变为防盘人的动作姿态，阻止对方打出连贯的进攻配合。

4. 补防

团队飞盘比赛场地大，飞盘的飞行速度变化快，进攻队员在面对防守队员时有主动优势，传统的人盯人防守在攻防双方队员身体素质和比赛经验相近的情况下虽然能保证基本的防守站位，但往往会耗费防守队员很多体能。同时，进攻队员也会利用一些节奏上的优势来制造时间差来换取更好的进攻空间，这时如果还是由人盯人防守的对位去追逐，很可能会给进攻方轻松推进的机会。所以，补防在团队飞盘比赛中十分重要，既可以抑制对方的进攻，又可以节省己方的体力。

沟通是及时完成补位和换位的关键，在执行补防时，失去防守位置或看到对方进攻队员即将获得空间优势的队员要主动向队友求助或做出提醒并及时做出反应。当看到队友被甩开或意识到队友无法再做出有效的跟随防守时，要做好随时补位的准备，去阻止最有可能形成进攻威胁的对方队员，有可能形成得分的对方队员更应该是重中之重。失位的防守队员确认队友已经帮助补位之后，要马上去防守队友之前防守的对象，避免因为补防不及造成防守漏人。

切记，不要过于依赖补防，只在确实必要时使用补防战术。无效沟通、错过时机、判断错误或者行动不够果断都可能使补防变成漏防，造成更多的防守漏洞。在正式比赛中使用补防之前，队员在训练中要经过长期的磨合来形成一定的默契。

5. 逼向防守

逼向防守是团队飞盘比赛中很常用的一项防守策略，也是很多防守战术的基础（图 2–27）。它通过限制进攻方的传盘方向和空间，逼迫进攻方只能向场地的一个方向或一个区域传盘，从而达成既定的防守策略。

在具体执行时，防盘人要站在持盘人的一侧，切断持盘人从这一侧传盘的机会，注意观察持盘人的肩膀，以应对持盘人的假动作和出盘。靠近对方传盘手的前场防守队员最好将精力集中在防守某一块区域上，和防盘人形成配合，挤压对方的传盘和跑位空间。针对灵活交换、逼向防守对策的队伍，场上队员需要随时交流逼向的位置和方向，场下队员要提醒场上队员需要防守的位置和空间。

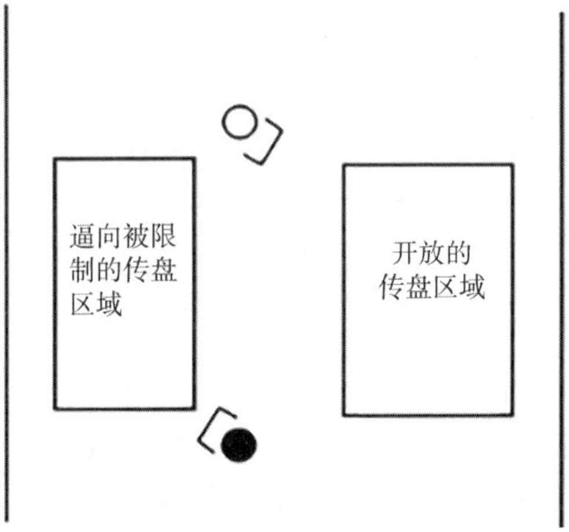

图 2–27　逼向防守的站位及空间

6. **区域防守**

（1）区域防守的概念。区域防守是每个队员分工负责防守一定的区域，严密防守进入该区域的盘和进攻队员，并与队友协同防守，用一定的队形站位把每个防守区域密切地联系起来所形成的防守战术。

（2）区域防守的特点。区域防守是在每个队员防守一定区域的基础上，随着盘的转移和进攻队员的穿插移动而不断地调整防守的站位和队形，盘动人动，人随盘动，重点防守有盘的区域。这种防守战术的位置固定，分工明确，重点突出，有利于有针对性地给予进攻方压力。但由于受区域分工的限制，各种联防都存在一定的薄弱区域，如果配合出现问题，容易被对方在局部区域以多打少。

（3）区域防守的分类。依据防守队员站位的形式，可分为 3–3–1 全区域防守、3–3–1 杯子区域防守、2–1 半区域防守、4–2–1 区域防守等，其中 3–3–1 杯子区域防守是最常用的区域防守战术。

（4）区域防守的基本要求。

①根据区域联防的形式和队员、对手的特点等合理分配防守区域，

最大限度地发挥队员在各自防区的作用。

②每个队员必须明确并认真负责各自的防守区域，积极阻挠干扰进入该防区进攻队员的行动，并根据盘的转移及时调整站位进行联合防守。

③对持盘的队员给予防守压力，其余防守队员应积极移动，随时调整队形进行协防或补防，做到人盘兼顾。

④对无盘队员的穿插移动，要观察距离盘的远近以及持盘队员的动态，积极地进行抢位和拦截，并及时和队友呼应联系，不让对手向有威胁的区域移动或接盘。视野最好的队员应起指挥的作用。

（5）区域防守的运用。

①用于对方传盘成功率不高，并且我方底线防守有优势时。

②用于对方个别队员个人能力强，而其他队员实力与这些队员有明显差距时。

③用于有大风和雨水的天气，特别影响传接盘时。

④用于对方比分落后，急于得分时。

（6）区域防守示例——3-3-1 杯子区域防守战术（图 2-28 ～图 2-31）。

如果对方通过高危传盘越过区域两道防线，传给 E、F、M、N 任何一位队员，最后一道防线的 7 号队员继续控制后场，距离持盘队员的任何一位防守队员需要立即到持盘队员 3 米内进行计数，阻止进攻距离，等杯子抵达落位，再移位换防。继续形成杯子区域防守阵型，进行压迫式防守，让对手只能选择高危传盘和回传。

所有的区域防守队员，在飞盘进行转移时，要第一时间切断接盘人的下一个传盘路线，以阻止对方连续性推进进攻。

区域防守的重点在于通过切断进攻路线、压缩对方进攻范围、迫使对方多次传盘和传高危险盘等途径让对方出现失误，达到防守的目的，从而获得盘权。

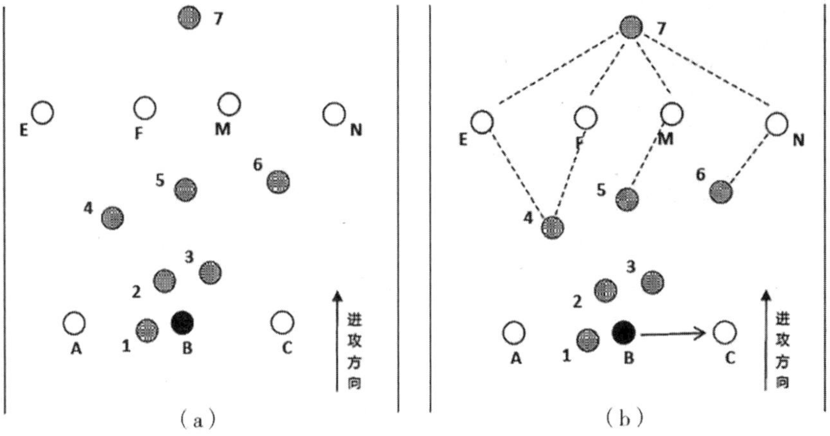

图 2–28　杯子区域防守战术演示一

（a）杯子区域防守阵型站位，战术目的是逼向，给予对方防守压力，让对方把飞盘传向靠近边线的队员，通过加大防守压力，迫使对方传危险盘，达到防守成功的目的

（b）当对方转移飞盘到边线队员 C 的同时，6 号盯 N 队员的切入，5 号盯 M 队员的切入，4 号盯 E、F 队员，7 号盯所有准备下底的队员

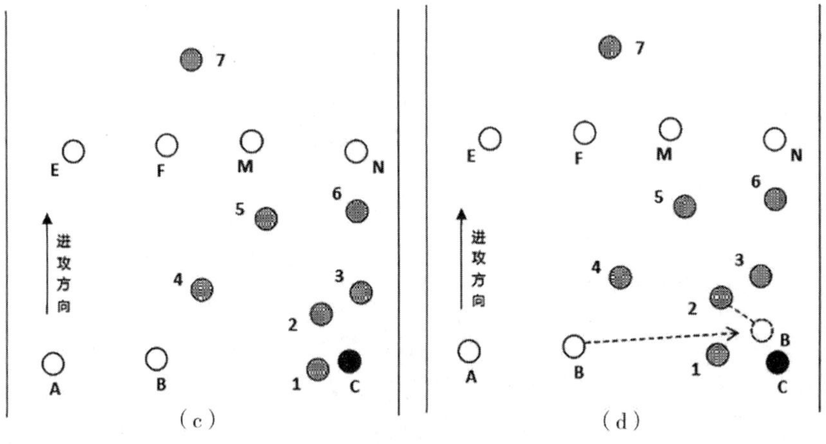

图 2–29　杯子区域防守战术演示二

（c）当 C 队员在边线附近持盘时，杯子区域进行压迫性防守，迫使 C 队员进行高危传盘，或者回传队友。1. 高危传盘，被迫传盘或过顶都会产生极大失误率；2. 回传，达到进一步压缩进攻范围目的

（d）当 B 队员跑进杯子区域接盘，2 号防守队员可以跟 B 队员一起进入区域进行防守干扰接盘，当 B 接到飞盘，杯子防守回到初阵型，4、5、6、7 各队员防守区域不变，整体继续压迫式区域防守

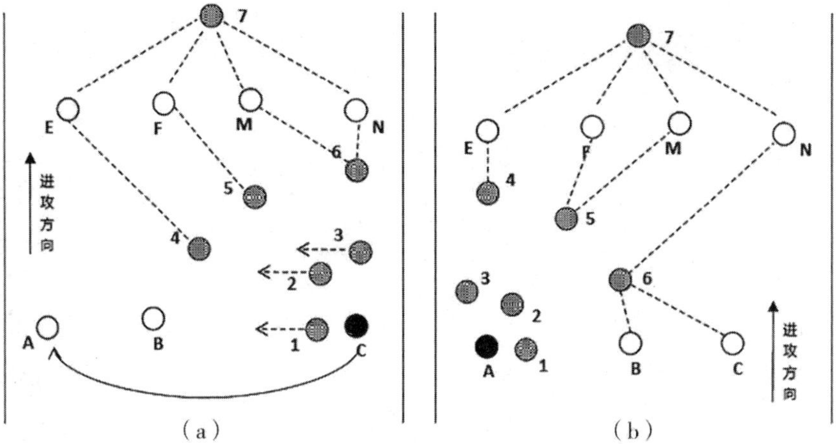

（a）　　　　　　　　　　　　　　（b）

图 2–30　杯子区域防守战术演示三

（a）如果 C 队员进行高危远距离传盘给 A 队员，传盘的同时，4 号有机会可以去断盘，没有机会直接去防区域队员切入，5 号盯 F 队员切入，6 盯 M、N 队员，7 号盯所有下底队员，杯子 1、2、3 整体快速移动，防守持盘人并继续逼向防守

（b）逼向另一个方向，站位如图所示，让持盘人回传或传高危险盘

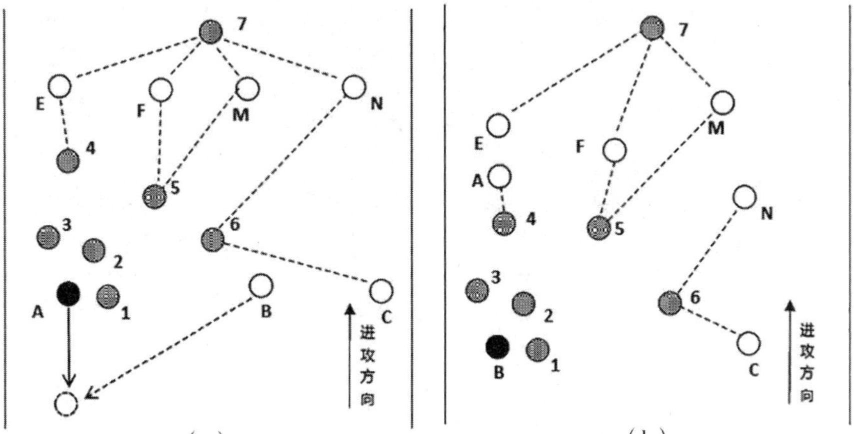

（a）　　　　　　　　　　　　　　（b）

图 2–31　杯子区域防守战术演示四

（a）当对方回传时，6 号盯 C、N 两位队员接盘，5 号盯 F、M 两位队员的切入，4 号盯 E 队员接盘，杯子 1、2、3 号队员快速整体下压落位防守

（b）回传后，杯子站位如图所示，继续压迫式防守

五、团队飞盘的十条基本规则

（一）场地

正式比赛需要在草地上进行，真草最佳，质量较高的人工草也可以使用。场地长100米，宽37米，得分区位于场地的两端，深18米（图2-32）。标准的赛事外围需要添加缓冲区，距离边线3米和5米设置两条缓冲线。在场地中间线，距离得分线18米处有一个砖头点。按照国际赛事标准，一个标准足球场可以布置一个飞盘场地，日常活动可以布置两个。考虑到初学者或是青少年的体验，场地可以成比例缩小，建议不要小于30米 ×15米或一个五人制足球场。除草地之外，木地板或者其他平整的无危险空旷场地也可以作为活动场地。

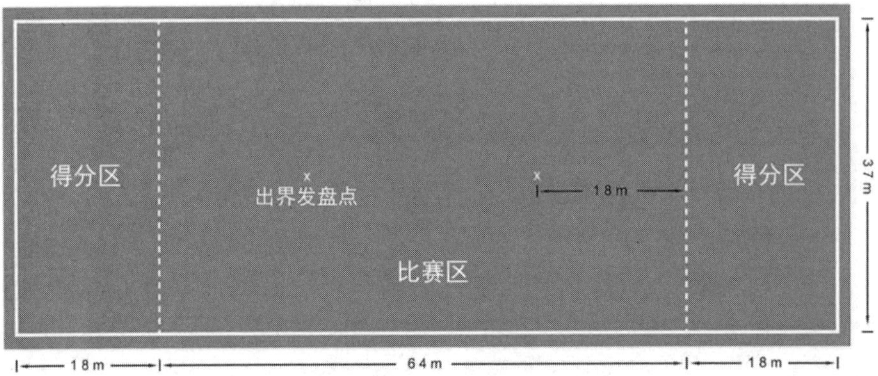

图2-32　团队飞盘比赛场地

（二）开盘

每一分比赛开始前，双方选手在各自防守的得分区排成一排，先防守的队伍将飞盘投掷给进攻的队伍，进攻队伍以合规的方式将飞盘接住或者捡起即可开始比赛。防守队伍将飞盘掷出的动作叫作开盘。在开盘前，防守队伍一方持盘的队员必须先举手示意，等待进攻方有队员举手示意准备就绪后才可以开盘。在开盘队员将飞盘掷出前，进攻方队员必

须单脚踩在得分线上，不可以移动；防守方队员在飞盘掷出前不可以越过得分线，有队伍违反规定即为越位违例。每支队伍只允许有七位队员上场。

（三）得分

得分是团队飞盘比赛的目的，国际比赛中，比赛的目标分是 15 分，在比赛规定时间内首先获得目标分的队伍获胜。进攻方队员需要在对方防守的得分区内完全控制住飞盘才算得分。判定的关键点是两个：一是完全控制住飞盘，意思是飞盘停止旋转并由进攻队员掌握，通常是用手接住飞盘，理论上用腿夹住或是身体其他部位将飞盘控制住也可以视作得分，建议最终都用以手持盘的形式向全场展示。二是接盘时与场地的接触点必须在得分区内。如果在得分线外的场地接盘之后惯性跑入得分区是不得分的，另一种情况是第一次接触飞盘在得分区内，但由于没有完全控制，如在手上持续颠簸几次，最终控制时与场地的接触点在得分区外，也不能得分。

（四）传盘

场上对飞盘拥有控制权的队员叫作持盘人，他可以向场上任意方向进行传盘。持盘人不允许持盘移动，必须有一个轴心点与赛场保持持续的接触，这个轴心点一般是传盘手异侧的脚，也可以是其他身体部位，如在一次飞扑后，身体停止滑动但还未起身时，也可以进行传盘，此时的轴心点就是他身体与场地接触并且没有在传盘时移动的位置。如果在持盘期间，轴心点有移动，如轴心脚抬起或在场地上挪动，视为走步，需要回到轴心点才能传盘。防守持盘人的防守人称为防盘者。防盘者可以读秒，每两个数之间的间隔时间必须至少大于 1 秒，从 1 数到 10。防盘者数到 10，持盘人如果没有将飞盘投掷出去，即为违例，需要进行攻防转换。需要注意的是，防盘者必须在持盘人 3 米范围内才可以进行读秒，同时，读秒的声音必须让持盘人听到，不可以默数。如果读秒的速度过快，或者跳过了其中某个数字，属于读秒违例，需要在已经完成的读秒数字上减一再继续读秒。防盘者的站位需要符合要求：第一，要和持盘人保持一个飞盘以上的距离；第二，防盘者的双手手掌连接线不可以穿越持盘人的核心部位；第三，防盘者的双脚连接线不可以越过持盘人的轴心点；第四，防盘者不可以故意遮挡持盘人的视线。一旦违反站位要求，持盘人可以示意防盘违例。

（五）失误

当进攻方的传盘没有成功时，防守方将获得盘权，攻守双方转换，这个过程中不需要停顿，防守方在获得盘权后可以立即转换成进攻方组织进攻。进攻方传盘没有成功有以下几种情况：飞盘出界、飞盘落地、被对方截获和被对方断下。出界和落地比较好理解，新手比较容易误解的是被对方截获和被对方断下。被对方截获的意思是防守方直接将进攻方投掷出的飞盘抓在手中，其间飞盘没有与其他任何人和物体有过接触。被对方断下的意思是持盘人将飞盘投掷后，在飞盘飞行过程中防守方队员与飞盘有接触，导致进攻方队员最终没能接住飞盘，飞盘落地。此时虽然飞盘在场地上，没有人持盘，但由于这是进攻方未完成传盘而产生的结果，所以盘权应该归于原来的防守方。

（六）换人

在团队飞盘比赛中，只有在一次得分后或有队员受伤的情况下才可以换人。一次得分后，在举手示意开盘之前，一支队伍可以无限制地进行换人调整，混合组比赛在换人时要符合男女性别比例。在比赛过程中不可以进行换人，除非场上有队员受伤。场上有队员受伤后，任何人都可以进行受伤示意，所有人停止比赛，直到换人结束。这里需要注意的是，如果受伤是由对方造成的，如空中的碰撞、绊倒等，可以选择不进行换人。而如果受伤是自己造成的，如跑动中崴脚，则必须换人。

（七）不允许身体接触

不允许任何形式的身体接触是团队飞盘规则的核心，场上选手所有的动作都必须避免与其他人的身体接触，这既是为了场上选手的安全考虑，也是为了保证团队飞盘比赛的观赏性和独特性。由于团队飞盘比赛是在空旷场地进行的，所以队员之间难免会有身体接触。为了更好地判定身体接触，规则里详细描写了所有可能的身体接触以及处理方式，以帮助队员理解不允许身体接触的规则，使比赛顺利进行。例如，规则 12.7 提到“冲着飞盘去”不能成为产生身体接触的理由，这是为了规避在涉及争议时陷入主观讨论。规则 17.1 中关于“危险动作”的定义为“不顾其他队员的安全，无论是否有身体接触或何时发生接触，都被认为是危险动作且被视为犯规”，这是为了强化避免身体接触的意识，避免有选手为了胜利不择手段。

（八）犯规

当一方选手与另一方选手发生身体接触时，视为犯规。被犯规的选手需要大声喊出“犯规（或英文 foul）”来进行示意。此时所有场上选手要停在自己所在的位置，不可以移动，直到比赛重新开始。发生身体接触的双方队员进行自我裁判：如果犯规没有影响盘权，比赛继续。这里的没有影响盘权包括进攻方继续保有盘权或者防守方获得盘权。如果犯规影响了进攻方的盘权，飞盘要交给进攻方队员继续比赛。如果防守方选手不同意犯规，飞盘交还给上一位持盘人，比赛通过验盘重新开始。

（九）自我裁判

自我裁判是团队飞盘比赛区别于其他运动项目的最大特点。团队飞盘比赛不设置裁判，场上所有的违例、犯规、出界、得分等情况都需要选手自己根据规则去处理。一旦场上出现示意，涉及该示意的选手要在飞盘精神的指引下，通过讨论来决定如何继续比赛。此时，其他队员需要待在所在的位置，不可以参与讨论，除非正在讨论的选手请求第三方的意见。即使其他人提供了建议，最终的决定权还是在当事的选手手中。规则里提到，“团队飞盘的规则设置是假设所有参与其中的选手都会自觉地遵守规则并诚实地表达。所以规则中并没有设置任何惩罚措施，而是以如果这个示意没有发生，比赛最有可能会如何发展作为处理示意的方法”。这就要求参与者熟知规则并诚实地表达，心平气和地与对方选手进行沟通，体现飞盘精神。

（十）飞盘精神

飞盘精神是团队飞盘运动最关键的因素，也是这项运动最大的魅力所在。飞盘精神完美地体现了运动精神，它包括五大原则，分别是熟知

规则、避免身体接触、保持公平公正、享受玩的过程以及友好交流，引导着参与者在激烈对抗争取比赛胜利的同时去展示个人、队伍及这项运动的美好。为了更好地帮助参与者理解飞盘精神、宣传飞盘精神，世界飞盘联合会设置了精神评分体系，通过精神评分、飞盘精神圈、最佳精神奖、精神暂停、精神队长等形式将飞盘精神融入团队飞盘比赛。每年12月的第一个周六是飞盘精神日，世界飞盘联合会号召所有飞盘玩家在那一天宣传飞盘精神。

了解十项基本规则，可以帮助初学者快速入门，进行团队飞盘的比赛练习，更快地体验团队飞盘的魅力。但如果想参加正式的团队飞盘比赛，还是需要认真研读规则全文，尤其是关于飞盘精神和争议处理方式的部分，以利于在享受比赛的同时维护好运动形象。

六、团队飞盘的教学

（一）团队飞盘中常用的教学方法

体育教学方法是在体育教学过程中，教师与学生为实现体育教学目标和完成体育教学任务而有计划地采用的、可以产生教与学相互作用的、具有技术性的教学活动的总称。飞盘运动作为一项新兴的体育运动项目，目前在学校内的普及程度还不是很高，相对于其他传统项目，学生对其会感觉比较陌生。为此，体育教师和教练在进行飞盘运动教学时要更加关注教学方法的使用，使学生更容易接受和理解飞盘知识及技能。以下几种是比较适用于飞盘课堂的教学方法。

1. 讲解法

讲解法指教师运用语言向学生说明教学目标、动作名称、动作要领、动作方法和要求，以指导学生学习和掌握体育的基本知识、技术和技能并进行练习的一种方法。对于刚开始接触飞盘运动的学生来说，细致的讲解会帮助他们更好地记忆和理解飞盘运动。

2. 示范法

示范法指教师（或指学生）以自身完成的动作为示范来指导学生进

行学习的方法。它在使学生了解所学动作的表象、顺序、技术要点和领会动作特征方面具有独特的作用。体育教学中，教师在示范时，除注意示范面外还应考虑示范的速度和距离。这也是飞盘教学中最重要的教学方法。

由于运动动作的多样性，动作示范更要注意“示范面”的问题。示范面是指学生观察示范的视角，也包括示范的速度和距离等要素。示范面有正面、背面、侧面和镜面。

（1）正面示范。教师与学生相对站立所进行的示范是正面示范。正面示范有利于展示教师正面动作的要领，如正反手的传盘动作。

（2）背面示范。教师背向学生站立所进行的示范是背面示范。背面示范有利于展示教师背面动作或左右移动的动作，以及动作的方向、路线变化、较为复杂的动作，利于教师的领做和学生的模仿，如跑动中的接盘动作。

（3）侧面示范。教师侧向学生站立所进行的示范是侧面示范。侧面示范有利于展示动作的侧面和按前后方向完成的动作，如接盘的手脚配合动作及时机的把握。

（4）镜面示范。教师面向学生站立所进行的与学生同方向的示范是镜面示范。镜面示范的特点是学生和教师的动作两相对应，适用于简单动作的教学，便于教师领做，学生模仿。例如，防盘者的脚步移动动作。

3. 纠正动作错误与帮助法

纠正动作错误与帮助法是指体育教师为了纠正学生的动作错误所采用的教学方法。在体育教学中，学生技能的提高是伴随着动作错误的不断被发现和不断纠正而进行的。

4. 分解练习法

分解练习法指将完整的动作分成几部分，逐段进行体育教学的方法。它非常适用于飞盘传盘动作的教学，将传盘动作分解之后进行动作的规范化指导，可以帮助学生更好地掌握传盘的技术动作。

5. 领会教学法

领会教学法是体育教学方法指导思想的一项重大改革，它从强调动作技术转向培养学生的认知能力和兴趣。领会教学法是以“项目介绍”和“比赛概述”作为团队配合运动的开始，它让学生了解该项目特点和比赛规则，从而使学生一开始就对该运动项目有一个全面的了解。

领会教学法与传统的技能教学不同的是，教师不是从基本的动作教起，而是首先对学生进行“战术意识培养”。教师在战术介绍以后，结合实战向学生演示一些复杂的临场情况和应对的方法，对学生进行“瞬间决断能力的训练”，培养学生全面观察情况、把握和判断时机以及应变的能力，使学生最终可以根据所学的技术和战术判断出“做什么”和选择最佳的行动方案——“如何去做”。领会教学法的教学模式有如下特点：

（1）从项目整体特征入手，然后再回到具体技能学习，最后再回到整体的认识和训练中。

（2）强调从战术意识入手，把战术意识贯穿在各个教学环节中，整体意识和战术为主导的特征很强。

（3）突出主要的运动技术，而忽略一些枝节性的运动技术。

（4）注重比赛的形式，并在比赛和实战中培养学生对项目的理解，教学往往从“尝试性比赛”开始，以“总结性比赛”结束。

团队飞盘是一项禁止身体接触、需要自我裁判的运动，在比赛过程中除了需要技战术的发挥之外，参与者的飞盘精神、对飞盘规则的认知也是保证比赛顺利进行的重要组成部分。另外，它还非常强调团队配合，参与者相互之间的交流沟通极大地影响着场上战术的完成度。对于低年级的参与者，教师需要进行引导，让他们在日常教学中获得积累，逐步理解团队飞盘的意义。对于高年级的参与者和成人，教师或教练要担任观察员的角色，在场上出现争议时适当地介入，引导参与者以正确的方式处理场上的情况。要为团队飞盘的参与者建立运动的仪式感，包括开赛前的队内鼓励以及赛后的飞盘精神圈交流，将团队飞盘运动的整体精神传递给他们。

（二）团队飞盘中的学习评价

学习评价是促进学生达成学习目标的重要手段，团队飞盘作为一项综合性强的体育运动项目，学习评价要采用多元方式，准确反映学生学习和掌握的情况，调动他们参与飞盘运动的积极性，促进学生形成良好的运动理念和习惯。

1. 团队飞盘学习评价的内容

（1）体能。参考《国家学生体质健康标准》，结合团队飞盘运动自身的特点，挑选与团队飞盘运动关联度高的体能测试内容，评价学生参与团队飞盘课程后的体能水平。

（2）知识与技能。根据团队飞盘的教学目标与要求以及教学的实际情况，考查学生对团队飞盘规则、团队飞盘场上争议处理、团队飞盘的历史发展、团队飞盘技能、团队飞盘战术等的掌握程度。

（3）态度与参与。对学生在团队飞盘课堂上的出勤率、课堂表现、学习兴趣、是否积极主动地探究团队飞盘学习中的问题以及是否积极参与课外飞盘活动进行评价。

（4）情意与合作。针对学生对团队飞盘精神的理解、练习团队飞盘后意志品质的变化、团队合作精神以及能否合理运用冷静六部曲处理场上争议等进行评价。

2. 采用多样的团队飞盘学习评价方法

（1）定性评价与定量评价相结合。对体能、飞盘技能和飞盘知识的指标采用定量评价的方法，对学生参与团队飞盘运动的态度和飞盘精神的表现采用定性评价的方法。

（2）形成性评价与终结性评价相结合。在团队飞盘教学中，教师或教练应注意观察与记录学生的行为表现，用口头评价的方式及时向学生反馈评价信息，帮助学生了解自己的学习情况并改进学习方法，尤其是在传接盘等基本技能的练习过程中，每个学生都会遇到不同的问题，需要教师有针对性地进行指正。在对学生学期或学年的学习成绩进行评价时，应综合学生在体能、团队飞盘知识和技能、态度与参与、飞盘精神与团队合作等方面的学习情况和发展变化，结合知识和技能测试结果进行终结性评价，给出综合成绩，写出评语。

（3）相对性评价与绝对性评价相结合。团队飞盘教学中要重视学生的个体差异和进步幅度，开发学生的个性表现，将学期结束时的测试结果、学生在学习过程中各方面的进步幅度以及教师的课堂教学记录结合起来，对相应的评价指标进行综合评价，有效提升每一位学生的自尊和信心。

3. 发挥多方面评价主体的作用

（1）教师或教练评价。教师或教练在团队飞盘的学习评价中起主要作用，其评价应具有很强的权威性，须尽力做到全面和准确。教师或教练要用发展的眼光来评价学生，以表扬和激励为主，并提供尽可能多的具体反馈以及改进与提高的建议，从而让学生能对团队飞盘运动保持长期的热情。

（2）学生评价。团队飞盘是一项团队运动，需要和他人形成相当多的配合。同时，团队飞盘不设置裁判、需要自我裁判的规则，对学生的自律、守则等能力有一定的要求，学生适合通过自我评价的方式来实现对团队飞盘运动的理解。通过教师或教练的指导，提高学生正确评价自己和他人在运动中的行为能力，可以帮助学生更好地体会团队飞盘运动的乐趣和意义。

4. 团队飞盘学习评价参考用表

团队飞盘课堂学生行为记录表见表 2–3。

表 2-3　团队飞盘课堂学生行为记录表

姓名	评价内容	课次			总分
		第___周 星期___	第___周 星期___	……	
张三	态度与参与	2	……	……	……
	飞盘精神	2	……	……	……
	飞盘技能	2	……	……	……
李四	态度与参与	2	……	……	……
	飞盘精神	3	……	……	……
	飞盘技能	4	……	……	……
……	态度与参与	2	……	……	……
	飞盘精神	2	……	……	……
	飞盘技能	2	……	……	……

说明：1. 参照国际上飞盘精神评分办法，每个单项满分为 4 分；
2. 2 分为正常表现，0 分或 1 分为表现不佳，3 分或 4 分为表现优异，其中 0 分或 4 分需要教师记录具体事由；
3. 连续多节课出现 0 分或 1 分的同学，需要教师特别关心，必要时进行单对单沟通；
4. 连续多节课出现 3 分或 4 分的同学，可以多安排他们组织学生之间的互相学习和评价。

（三）团队飞盘的练习方法

团队飞盘的练习方法见图 2-33。

图 2-33　练习方法板块图示

1. 接盘的练习

（1）教学内容：定点接盘——双手夹接。

【教学目标】

提升学生双手夹接的熟练度。

【教学过程】

● 教师手持飞盘，将飞盘举至学生胸口高度；

● 学生在跑动中将飞盘以双手夹接的手法从教师手中拿走。

【教学评价】

双手夹接动作是否正确。

（2）教学内容：定点接盘——低位接盘。

【教学目标】

提升学生在低位接盘的熟练度。

【教学过程】

● 教师手持飞盘，将飞盘放至学生腰部以下高度；

● 学生在跑动中将飞盘以双手握接的手法从教师手中拿走。

【教学评价】

双手握接动作是否正确。

（3）教学内容：定点接盘——跳起接盘。

【教学目标】

让学生掌握基本的接盘动作，提升学生的身体协调性。

【教学过程】

● 教师手持飞盘，将飞盘举高至学生需要起跳的高度，让学生助跑后起跳抓盘；

● 逐渐提高高度；

● 可以规定接盘的动作。

【教学评价】

接盘动作是否正确，助跑起跳是否连贯。

（4）教学内容：快速反应接盘。

【教学目标】

让学生掌握正确的接盘动作，发展身体协调性和反应，树立接盘的自信。

【教学过程】

- 两人一组，面对面相距 1 米站立，一人传盘，一人接盘；
- 传盘人分别向接盘人的上下左右中五个方向传盘；
- 接盘人用正确的接盘方式将飞盘接住；
- 每次接盘不论是否成功，都回到准备姿势接下一个。

【教学变化】

- 增加体能训练，要求接盘前先做一些体能训练动作，如俯卧撑、小步跑、左右并脚跳等；
- 传盘方向可以任意选择，增加变化。

【教学评价】

观察接盘人接盘时手、脚、眼是否协调，所采用的接盘姿势是否最恰当，接盘过程中是否能保持专注，接盘失败的情况下能否及时调整心理状态和身体姿态。

（5）教学内容：左右互搏。

【教学目标】

提升学生相互间的传接盘默契，练习接不同难度的盘，练习单手接盘。

【教学过程】

- 两人相距 10 米进行传接盘；
- 每人用左手单手接盘 10 次，右手接盘 10 次，左右轮换，各完成 50 次接盘；
- 接盘后要迅速转换到传盘状态，将飞盘稳稳传出，不要停顿；
- 接盘时根据飞盘高度不同尝试不同的手型，感受不同的接盘方式。

【教学评价】

传盘是否到位，接盘动作选择是否正确。

（6）教学内容：绳梯跑动接盘。

【教学目标】

锻炼学生的敏捷性和脚步灵活性，提升学生的接盘熟练度，对学生阅读飞盘轨迹的能力进行启蒙。

【教学过程】

● 学生从起点开始，用步伐通过绳梯（每次采用不同的步伐）；

● 通过绳梯后，加速向前跑动，接住教师或其他学生传出的飞盘。

【教学评价】

通过绳梯时的步伐是否连贯，接盘动作是否协调。

2. 传盘练习

（1）教学内容：传盘分解动作。

【教学目标】

提高学生的传盘动作熟练度。

【教学过程】

● 两人一组，听哨音进行动作分解练习（4 个步骤，进阶为 2 个步骤，1 次哨音为 1 个步骤）；每人完成 10 次传接盘；

● 教练哨音速度加快，促使学生加快传盘动作；

● 教练变换哨音节奏，让学生传盘动作流畅且听从指挥。

【教学评价】

每个分解动作是否到位，是否能将整个传盘动作连贯完成。

（2）教学内容：倒退传接盘。

【教学目标】

提升学生传盘的稳定性和精准度，让学生明确自己当前水平的传盘距离。

【教学过程】

● 两人相距 1 米面对面站立；

● 两人成功传接盘一次后一人原地不动，一人向后倒退 1 米，依次类推；

● 传接盘失误即停止，并用角标标记最远传盘距离；

● 每组有 3 次传接盘失误的机会，取最远距离，可以进行不同组之间的竞赛；

● 也可以设定一个距离，比较哪一组最先到达。

【教学评价】

传盘动作是否正确，发力模式是否正确，记录最远距离，进行纵向和横向的比较。

（3）教学内容：定点传接盘（图 2–34）。

【教学目标】

传盘的精准度，传盘动作的连贯性。

【教学过程】

- 学生两人一组，设定距离 5 ～ 8 米，两组之间距离至少 3 米；
- 教师进行巡回指导纠正；
- 每过 60 秒换一次传盘对象。

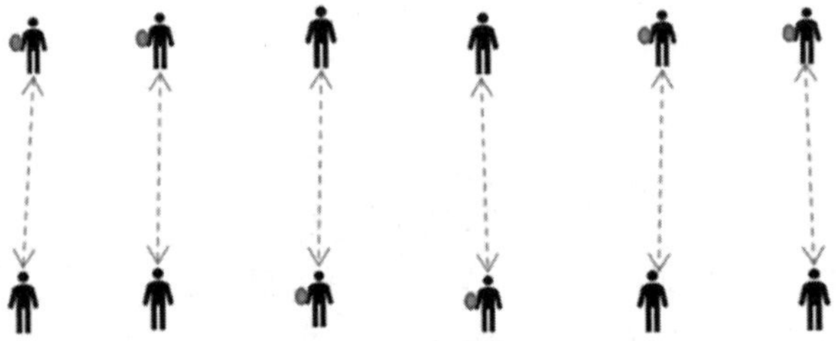

图 2–34 定点传接盘示意图

【教学评价】

传盘动作是否正确，发力模式是否正确，飞盘的飞行轨迹是否稳定。

（4）教学内容：轮转传盘（图 2–35）。

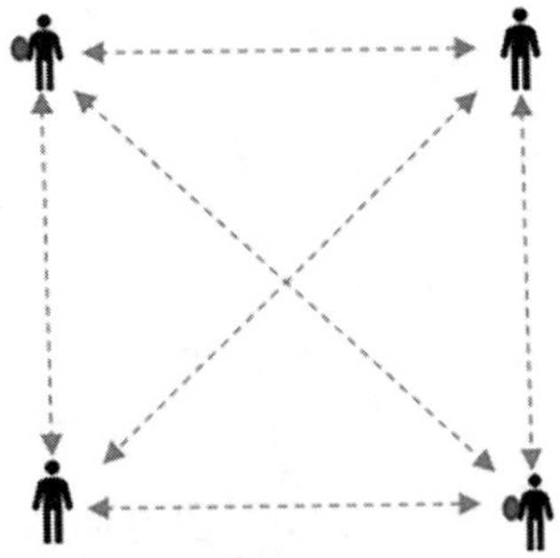

图 2–35 轮转传盘示意图

【教学目标】

让学生学会控制传盘的力度和方向，纠正学员的传盘姿势及发力方式，让学生学会向不同方向传盘。

【教学过程】

● 学生 4 人一组，设置一个正方形，每个点上站一位学生；

● 两人一个飞盘，在开始指令后进行传接盘；

● 停止指令后，将飞盘拿在手中，原地不动，交换传盘对象；

● 每个学生都与其他学生进行过传盘后结束练习。

【教学评价】

传盘动作是否连贯，传盘精确度和稳定性如何。

（5）教学内容：队列轮转系列一（图 2–36）。

图 2–36　队列轮转系列一示意图

【教学目标】

提升学生在移动中控制身体进行传接盘的能力，以及他们的协调性和敏捷性。

【教学过程】

● 学生排成纵队，每个纵队不少于 5 人，不多于 10 人；

● 距排头 8 米处设置传盘点，地上放置一个飞盘，距传盘点 5 米处放置一个点标作为折返点；

● 开始指令后第一个学生先跑向折返点，将点标翻过来，之后跑到传盘点，捡起飞盘和队列的下一个学生完成一次传接盘，将飞盘留在原地，跑回队列和下一个学生击掌，下一个学生出发，依次完成；

● 增加障碍：①在起点处设置绳梯，要求跑过绳梯；②在传盘点处设置障碍杆，需要跨过，传接盘时不可以超过障碍杆；

● 可以进行组间的竞赛。

【教学评价】

传盘动作是否连贯，传盘的精准度和稳定性如何。

（6）教学内容：队列轮转系列二（图 2–37）。

图 2-37　队列轮转系列二示意图

【教学目标】

提升学生传接盘的能力，对学生空间意识进行启蒙，提高他们的协调性及敏捷性。

【教学过程】

● 6 ～ 10 个学生一组，一组学生分成两队，相距 8 米成纵列面对面站立，一个飞盘；

● 其中一队先拿飞盘，将飞盘传给对面学生，传盘完成后到自己所在队伍后面排队；

● 对面接到飞盘后再将飞盘飞回来，依次轮转；

● 以连续完成 5 次、10 次、20 次传接盘不掉为目标；

● 熟练后调整为传完盘到对面队伍排队。

【教学评价】

传盘动作是否连贯，传盘的精准度和稳定性如何，传盘后是否能及时让开位置，给下一个接盘的同学留出空间。

（7）教学内容：逐梦飞盘（图 2-38）。

【教学目标】

热身，活跃气氛，锻炼快速传接盘的能力。

【教学过程】

● 学生站成一个圆形，相互距离 3 米以上，用一个飞盘；

● 顺时针进行传接盘，第一个传盘人在传盘后要顺时针绕圈跑，其他人继续传盘；

● 跑动的学生在飞盘传回原位之前到位接住飞盘，没能赶回需要接受惩罚；

● 第一个人跑完一圈后，第二个人传盘后进行追逐。

【教学评价】

传盘动作是否正确，接盘后是否能快速调整到传盘动作。

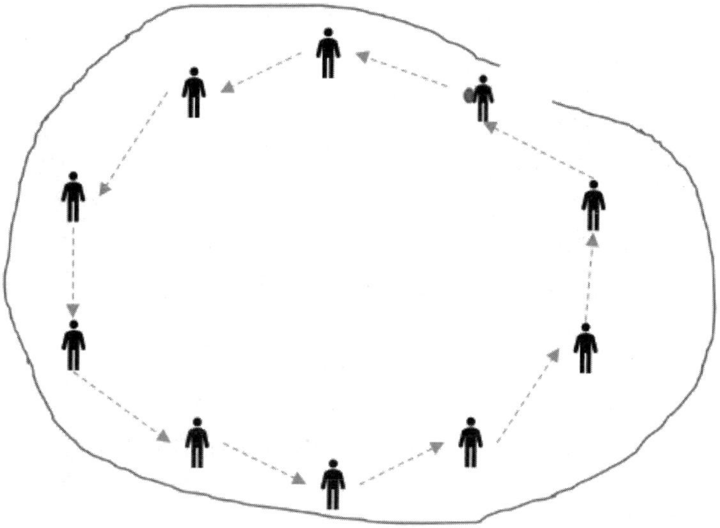

图 2-38　逐梦飞盘示意图

（8）教学内容：木头人传接盘。

【教学目标】

提高学生反应能力和协调性，综合提升学生传接盘能力。

【教学过程】

● 学生听哨音出发向前奔跑，触摸到前方角标后原路跑回；

● 学生跑动过程中，教师或教练会随时吹哨喊停，学生听到哨音后停止跑动（可以适当缓冲）并保持原来的身体姿态；

● 教师或教练将飞盘传给学生，学生接到飞盘后回传给教练，其间若发生失误，学生则向后退 1 米。

【教学评价】

学生能否控制身体迅速停止并保持平衡，是否能在不同姿态下准确接住飞盘

3. 组合练习

（1）教学内容：45 度角斜线跑动接迎面传盘（图 2-39）。

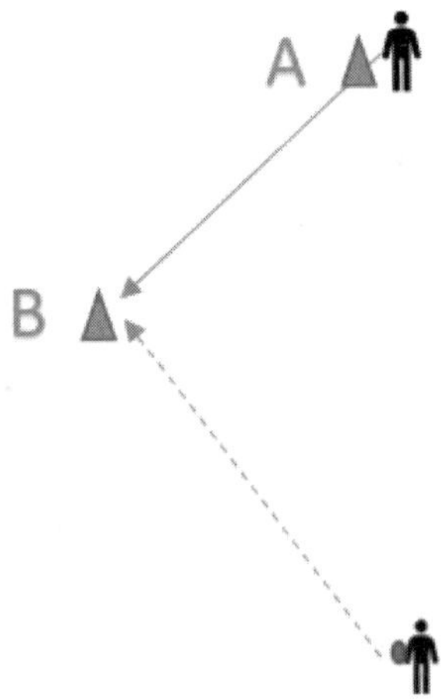

图 2-39　45 度角斜线跑动接迎面传盘示意图

【教学目标】

提高学生跑动中阅读飞盘轨迹的能力，跑动中接盘的动作稳定性，传盘给移动中队友的能力。

【教学过程】

- 学生站在 A 点准备；
- 开始口令后，学生从 A 点跑向 B 点；
- 在 A 点到 B 点的过程中，持盘人将飞盘传给队友；
- 传盘路线必须让学生可以持续跑动；
- 教学中要持续提醒学生，在没有接到飞盘前不可以停止跑动；
- 学生接住飞盘后回传给持盘人。

【教学评价】

采用的接盘动作是否合适，是否能保持跑动的同时去接盘，传盘是否能引导跑动人向前。

（2）教学内容：直线跑动接同向飞盘（图 2-40）。

【教学目标】

提高学生跑动中阅读飞盘的能力，跑动中接盘的动作稳定性，身体灵活性及协调性。

【教学过程】

- 跑动学生站在 A 点，传盘学生在 B 点；
- 发出开始指令后，学生从 A 点出发向前跑；
- 持盘人将飞盘向前传出，并喊学生姓名，让学生注意看飞盘；
- 正反手都需要练习；
- 传盘的距离由近及远。

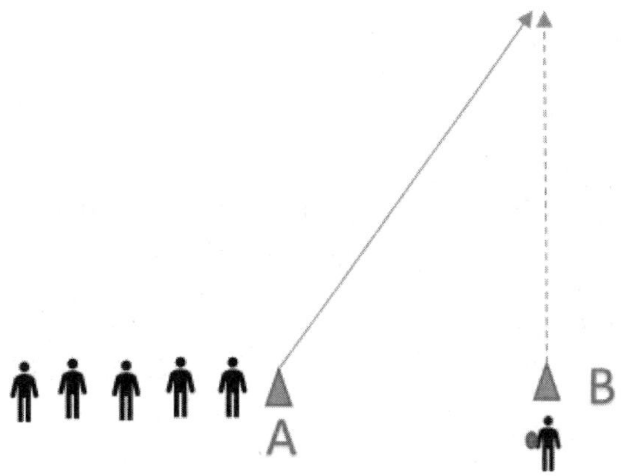

图 2–40　直线跑动接同向飞盘示意图

【教学评价】

采用的接盘动作是否合适，对飞盘轨迹的判断是否正确，传盘的方向和力度控制是否到位。

（3）教学内容：直传斜插跑位（图 2–41）。

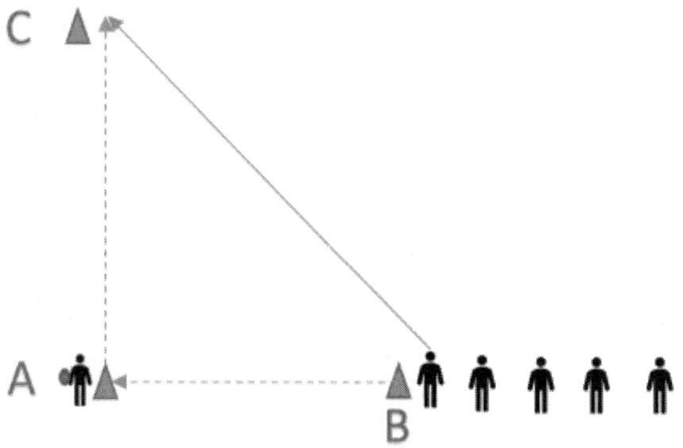

图 2–41　直传斜插跑位示意图

【教学目标】

提升传盘后的反应速度，培养向前推进的意识，提升传盘的精准度。

【教学过程】

- 学生站在 B 点，教师在 A 点；
- B 点学生将飞盘传给 A 点教师，之后向 C 点跑动；
- A 点教师根据学生速度将飞盘传向 C 点，让学生接住；
- 正反手位置都要练习；
- A 点可换成学生。

【教学评价】

传盘是否准确到位，传盘后的启动是否及时，接盘是否果断。

（4）教学内容：“V”字形变向跑接盘——切入（图 2-42）。

【教学目标】

提升学生的变向能力、加速减速能力、跑动中阅读飞盘的能力以及传盘精准度。

【教学过程】

- 学生从 A 点启动，向 B 点冲刺；

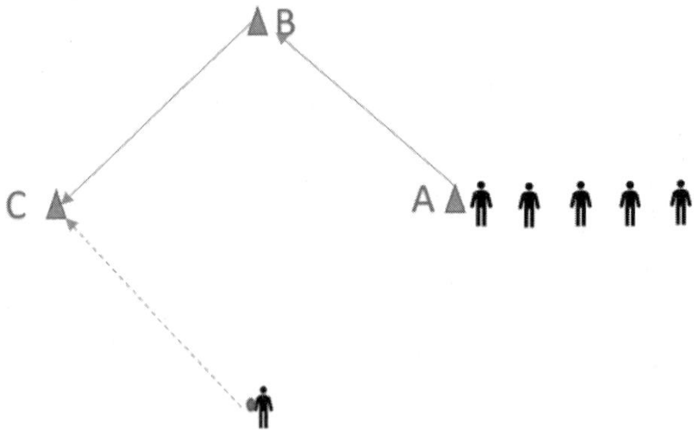

图 2-42　“V”字形变向跑接盘——切入示意图

- 在 B 点进行变向，继续跑向 C 点；
- 在学生跑向 C 点过程中，教师将飞盘传向学生，让学生在跑动中接住飞盘；
- 正反手位置都要练习；

● 传盘可安排学生完成。

【教学评价】

传盘是否准确到位，传盘后的启动是否及时，接盘是否果断，变向跑动作是否连贯。

（5）教学内容："V"字形变向跑接盘——下底（图 2-43）。

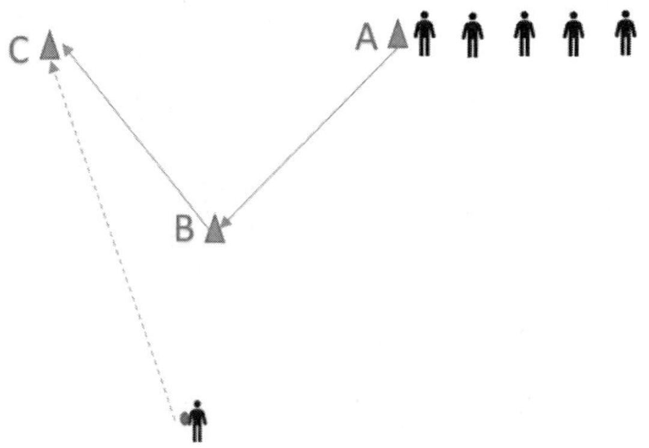

图 2-43　"V"字形变向跑接盘——下底示意图

【教学目标】

锻炼学生的变向能力、阅读飞盘飞行轨迹的能力、下底得分的意识。

【教学过程】

● 学生从 A 点启动，首先跑向 B 点；

● 在 B 点进行变向，跑向 C 点；

● 学生在跑向 C 点的过程中注意观察教师的传盘，及时进行方向的修正，接住飞盘；

● 传盘要有提前量，让学生保持跑动去接盘。

【教学评价】

变向跑动作是否连贯，是否进行了全力冲刺加速，阅读飞盘飞行轨迹是否正确。

（6）教学内容：横传跑位练习（图 2-44）。

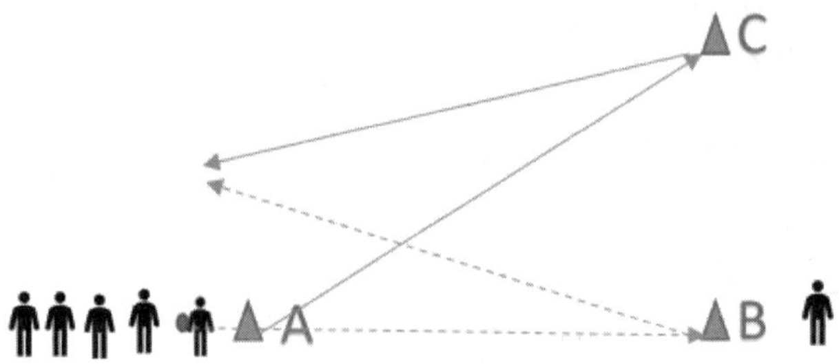

图 2-44　横传跑位练习示意图

【教学目标】

培养学生的空间意识、横传接应的跑位，提升传盘的精准性。

【教学过程】

- 学生站在 A 点，教师站 B 点；
- 学生将飞盘传给教师后，向 C 点跑动；
- 学生到达 C 点后喊“swing”，跑回 A 点；
- 教师将飞盘传向跑动学生，学生接盘；
- 正反手位置都要练习。

【教学评价】

传盘是否到位，跑位时是否拉开了空间。

（7）教学内容：闪电型跑位接盘（图 2-45）。

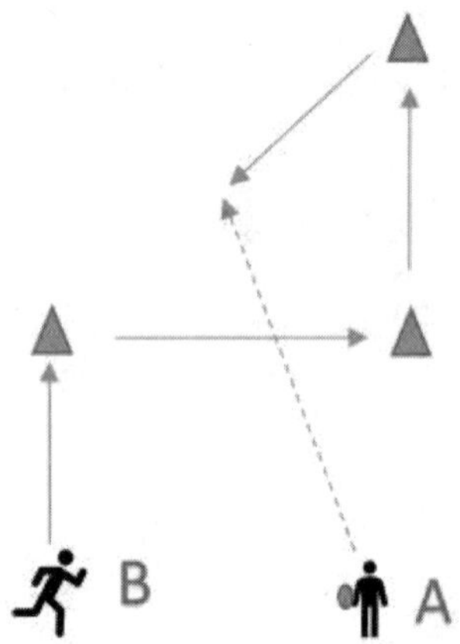

图 2-45　闪电型跑位接盘示意图

【教学目标】

提高学生的敏捷性、接盘能力及其对传盘时机的把握能力。

【教学过程】

- 传盘人在 A 点，跑动学生在 B 点，沿既定路线进行变向跑；
- 通过训练来帮助学生练习不同角度变向跑和折返动作；
- 学生要集中注意力来控制脚步；
- 折返后要尽快加速，通过手臂向前摆动来带动身体前冲；
- 传盘人在跑切队员跑至接盘区域后传盘，注意将飞盘传到接盘人跑动路线上，引导其去追接；
- 开始训练前，将整个过程在头脑中预演，帮助自己顺畅地完成整个训练；
- 将训练中养成的习惯运用到比赛中。

【教学评价】

变向和折返动作是否连贯，接盘动作是否正确，传盘的时机和空间是否正确。

（8）教学内容：控盘手配合练习（图 2–46）。

【教学目标】

提高控盘手在边线附近的跑切移动能力以及对传盘时机和空间的选择能力，培养队员间的默契和沟通能力。

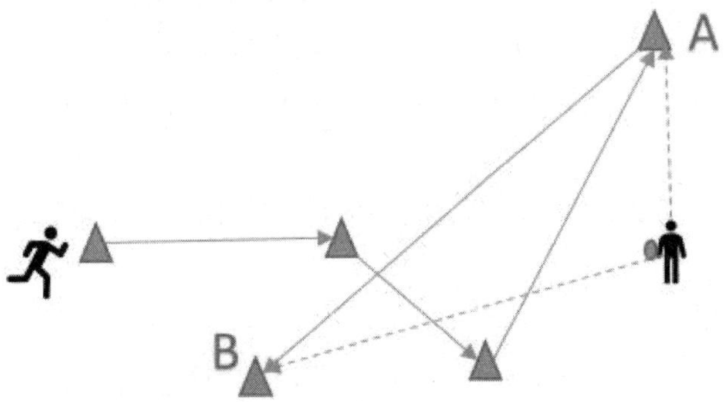

图 2–46　控盘手配合练习示意图

【教学过程】

● 有两种传接盘选择，传盘人决定采用哪一种：

①向前的直线传接盘（A 点）；

②跑切队员往回切，利用一个长距离的横向回传来摆脱防守（B 点）。

● 重复 5 次后交换角色。

● 传盘人要通过做假动作及轴心旋转来转变方向，找到传盘机会。

● 横传要传到场地中间，最大限度地利用场地空间。

【教学评价】

传盘的时机和空间是否正确，两人是否有效沟通。

（9）教学内容：折返跑传接盘（图 2–47）。

图 2–47　折返跑传接盘示意图

【教学目标】

提升学生的身体素质、脚步敏捷性以及掌握传接盘时机的能力。

【教学过程】

● 接盘人从起点开始，在每个点标处做折返，然后接盘；

● 接到飞盘后，将飞盘回传给传盘人，沿原路跑回起点，接着进行下一个路线的跑动，完成所有三个点标的变向跑算一组；

● 传盘人往接盘人的跑动路线延伸的空间上传盘，让接盘人冲过去将盘接住；

● 接盘人折返时要敏捷迅速，转变方向时手臂向前摆动，并将身体重心放低。

【教学评价】

传盘的时机是否精准，传盘精准度如何，接盘后传盘动作的转换是否连贯，折返变向动作是否正确。

（10）教学内容：跑道碾压者（图 2–48）。

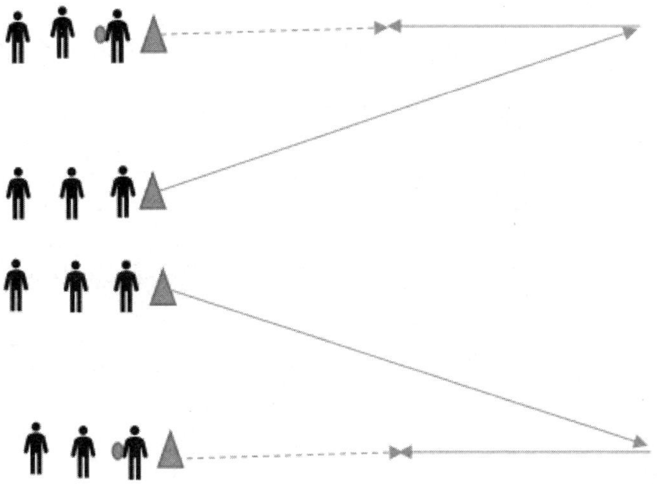

图 2-48　跑道碾压者示意图

【教学目标】

提升学生急速变向跑的能力、脚步灵敏度，锻炼学生的跑切技巧。

【教学过程】

- 站成四列，每两列为一组；
- 每组中一列进行传盘，另一列进行跑切；
- 传盘后加入跑切队列；
- 跑切后加入传盘队列；
- 接盘时保持向飞盘直冲；
- 折返时手臂向前摆动，提高速度；
- 果断、敏捷地折返；
- 跑动足够远的距离后再做变向折返跑，保证拥有足够的返回接盘空间。

【教学评价】

传盘的时机是否正确，折返动作是否连贯。

4. 攻防演练

（1）教学内容：链式跑切训练（图 2–49）。

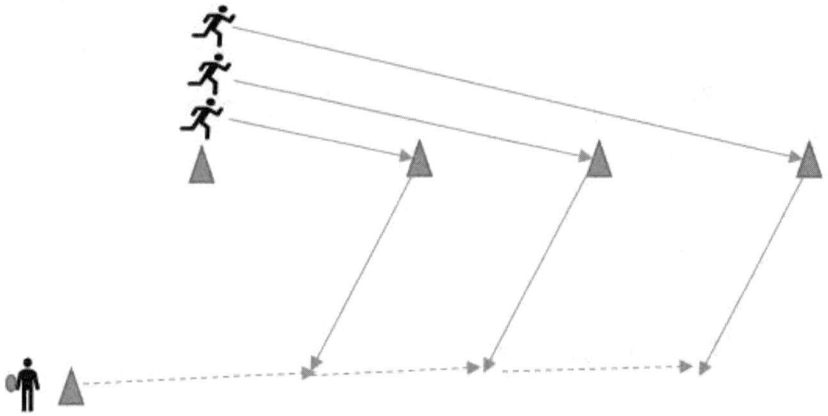

图 2–49　链式跑切训练示意图

【教学目标】

练习比赛中最基础的进攻流畅度，可以作为横排战术练习的补充。

【教学过程】

- 第一个传盘人在第一个角标处开始传盘，下一个角标处的队员进行一个折返变向跑去接盘；
- 接到盘后转身，传盘给下一个进行折返的跑切队员；
- 持续地沿着进攻路线传接盘；
- 当前一个队员接到盘时，下一个队员应当已经到位准备接盘，可以让前面的队员快速将盘传出来；
- 在前面的队员接到盘之前跑切队员就应该开始跑动，并观察前一个队员所处的位置；
- 传出来的飞盘应当在跑动队员的跑动路线上，以保证跑切队员不需要改变方向就可以接到飞盘。

【教学评价】

变向和折返动作是否连贯，接盘动作是否正确，传盘的时机和空间是否准确，接盘转换成传盘的动作是否连贯。

（2）教学内容：长传推进训练（图 2–50）。

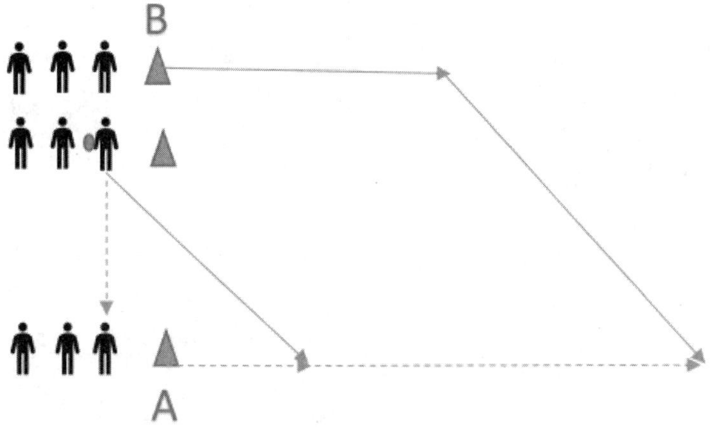

图 2–50　长传推进训练示意图

【教学目标】

训练从跑动到接盘到长传的连贯动作，把握给下底得分的学生长传的时机。

【教学过程】

- 中间一排的第一个人拿盘，将飞盘传给 A 点的学生，然后向 A 点学生正前方跑位接盘；
- 接到飞盘后进行长传，要将盘传得既深入得分区又能领着下底的学生跑向飞盘；
- B 点学生在第一人传盘后先向前冲刺跑，同时观察 A 点的传盘，在合适的时机进行变向；
- 根据 B 点跑出的学生的速度和位置来判断传盘的力度和时机；
- 相互之间交换位置进行训练，保证尝试每一个位置。

【教学评价】

传盘时机是否准确，传盘的空间位置是否合理，跑位的启动时间是否合理，阅读飞盘是否准确。

（3）教学内容：脚步练习、移动及下底（图 2-51）。

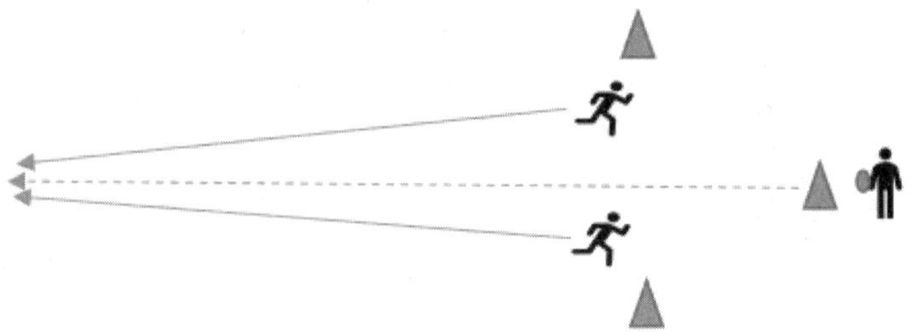

图 2-51　脚步练习、移动及下底示意图

【教学目标】

练习进攻时的跑位以及相对应的防守。

【教学过程】

● 两名学生并排在两个角标之间，面对持盘人，快速原地跑；

● 持盘人通过手势指挥两人前后左右随机移动；

● 过程中，持盘人可以随时喊“跑”，喊“跑”后两名学生快速转身下底冲刺并去接住传盘人传出的飞盘。

【教学评价】

启动反应是否迅速，阅读飞盘轨迹是否正确，是否能控制住不与另一人有身体接触。

（4）教学内容：快速破防（图 2-52）。

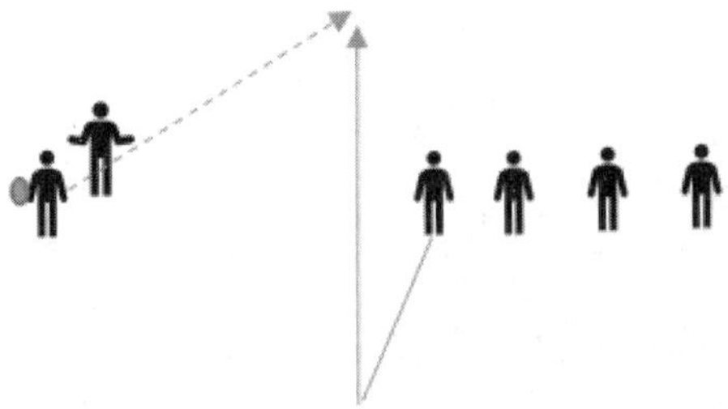

图 2-52　快速破防示意图

【教学目标】

练习靠近得分区的进攻配合以及防盘者对传盘人的防守；练习传盘技术，尤其是向破防一侧的传盘；跑切队员练习到破防一侧的跑位。

【教学过程】

● 接盘队员（队列中第一个人）往进攻开放区域跑 5 米后折返，在破防一侧接盘；

● 接盘完成后将盘传回给传盘队员，到队伍最后准备；

● 传盘队员和防盘队员重复练习 10 次后交换；

● 传盘人要将飞盘传向接盘队员跑动的路线，领着接盘人向盘跑去接盘；

● 利用假动作来晃开防盘者；

● 始终注视着接盘队员。

【教学评价】

破防传盘的时机把握是否准确，破防传盘的动作选择是否合理，防盘者的防守动作是否到位，跑切人的跑位技巧是否准确。

（5）教学内容：开盘练习。

【教学目标】

练习作为防守方时，队员在开盘后的快速落位，身体素质训练。

【教学过程】

● 7 人一组，以正式比赛开盘时防守方站位站于得分区；

● 尽可能高地将飞盘飞传对面得分区，使飞盘在空中停留更长时间；

● 开盘前，队员们在得分线后 5 ～ 8 米排列在得分区内，做好冲刺准备，同时不要越位（offside）；

● 飞盘掷出去后，所有队员按既定路线全速冲出去接盘，尝试在飞盘落地前把飞盘接住；

● 完成一次后反方向重复。

【教学评价】

每个人是否用尽全力去追逐飞盘。

（6）教学内容：一对一攻防演练（图 2-53）。

【教学目标】

锻炼防守时的一对一攻防能力，练习进攻时的变向跑及折返动作。

【教学过程】

● 一人传盘，其他学生两人一组，一个进攻一个防守；

● 传盘人发出开始指令，进攻的学生通过跑位去接盘；

● 通过下底冲刺之后的折返变向创造接盘空间，向持盘人方向空切，接住飞盘；

● 持盘人可以根据跑动人的跑位情况选择长传或等跑动人回切后短传；

● 防守人要尽一切可能阻止进攻方接到飞盘，跟上跑动人的节奏；

● 可以开展竞赛——长传接盘成功得一分，往回切的接盘成功得两分，防守拦截得一分，使持盘人在10秒内无法找到空间传盘得2分。

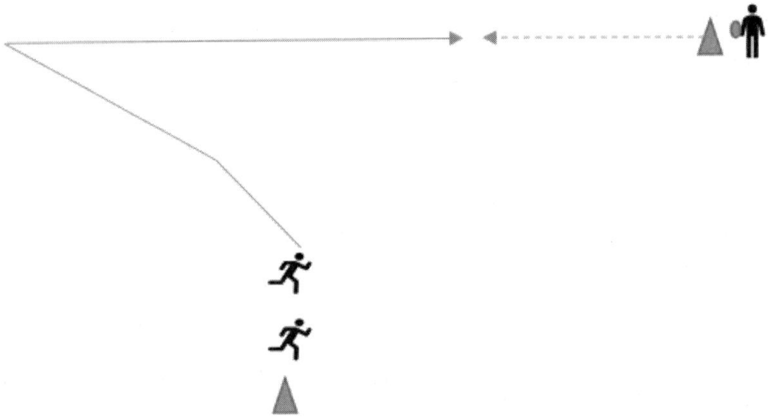

图2-53　一对一攻防演练示意图

【教学评价】

进攻人的跑位及空间意识，折返的时机，防守人的跟防能力，传盘人的传盘精准度。

（7）教学内容：飞盘攻防战。

【教学目标】

团队飞盘比赛启蒙，传接盘和跑位的综合应用。

【教学过程】

● 学生分成两组，每组最少3人，最多5人，通过抛盘猜正反面来决定传盘方和拦截方；

● 画定一片至少5米×5米的场地作为活动场地；

● 传盘方和拦截方各站在场地一边，开始口令发出后，传盘方相互传接盘，拦截方尝试拦截飞盘；

● 不允许身体接触，也不可以碰拿在手中的飞盘；

● 不可以拿着飞盘移动；

● 传盘方目标是达成连续传盘 5 次、10 次、20 次……

● 有 3 次掉盘机会，3 次后未完成，双方交换角色。

【教学评价】

学生之间能否有效地进行沟通，传接盘的精确性，传盘的力量控制，空间感，时机的把握是否准确。

（8）教学内容：象限传接盘及拦截（图 2–54）。

图 2–54　象限传接盘及拦截示意图

【教学目标】

锻炼学生的反应力，提升传盘精准度，轴心旋转和假动作的应用，培养空间感，培养相互配合的意识。

【教学过程】

● 设置一个四方象限，每个象限 5 米 ×5 米；

● 每个象限有一名传接盘学生，一名拦截学生；

● 每名学生只能在自己的象限中移动；

● 传接盘组通过传盘在象限之间进行连续传接盘，拦截组尽力在飞盘飞行中拦截飞盘；

● 传接盘组的目标为完成 5 次、10 次、20 次传盘，拦截组成功拦截 3 次进行交换。

【教学建议】

● 人数不足以安排每个象限时，允许一个人使用两个象限；

● 通过增加 / 减少拦截组成员调节难度。

【教学评价】

传盘时机的选择是否合理，传盘是否果断，轴心旋转和假动作的应用是否合理，是否能形成相互之间的沟通和配合。

（9）教学内容：双人推进 + 拦截。

【教学目标】

培养传接盘配合，空间感，锻炼学生反应、沟通交流的能力。

【教学过程】

● 摆放平行的两列点标，左右相距 5 米，前后相距 5 米；

● 两人一组，开始时站在起点的两个点标，通过传接盘向前推进，可以在任意点标处接盘；

● 另有一人负责拦截；

● 推进的两人中，未持盘的学员可以跑向任意点标；

● 掉盘或中途被拦截即为失败，回到起点换下一组。

【教学变化】

● 撤掉点标，自由推进和拦截；

● 2 对 2、3 对 2、3 对 3 跑动和拦截。

【教学评价】

是否能把握合适的传盘时机，跑动的学生是否可以摆脱拦截，传接盘的学生之间是否能进行有效交流。

（10）教学内容：反应盒子练习（图 2–55）

图 2–55　反应盒子练习示意图

【教学目标】

锻炼学生的变向跑技巧，提升学生反应能力，提升学生传盘精准度及传盘速率，培养学生观察力及专注度。

【教学过程】

● 设置一个自由活动的区域（10 米 ×10 米），称为盒子，并设置一个传盘点 A；

● 两个人在盒子中进行移动，一人接盘，一人拦截，A 点的传盘人看准时机将飞盘传给接盘人；

● 接住飞盘即为成功，被拦截或传盘失败，接盘人接受惩罚；

● 开始时由教师传盘，之后安排学生进行传盘；

● 可以加一位防盘者。

【教学评价】

传盘的时机是否合适，传盘的空间是否正确，传盘速率的把控，变向和折返技巧的使用是否流畅连贯。

5. 飞盘趣味游戏

（1）教学内容：剪刀石头布追逐赛。

【教学目标】

提高反应速度，锻炼起跑反应和传盘精准度。

【教学过程】

- 两人相距 1 米面对面站立，用脚步动作出示剪刀、石头或布；
- 胜方学生去追败方学生，败方学生跑向距离背后 10 米远的飞盘；
- 其间，若胜方学生触碰到败方学生，则胜方学生积一分；
- 若败方学生在没有被触碰到的情况下拿到飞盘，大声喊停，胜方学生则原地不动，背向败方学生；
- 败方学生可以使用软飞盘或躲避盘击打胜方学生臀部以下位置，打中积一分。

（2）教学内容：飞盘保龄球。

【教学目标】

提升学生的传盘精准度及对传盘力度的控制能力。

【教学过程】

将达阵柱按三角形摆放，两两之间距离 20 厘米，投掷点距离目标筐 5 米，将达阵柱打倒。

（3）教学内容：飞盘九宫格击打。

【教学目标】

提升学生的传盘精准度及对传盘力度的控制能力。

【教学过程】

投掷点距离九宫格 5 米，每人 5 次投掷机会，将九宫格粘板打落，打落的粘板不再次粘贴。

（4）教学内容：飞盘打靶。

【教学目标】

提升学生传盘力度的控制能力。

【教学过程】

投掷点距离目标筐 5 米，每人 2 次投掷机会，可以任何方式投向计分布，按飞盘完全停止的位置计分。

（5）教学内容：飞盘打靶对战。

【教学目标】

提升学生对传盘力度的控制能力，培养学生的策略安排能力和应对能力。

【教学过程】

- 在地面上放置打靶布，两组对决，距离 10 米；
- 双方猜拳决定先后手，每次都派出一人进行飞盘投掷；
- 飞盘落在打靶布范围内的算有效；
- 可以将对方的飞盘击打出打靶布范围。

（6）教学内容：飞盘掷筐。

【教学目标】

提升学生传盘的精准度。

【教学过程】

- 投掷点距离目标筐 5 米；
- 每人 5 次投掷机会，将飞盘投入目标筐。

（7）教学内容：飞盘接力赛（图 2–56）。

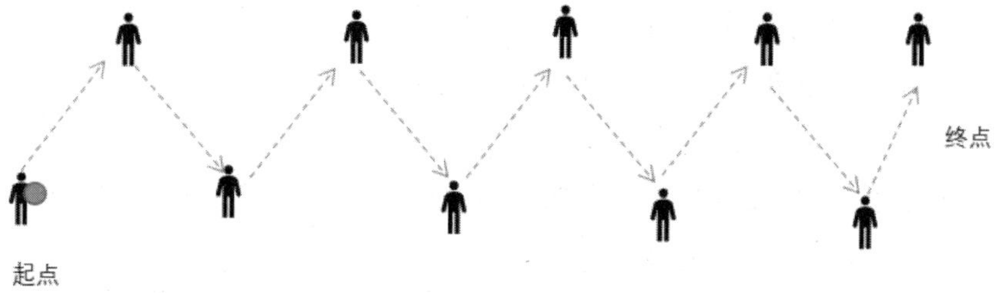

图 2–56　飞盘接力赛示意图

【教学目标】

提高学生的传盘精准度和稳定性。

【教学过程】

- 设置 10 个接力点，每个接力点一名学生；
- 从第一个接力点开始，按顺序进行传盘接力；
- 接住飞盘可以继续进行传接；

● 飞盘落地需要传盘人将飞盘捡回接力点再次尝试传盘。

（8）教学内容：飞盘推进赛（图 2–57）。

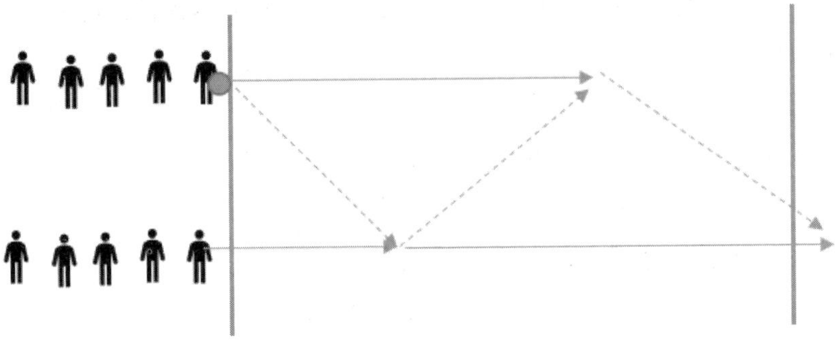

图 2–57　飞盘推进赛示意图

【教学目标】

提高学生传盘精准度和稳定性，提高学生对飞盘飞行轨迹的判断能力，锻炼学生接盘的协调性。

【教学过程】

● 设置起跑线和终点线，起跑线和终点线距离 20 米；

● 两人从起跑线开始，相互进行传接盘；

● 手持飞盘的人不可以拿着飞盘移动；

● 通过传接盘越过终点线；

● 过程中飞盘落地即为失败，需要回到起点重新开始。

（9）教学内容：仓鼠过冬。

【教学目标】

提高学生传盘精准度和稳定性，提高学生对飞盘飞行轨迹的判断能力，锻炼学生接盘的协调性。

【教学过程】

● 设置一个 3 米×3 米的粮仓，放置 50 个飞盘作为粮食；

● 距离粮仓 8 米设置两个 5 米×5 米的仓鼠窝；

● 比赛开始后，每次可有一只仓鼠从仓鼠窝中跑向粮仓，拿起飞盘，从粮仓将飞盘投掷向仓鼠窝，由队友接住；

- 接盘时不可以跨出仓鼠窝，飞盘落在仓鼠窝外无效；
- 进粮仓的仓鼠投掷后必须跑回仓鼠窝，换下一只仓鼠去投掷；
- 所有粮食搬完后统计在仓鼠窝的粮食数量；
- 至少两队，每队至少 5 人。

（10）教学内容：穿越火线（图 2-58）。

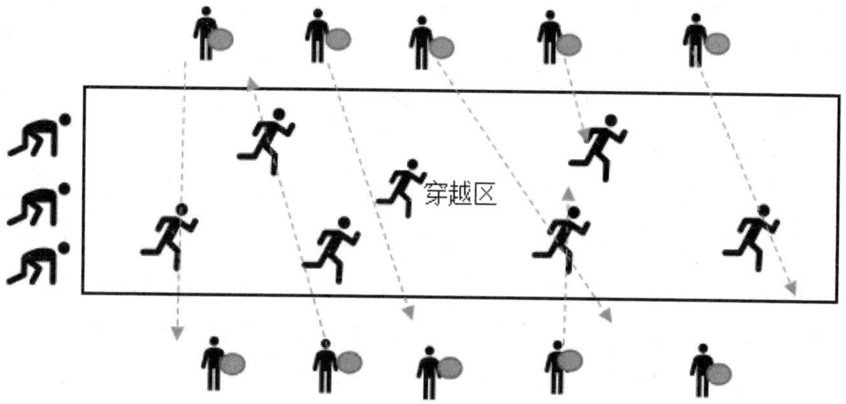

图 2-58　穿越火线示意图

【教学目标】

锻炼学生的反应能力，提高学生对传盘的控制能力。

【教学过程】

- 设置一条宽 5 米、长 20 米的通道，设置一条起点线和一条终点线，用地线标明；
- 两队参与，一队为撤退组，一队为防守组；
- 撤退组的目标是在不被防守组的飞盘打中的前提下通过通道；
- 防守组在通道两侧，目标是用飞盘击打通道内的撤退组队员；
- 被打中的队员要回到起点重新开始；
- 防守组不可以进入通道进行投掷，越线投掷为无效；
- 掉落在通道内的飞盘不可以拾取；
- 撤退组不被击中越过终点线为成功；
- 使用躲避盘或软飞盘。

七、飞盘精神

（一）飞盘精神概述

飞盘精神是团队飞盘运动的核心，体现了公平竞争及体育精神。团队飞盘是一项无身体接触、需要自我裁判的飞盘竞赛项目，所有参赛队员要自觉遵守并践行竞赛规则。飞盘精神是为了让参赛队员更好地为这项运动和公平竞赛负责。

世界飞盘联合会在最新版的团队飞盘规则中对飞盘精神的定义如下：“飞盘精神要求所有运动员对公平竞赛担起责任，自觉遵守及维护团队飞盘规则，来确保比赛的正常进行。我们相信，在飞盘精神的指引下，没有队员会故意破坏规则，正因如此，规则中没有对违例或者犯规进行严厉的处罚，而是采取了另一种方式来让比赛继续进行，即假设在没有违例或者犯规的情况下，比赛最有可能是何种情况。团队飞盘比赛鼓励激烈的场上竞争，但前提是不可以造成队员之间的不尊重行为、对比赛规则的违背以及丧失最基本的比赛乐趣。”

故意犯规、在场上说谎、危险动作、无理的言语表达以及其他“为了胜利不择手段”的行为违背了飞盘精神。作为一项自我裁判运动，维护飞盘精神变得十分重要。参与飞盘运动的运动员必须熟知规则、保持公平公正、在场上清晰地表达自己的观点、给对手解释的机会，同时用礼貌的语言尽快解决场上争议。

参赛队员们必须意识到，场上队员们在仲裁过程中担任的是裁判的职责，所以，队员们必须做到以下几点：

- 熟知规则；
- 保持客观和公平的意识；
- 诚实地进行仲裁；
- 简洁清晰地解释自己的观点；
- 给予对方解释的机会；
- 尽快解决场上的争议，在沟通中文明用语；

● 整场比赛需要保持一个统一的仲裁标准；

● 只有当违反规则的情况严重影响比赛结果时才停止比赛来进行讨论。

飞盘鼓励激烈的场上竞争，但前提是不可以造成队员之间的不尊重行为、对比赛规则的违背以及丧失最基本的比赛乐趣。以下是值得鼓励的几种维护飞盘精神的表现（包括但不仅限于）：

● 当队友做出了错误或者不必要的违例或犯规示意时，或是队友犯规或违例时，提醒队友；

● 当自己认为示意并无必要时收回自己的示意；

● 当对手有精彩表现或者表现出绝佳的飞盘精神时给予鼓励；

● 主动向对手介绍自己；

● 冷静地面对争议。

违反飞盘精神、应该尽力避免的几个表现：

● 危险动作以及有攻击性的行为；

● 故意犯规或者其他故意违反规则的行为；

● 侮辱对方队员的行为；

● 得分后过激的庆祝行为；

● 报复性地在场上进行停止比赛的示意。

飞盘队伍作为飞盘精神的践行者必须做到以下几点：

● 承担向队伍里的队员传授比赛规则和良好飞盘精神的责任。

● 惩罚飞盘精神表现不佳的队员。

● 将提高飞盘精神执行力的建设性意见提供给其他队伍。

● 在新队员由于对规则不熟悉而违背飞盘精神时，经验丰富的队员有义务向他们解释。

● 作为有能力提供建议和在场上进行调解的老队员，需要在有新手和较小年龄队员参与的比赛中起到监督作用。

● 当场上出现争议时，应该由争议相关的双方和持有最佳视角的队员讨论规则，其他人（除了双方队长）应该避免参与其中。同时，参与双方可以寻找持有最佳视角的其他队员来解释规则，帮助参与双方作出正确的判罚决定。

- 产生争议的双方以及双方队长全权负责做出所有仲裁决定。

如果在讨论之后不能达成统一意见，那么需要讨论以下两点：

（1）刚刚发生了什么？

（2）刚刚最有可能发生了什么？

之后，飞盘必须回到上一个无争议行为的队员手中。

（二）飞盘精神评分体系

1. 概述

飞盘精神评分体系是团队飞盘竞赛的重要组成部分之一，也是飞盘精神在比赛中的重要体现方式。飞盘精神评分体系的设立主要是为了更好地让队员们理解飞盘精神以及帮助参赛队伍在某些方面提升竞赛表现。同时，通过在赛后为精神评分最高的队伍颁奖来传播飞盘精神。值得注意的是，飞盘精神评分体系是一套比较主观的系统，只是一种表彰和鼓励，评分最高的队伍并不意味着是飞盘精神表现最好的队伍。

飞盘精神的五个原则（图 2–59）：

图 2–59　飞盘精神的五个原则

（1）避免身体接触；

（2）保持公平公正；

（3）享受玩的过程；

（4）友好交流。

（5）熟知规则；

2. 精神评分的原则和方法

（1）精神评分的原则。对每个评分项来说，2 分是一个正常分，正常表现的队伍，平均精神评分一般为 8 ～ 13 分。

精神评分需要整个队伍的参与。鼓励全队队员在赛后一起进行评分，可以让每名队员在每个评分项为对方队伍评分，如果有队员给出了比较极端的评分，比如 0 分或 4 分和一些特殊情况的 1 分及 3 分，应该让给出分数的队员进行解释，其他队员在听过表态后可以重新评分，最后得出一个平均分作为给对手的最终分数。在评分时可以参考世界飞盘联合会给出的评分示例。

如果有 0 分或者 4 分的情况，请写下打分的具体原因，这可以帮助赛事精神委员会提高工作效率。而一支队伍如果总分低于 7 分或者高于 14 分，或者有些单项评分是 0 分或者 4 分，精神委员会可以根据评分和相关队伍进行探讨，来判断评分是否正常。如果一支队伍持续获得低分而且没有明显的改善或者获得了一个非常低的分数，应该告知赛事仲裁委员会。

飞盘比赛结束后两队经常会玩一些有趣的小游戏，这是双方增进友谊的好方式，但不能因为赛后游戏好玩或者不好玩而影响精神评分。

不要因为报复心理或者对队伍的偏见而给出低分，而应该根据比赛的实际情况打分。有的队员可能会因为某队伍以前有过不好的飞盘精神表现，或者听到过某队伍精神表现不好的传言而打出低分，如果出现这样的情况，精神队长应该强烈要求队员按照评分示例的内容来调整打分。

当一支队伍持续给对手打出 15 分或者更高的精神评分时，赛事精神委员会应该意识到精神评分体系没有正常运作，需要和队伍进行沟通以保证评分队伍按照规定方式进行评分操作。

每一场比赛的评分都有可能影响到最终的飞盘精神奖项的排名，请及时提交精神评分表，以保证精神评分排名正确。

（2）精神评分表。一张完整的精神评分表（图 2–60），左边是评分的五个项目，包括规则的认知和使用、犯规和身体接触、公平竞争意识、积极的态度和自我控制、交流 / 沟通，以提供一个评分的方向指引。

最上方是队伍的名称、组别和比赛日期。右边是打分栏，这张评分表是为四个不同对手打分的，首先写上该场比赛的对手以及最终比分，接着针对每个项目进行打分，在相应的分值栏打钩，最后写上总分。如果有评语，就写在最下面的文字栏。

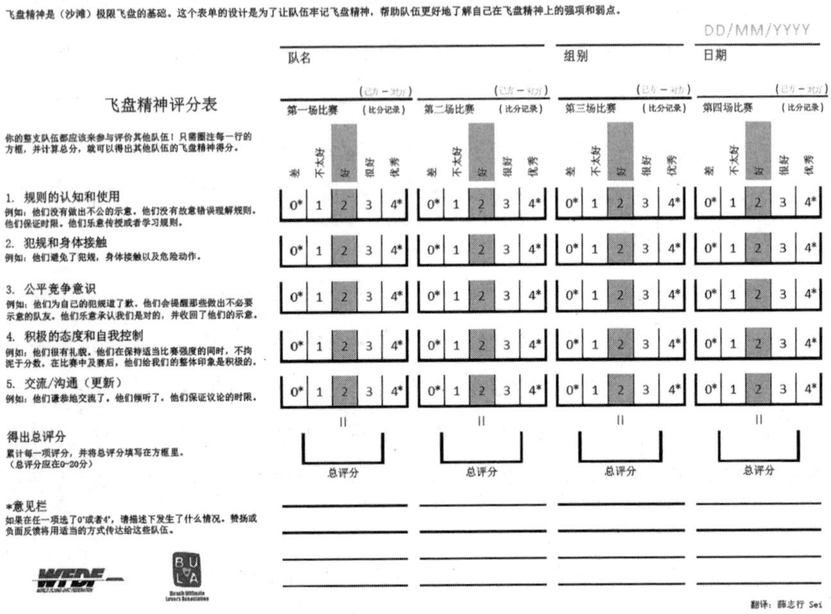
飞盘精神是（沙滩）极限飞盘的基础。这个表单的设计是为了让队伍牢记飞盘精神，帮助队伍更好地了解自己在飞盘精神上的强项和弱点。

队名　　组别　　日期 DD/MM/YYYY

飞盘精神评分表

你的整支队伍都应该来参与评价其他队伍！只需圈注每一行的方框，并计算总分，就可以得出其他队伍的飞盘精神得分。

	第一场比赛（比分记录）（己方－对方）	第二场比赛（比分记录）（己方－对方）	第三场比赛（比分记录）（己方－对方）	第四场比赛（比分记录）（己方－对方）
	差 / 不太好 / 好 / 很好 / 优秀	差 / 不太好 / 好 / 很好 / 优秀	差 / 不太好 / 好 / 很好 / 优秀	差 / 不太好 / 好 / 很好 / 优秀
1. 规则的认知和使用 例如：他们没有做出不公的示意。他们没有故意错误理解规则。他们保证时限。他们乐意传授或者学习规则。	0* 1 2 3 4*	0* 1 2 3 4*	0* 1 2 3 4*	0* 1 2 3 4*
2. 犯规和身体接触 例如：他们避免了犯规，身体接触以及危险动作。	0* 1 2 3 4*	0* 1 2 3 4*	0* 1 2 3 4*	0* 1 2 3 4*
3. 公平竞争意识 例如：他们为自己的犯规道了歉。他们会提醒那些做出不必要示意的队友。他们乐意承认我们是对的，并收回了他们的示意。	0* 1 2 3 4*	0* 1 2 3 4*	0* 1 2 3 4*	0* 1 2 3 4*
4. 积极的态度和自我控制 例如：他们很有礼貌。他们在保持适当比赛强度的同时，不拘泥于分数。在比赛中及赛后，他们给我们的整体印象是积极的。	0* 1 2 3 4*	0* 1 2 3 4*	0* 1 2 3 4*	0* 1 2 3 4*
5. 交流/沟通（更新） 例如：他们谦恭地交流了。他们倾听了。他们保证议论的时限。	0* 1 2 3 4*	0* 1 2 3 4*	0* 1 2 3 4*	0* 1 2 3 4*
得出总评分 累计每一项评分，并将总评分填写在方框里。（总评分应在0~20分）	总评分	总评分	总评分	总评分

*意见栏
如果在任一项选了0*或者4*，请描述下发生了什么情况。赞扬或负面反馈将用适当的方式传达给这些队伍。

翻译：薛志行 Sei

图 2–60　精神评分表

（3）精神评分准则。精神评分体系是一套比较主观的系统，并没有量化的评分标准。为了保证打分时的公正，世界飞盘联合会编写了精神评分细则为参赛队伍提供参考。评分有五个档次，从 0 分到 4 分有明显的递进关系。

①对规则的认知和使用。

【0 分】

- 对方持续地表现出对规则的无知；
- 对方经常无视或者故意曲解规则；
- 对方拒绝学习规则细节和飞盘精神。

【1 分】

- 在当前比赛的水平缺乏对规则的认知；

● 有时会有无视或故意曲解规则的表现；
● 拒绝学习规则或者飞盘精神；
● 不遵守时限；
● 在提醒后仍然多次越位。

【2分】

● 在当前比赛水平展现出对规则的良好认知；
● 没有故意曲解规则；
● 遵守时限；
● 当对规则有疑问时，愿意学习。

【3分】

● 对规则的认知高于当前比赛水平的平均水平；
● 至少有一次帮助我们学习了我们不知道的规则。

【4分】

● 对规则的认知远高于当前比赛水平；
● 全场比赛都完全遵守规则；
● 在我方对规则有疑问时清楚并高效地解释了规则，某种程度上提高了我们的比赛体验。

②犯规及身体接触。

【0分】

● 重复同样的犯规或者身体接触；
● 有一些危险的或者不顾他人安全的动作；
● 不主动避免身体接触。

【1分】

● 有意的身体接触过多；
● 偶有危险的或者不顾他人安全的动作。

【2分】

● 有一些偶然的身体接触，基本没有争议。

【3分】

● 至少有一次很明显的主动避免身体接触的行为。

【4分】

● 有好几次明显的主动避免身体接触的行为；

● 比赛中努力避免犯规以及不必要的身体接触。

③公平竞争意识。

【0分】

● 对方经常认为自己的示意都是对的；

● 当结果对自己不利时，对方队友在被问到时不愿意发表建议；

● 有很多不讲理的示意和有争议的表达；

● 经常战术性地进行示意；

● 经常为了战术原因拖延比赛。

【1分】

● 给人感觉他们只会考虑自己队伍的利益；

● 有一些不讲理的示意和有争议的表达；

● 在比赛中示意的标准不一致；

● 无视示意是否合理，经常抱怨我方的示意。

【2分】

● 对于一些不影响比赛结果的犯规和违例没有进行示意；

● 即使不同意我方的示意，也表现出理解和尊重；

● 在适当时表达歉意（如一次无争议的犯规）；

● 根据我方的建议调整他们的行为，提升了比赛的乐趣。

【3分】

● 至少有一次提醒队友示意是错误的或者不必要的；

● 当认为示意错误时收回示意。

【4分】

● 有数个明显的例子表明对方在寻求真实的情况，即使这些情况对他们自己不利；

● 即使在激烈的竞争中也保持公平竞争（如在决胜负中）。

④积极的态度和自我控制。

【0分】

● 对方队员和场边队友对对手、自己队友、官员、志愿者、主办方和观众态度恶劣；

● 在场上或场下发生了肢体冲突；

● 多次在庆祝时摔盘或攻击性地针对对手；

● 多次故意损坏装备；

● 有戏弄性质的比赛方式（如只用花式传盘得分）。

【1分】

● 有时对对手、自己队友、官员、志愿者、主办方和观众态度不友好，没有控制自己的情绪；

● 我方出现失误时庆祝，羞辱队员；

● 在庆祝时有过摔盘或者攻击性地针对对手；

● 故意损坏装备。

【2分】

● 基本上可以做到自我控制和以友好态度面对对手、队友、官员志愿者、主力方和观众；

● 在比赛中和比赛后整体上有一个积极的印象；

● 他们对我们、对队友、官员和观众都很礼貌；

● 他们为比赛而感激；

● 不受比分影响，始终表现出适当的强度和紧张感。

【3分】

● 主动向我方做了自我介绍；

● 为双方的精彩表现而庆祝；

● 有1或2次明显表现出很强的自我控制。

【4分】

● 在非常有压力的情况下也表现出极佳的自我控制；

● 对对手、队员、官员志愿者、主办方和观众表现出极高的自我控制和积极态度。

⑤交流/沟通。

【0分】

● 经常拒绝讨论；

● 对某些示意和争议表现出过度气愤和蔑视；

● 经常使用有攻击性的语言；

● 经常使用粗鲁的或者有攻击性的肢体语言，如假笑或者过分的手势。

【1分】

● 多次在不拥有最佳视角或没有被邀请参与讨论时发表自己的意见；
● 有些时候在交流时不够冷静；
● 有时使用粗鲁的或者有攻击性的身体语言；
● 没有遵守讨论时限。

【2分】

● 争议很快能解决；
● 交流时表现出了尊重；
● 保持聆听；
● 遵守讨论的时限；
● 很清晰地表达了他们的观点；
● 场内场外队员在被询问时都提供了帮助。

【3分】

● 每次示意都能提供明确的证据；
● 冷静而有效地讨论他们的观点；
● 对方队长或领队与我方队长或领队保持高效沟通；
● 及时提出有关飞盘精神和其他方面的问题。

【4分】

● 向观众或新手介绍这项运动；
● 鼓励我们保持好的飞盘精神并提出了建设性的建议；
● 沟通效率高，使我方感到非常舒适；
● 正确地使用官方手势。

3. 精神评分表的使用

（1）队员指南。

精神评分需要整个队伍的参与，评分过程可以帮助新队员学习飞盘精神，也可以让有经验的队员们巩固提升对飞盘精神的理解。刚开始进行精神评分可能需要花费几分钟，一旦习惯了整个流程，可以在1分钟以内完成，这需要队伍里的每名队员都熟悉评分方式和流程。

精神评分体系是在相信所有队员都会遵守飞盘精神，在场上自觉表现出良好精神行为的基础上设定的，因此，每个评分项的基本分都是2分，意味着表现良好。每场比赛结束后，在打分时，根据对方的表现判定他们的表现是比正常表现好或者差或者持平来给分。

打分时要给每个单项单独打分，只考虑这个单项的具体表现，避免给对方一个整体的印象分之后再去单项里拼凑分数。给分时务必体现真实情况，有的队伍可能会在规则知晓上表现不好，但他们愿意沟通，那么很可能最终分数就是规则知晓程度1分，交流沟通3分。一场比赛中可能并没有什么特别的事发生，如果是这样，那么每个单项都可以给2分，总分10分是良好精神表现的体现。

精神队长需要及时将精神评分表上交给赛事组委会以方便进行统计。建议精神队长在给对方评分后组织队内的自我评分，来检查自己队伍里所有队员是不是都表现出了良好的飞盘精神。

（2）赛事组委会指南。

作为赛事组委会，需要做好以下几点来保证飞盘精神评分体系的正常运作：

● 组建精神委员会并任命一名主管来负责精神评分及其他相关事宜；

● 世界飞盘联合会提供了一份精神评分表的总表，有自动计分功能，可以帮助赛事组委会快速处理精神评分；

● 可以考虑设置在线精神评分填写系统或者让精神队长手写精神评分并上交；

● 在双方队伍都提交精神评分后，尽快将精神评分公布，这可以帮助队伍之间进行公开交流，帮助提升精神表现，可以通过在线表格系统等来提高效率；

● 在公布精神评分奖之前，确保所有精神评分都已经统计并检查过；

● 在公布精神评分奖时，避免使用“最佳精神队”等类似的表述，而改用“为了鼓励及庆祝飞盘精神，飞盘精神奖授予……”。

4. 精神队长的职责

精神队长的职责（图2-61）主要体现在赛场外，主要分为赛前、赛中、赛后三个部分。

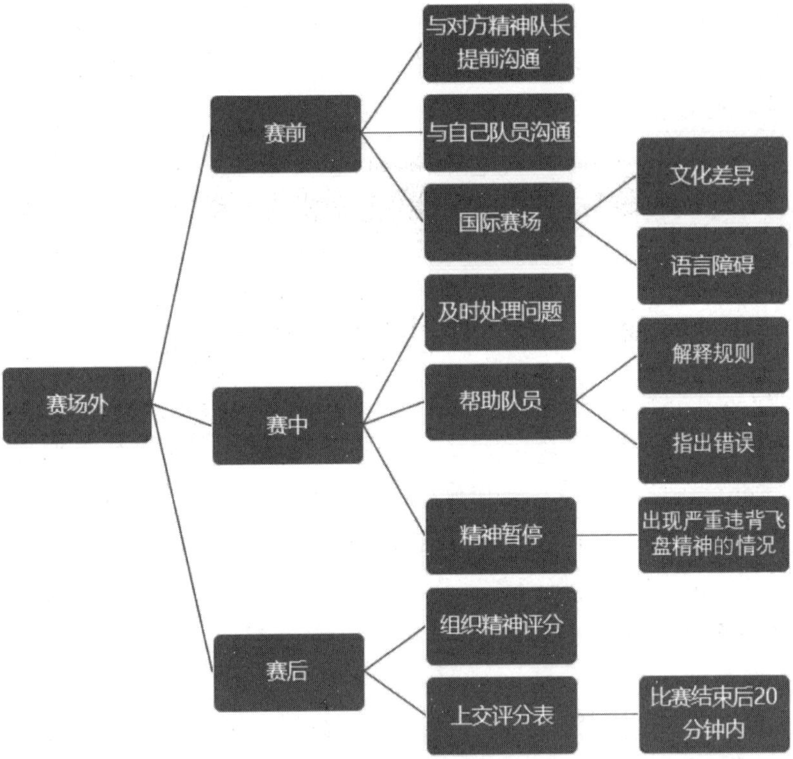

图 2–61　精神队长的职责

比赛前，与对方的精神队长以及当场比赛的观察员会面，这是友好地开始一场比赛的方式。帮助队友在赛场外、两个回合之间以及赛后解决飞盘精神方面的疑问，并确保队员都遵守规则。

当比赛中出现飞盘精神方面的问题时，及时和对方的精神队长沟通。从以往经验来看，尽早就问题进行沟通交流可以有效避免比赛朝失控的方向发展，尤其是当双方队伍持有差异较大的观点或对比赛抱有不同期待的时候。一旦比赛中出现了严重违背飞盘精神和违反规则的情况，双方精神队长沟通无效，应及时告知赛事飞盘精神委员会成员。

填写并将精神评分表上交给赛事组委会或记分员。在每场比赛结束后的 20 分钟内将精神评分表上交可以有效帮助精神评分系统的运作，同时，备份精神评分表，用于赛后回顾和总结。

在国际性的飞盘赛事中，提醒队员注意文化差异，如语言和沟通障碍。在有些国家或民族的文化中，同样的表情、声音或者庆祝方式代表着不同的意义。

5. **飞盘精神圈**

飞盘精神圈是陈述刚结束的比赛中出现的飞盘精神问题、讨论赛场情况以及赞扬对手精彩表现的最好方式，利用这个机会来表达真实的想法，同时尊重对手，通过相互沟通交流来学习和提升。

需要注意的是，队长的发言以及他的观点不一定代表整个队伍的整体意见，队长在飞盘精神圈里的观点也许会和最终队伍给出的精神评分不一致。在飞盘精神圈之后，双方队长和精神队长可以分享一下各自对这场比赛的看法，以相互帮助提升。队长在飞盘精神圈的发言和表现需要考虑到文化差异。

6. **飞盘精神暂停**

如果有一方队伍的精神队长认为对方或者双方队伍有违背飞盘精神的行为，他们可以选择“飞盘精神暂停”。飞盘精神暂停只有在场上比赛处于停止状态且比赛重新开始前或者一分结束下一分开盘之前才可以使用。在飞盘精神暂停中，双方队伍都不可以进行技战术的讨论，所有队员必须在赛场中间围成飞盘精神圈。精神圈之外，双方队员需要根据飞盘精神的定义来讨论场上发生的情况，确定如何进行改进，并将最终结果告知双方队员。

飞盘精神暂停不占用正常暂停的次数，飞盘精神暂停时长会加到整体比赛时间中来重新确定比赛的结束时间。发起飞盘精神暂停的队长需要告知计时员飞盘精神暂停的开始和结束，以帮助计时员计算时间。飞盘精神暂停结束后，场上队员可以按照普通暂停的方式重新开始比赛。

第三章　团队飞盘赛事的组织和管理

一、团队飞盘赛事组织和管理的基本内容

体育竞赛活动是体育竞赛组织与管理的核心工作，由竞赛管理者和运动员、裁判员、观众、志愿者、新闻媒体等体育赛事参与者共同参与。体育赛事组织和管理实质是对运动竞赛活动进行管理，有效地提高体育竞赛产品的质量，达到体育竞赛的目的和目标。

有序的组织和管理可以有效地实现体育竞技比赛的既定目标。各级体育竞赛的组织机构通过确定各自的工作职责、权限，促使体育竞赛管理资源合理配置，达到系统功能效益和效果最佳的体育竞赛环境并完成比赛的过程。

团队飞盘比赛是一项复杂而细致的组织管理工作，管理水平的高低直接关系到比赛任务是否能顺利完成以及参赛运动员水平能否得到充分发挥。依据团队飞盘的竞赛制度，科学地、有计划地组织好竞赛活动，对发挥参赛队员的积极性、提高飞盘技术水平、推广飞盘运动项目、扩大飞盘运动的群众基础有着重要意义。

自 2000 年前后第一场国内团队飞盘比赛以来，国内的团队飞盘赛事数量每年都有增加，大部分的办赛主体都是民间社团和俱乐部。这些主体有激情、有活力，但缺乏大型体育赛事组织和管理的基本概念与资源调动整合能力。近年来，逐渐有专业的赛事组织机构和政府体育部门参与到团队飞盘的办赛中来，办赛的规范性有所提升，比赛影响力大大增强，参赛队员的体验得到改善。同时，也暴露出长期无序竞赛所遗留的问题，如安保和卫生工作上的疏漏、赛事命名上的无序、参赛队员资格

认证的随意，这些都制约着团队飞盘赛事的进一步发展，需要通过规范化的管理来进行改善，这主要涉及以下三个基本内容。

1. 配备人员、设定组织方式

在团队飞盘赛事的组织之前，组织者要对组织系统的人力进行统筹安排和设计，要从目标任务出发，同时考虑需要与可能，择优选用，配备人员，包括数量配备和质量配备。前者是从数量上满足既定工作任务对人力的需要，解决配备多少人的问题；后者则是从质量上保证所配备的人员能充分胜任工作任务，解决配备人员的问题，从人员素质的个体结构和群体结构两个方面进行优化配备。以往的团队飞盘赛事，人员的配备往往比较混乱，都是由当地的热心玩家组织，组织方也是现场执行方，经常会造成统筹不畅、呼应不及时、一人多岗等问题，影响赛事的运营。

2. 建立工作规范

建立工作规范是竞赛管理组织者优化运行的基本保证。过往团队飞盘赛事的组织者多以热情和爱好驱动，使得工作规范无法建立，工作人员之间以感情纽带联系，在工作量突然增大、遇到突发情况时无法有效地做出反应。2019 年，全国飞盘运动推广委员会成立，委员会颁发了《飞盘项目办赛指南》《飞盘赛事参赛指引》，为制定完善的飞盘赛事体系提供了指导。

3. 总体指挥

总体指挥是体育竞赛组织者对运行全过程的各项具体工作环节进行领导和指导的过程，正确有效的总体指挥对组织运行具有重要作用。要实现有效的总体指挥，必须建立强有力的指挥系统和信息网络控制系统；正确合理地运用指挥者的权力并对管理环境有确切的了解；懂得管理经验与艺术的结合并正确运用各种管理方法及手段等。

二、团队飞盘赛事的组织形式、常用机构设置及职能

正规的体育竞赛组织工作是以体育部门为主体，其他有关部门密切配合进行的，一般组织形式为组织委员会制。由于飞盘运动长期没有行政化的主管单位，所以一般都是以俱乐部为办赛主体，整个办赛组织架

构比较松散，岗位职责的分配也不明确，往往是能者多劳，效率不高。全国飞盘运动推广委员会成立之后，飞盘赛事的办赛组织有了很大的改善。

不论哪一级体育部门承办的高层次飞盘比赛，都必须由主办单位提出基础方案，包括大会经费来源、竞赛规程、竞赛规模等，再由承办者提出可行性意见，征得当地政府主管部门的同意方可正式承接比赛。在完成了相应的办赛规范化流程后，主办方就应开展具体的赛事组织工作，设置常用机构。

1. 成立领导组织

竞赛活动要成立组委会或竞赛委员会作为整个飞盘赛事的最高领导机构，审议通过组委会或竞赛委员会的参加范围及人员组成；审议批准各职能机构的设置及主要负责人名单；审议批准竞赛组织的各项实施方案；审议批准大会经费的使用原则、范围及大会预决算方案以及裁决竞赛组织过程中的重大问题。

2. 设置相应机构

根据比赛级别及规模大小，设立与赛事相匹配的赛事组织结构，为赛事的顺利举办打下坚实基础，一般要囊括竞赛、宣传、保卫、财务、后勤等主要工作机构（图 3–1、图 3–2）。

3. 各部门的职责

（1）竞赛部门是飞盘赛事竞赛方案的制订和实施部门，主要任务是组织竞赛、组织裁判、组织颁奖、落实场地器材、协调配合兴奋剂检测、监督管理竞赛经费等。

（2）宣传部门负责飞盘赛事新闻信息的发布及传播、宣传推广工作的组织实施，主要任务是对赛事进行社会宣传，对参赛运动员进行赛风赛纪教育，为采访的媒体提供信息服务。

（3）安全保卫部门是安全保卫工作的实施部门，这个部门在以往玩家主导的飞盘赛事中很少设立，却是大型飞盘赛事必不可少的部门。其主要任务是对赛事实施安全保卫，确保竞赛不受外界因素干扰。

（4）后勤部门负责财务、接待、医疗、交通、餐饮等其他赛事支持工作，是保障赛事正常运行、保障参赛运动员参赛体验的重要部门。

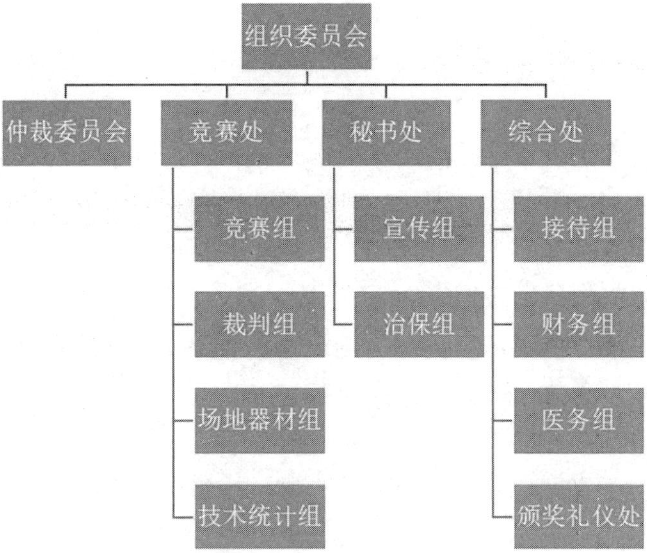

图 3-1　大型比赛组织架构

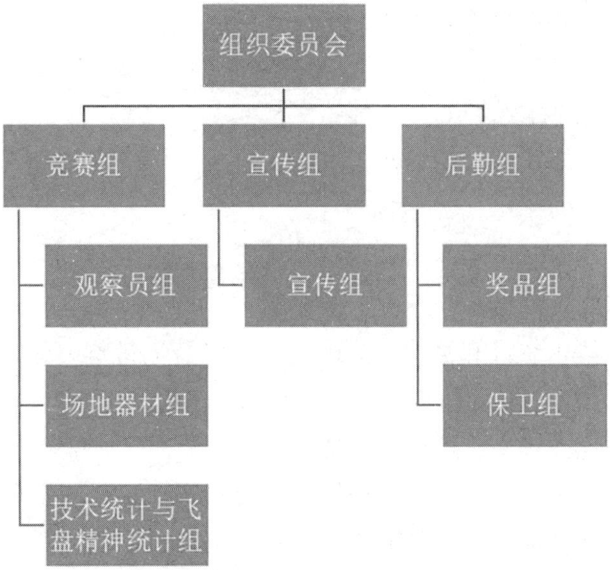

图 3-2　小型比赛组织架构

三、竞赛工作的管理

竞赛管理是为不断提高竞赛工作的功效所进行的计划、组织协调、控制等一系列综合活动，即通过对竞赛进行有效的组织与管理，达到竞赛组织工作的目的。

1. 竞赛工作的执行

团队飞盘竞赛工作的执行主要分为三个阶段，以具体的比赛日为时间节点，分为赛前、赛中及赛后。

（1）赛前工作。

● 成立筹备小组进行赛事筹备工作，按照竞赛组委会的部门设置，每个部门安排一人进行工作对接；

● 制订赛事工作计划，在预测的基础上，根据计划开展筹备工作；

● 发布赛事报名信息并开展报名工作；

● 制订宣传计划并按照宣传计划工作表开展相应的赛事宣传活动；

● 做好赛场的勘查和搭建工作；

● 做好参赛教练员、运动员、观察员（裁判员）、工作人员及其他赛事相关人员的接待工作；

● 做好开幕式的准备工作。

（2）赛中工作。

● 做好参赛队伍和参赛运动员的注册登记工作；

● 组织好观察员（裁判员）工作；

● 做好技术统计和精神评分表统计，以及资料整理分类归档和存档工作；

● 检查比赛场地、器材、设备；

● 保障医务人员随时在赛场候场，及时处理运动员损伤；

● 做好驻扎地及比赛场地的清洁及安保工作；

● 及时处理赛事中出现的问题；

● 赛中如有任何的信息修改，及时通知赛事有关人员。

（3）赛后工作。

- 做好赛事工作总结；
- 做好闭幕式颁奖工作；
- 做好各队伍及相关人员的离会工作；
- 做好财务审计工作。

2. 竞赛规程的制定

根据团队飞盘竞赛的目的和任务划分，比赛可分为冠军赛、锦标赛、联赛、选拔赛、邀请赛、表演赛以及帽子赛等多种形式。不同的比赛形式，需要采用不同的竞赛规程来满足竞赛的需求，以保证赛事的顺利开展及参赛运动员的体验。

竞赛规程是赛事成功举办的重要基础，主要内容包括竞赛名称，赛事的主要目的、主办单位、承办单位、协办单位、竞赛的项目、竞赛的时间地点、参加单位、队伍上限人数、运动员参赛资格、报名及报到开始和截止日期、竞赛办法、竞赛规则、竞赛名次及奖励办法、竞赛队伍抽签的地点和时间以及应急预案等。

四、团队飞盘运动竞赛制度与编排方法

团队飞盘运动竞赛通常采用淘汰制、循环制和混合制。以八支队伍两块场地两天赛程为例，第一天采用循环制，第二天采用淘汰制。

将八支队伍各分成 A、B 两组，每队编号分别为 A1、A2、A3、A4 和 B1、B2、B3、B4。第一天在各组内进行单循环赛并进行组内排名，第二天在 A、B 大组之间进行淘汰赛（表 3–1、图 3–3）。

表 3–1 第一天赛程

场地	第一轮	第二轮	第三轮	第四轮	第五轮	第六轮
场地一	A1 vs A2	B1 vs B2	A1 vs A3	B1 vs B3	A1 vs A4	B1 vs B4
场地二	A3 vs A4	B3 vs B4	A2 vs A4	B2 vs B4	A2 vs A3	B2 vs B3

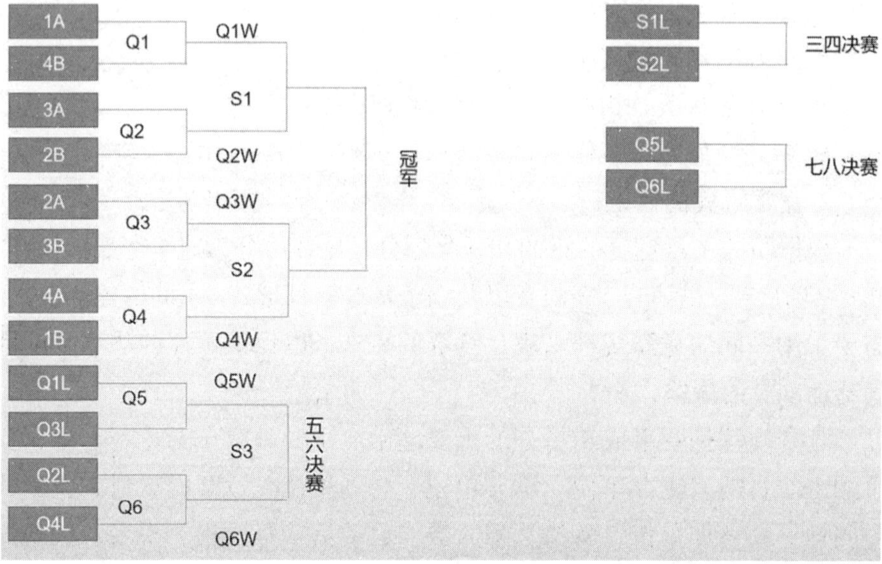

图 3-3 淘汰赛示意图

在第二天的淘汰赛赛程中，需要给队伍参与决赛的更多可能性，采用种子排名进行第二天的淘汰赛，增加赛事的精彩性。在所有的团队飞盘赛事中，不论最终参赛队伍数量是奇数还是偶数，均以偶数队伍编排。如果参赛队伍的数量为奇数，需要将队伍增补为偶数进行编排，如“0”。在赛事中如果遇到“0”，实际存在的队伍即为轮空。

在赛事编排中要注意尽量避免队伍之间的背靠背（队伍连打）现象。给运动员以充足的时间进行休息，从而为下一场精彩比赛做充足的准备。

第四章　掷准飞盘

一、掷准飞盘发展史

现代掷准飞盘运动于 20 世纪 70 年代起源于美国。和其他种类的飞盘运动一样，玩具公司威猛奥在其早期的推广和发展中起到了至关重要的作用，当时威猛奥的高管埃德 · 海德里克被认为是掷准飞盘之父。在他的数十项专利发明中，有两项对掷准飞盘运动十分重要：第一项是其在 1964 年作为威猛奥公司员工时发明的初代飞盘（美国专利号：3359678）；第二项是其在 1975 年发明的今天所有掷准飞盘目标的原型，掷准目标筐（美国专利号：4039189）。2002 年 8 月 12 日，埃德 · 海德里克在加州拉塞尔瓦海滩的家中去世，享年 78 岁。按照他的遗嘱，埃德·海德里克的遗体被火化，骨灰被塑造成数量有限的飞盘，让他在死后也能够和他最爱的飞盘一起在空中飞行。

（一）早期掷准飞盘的发展

1957 年，为了从美国对太空和飞碟的痴迷中获利，威猛奥推出了由莫里森设计的第一片塑料飞盘，并将其命名为“冥王星飞盘”。1958 年，威猛奥推出了冥王星飞盘的游戏套装，由两根木头圆杆和四片冥王星飞盘组成。这个套装有飞盘、有目标，现在看来很容易让人联想到掷准飞盘，但是，当时它用于另一个完全不同的游戏的：每人 / 每队投掷两个盘，飞盘离杆最近得 1 分，飞盘击中木杆得 3 分，飞盘紧挨木杆得 5 分，飞盘离木杆最远的减 1 分，先得 10 分获胜。

1964 年，海德里克重新设计了冥王星飞盘，创造了现代飞盘的原型。

他采用更硬的塑料，并在飞盘顶部加入同心槽线，以提高飞盘飞行时的稳定性，使得用飞盘进行不同形式的运动成为可能。

那么，第一个用飞盘来玩高尔夫的人是谁？历史上有很多关于人们用飞盘玩高尔夫的记载，其中一些记载早在塑料飞盘出现的许多年之前就已存在。这些记载在地理和时间上都是相互孤立的，所以这个第一人也就无从考证了。但是可以肯定的是，掷准飞盘作为一项运动的创建和爆发式发展是从 20 世纪 70 年代开始的。1961 年，凯文·唐纳利在加利福尼亚州新港海滩的第 38 街公园以树木和灯杆为目标建立了一个六洞的掷准飞盘场，用飞盘来玩高尔夫这种新颖的游戏形式使得玩家数量迅速增长。到了第二年，另外两个城市公园也建设了场地，唐纳利每月也会组织比赛。唐纳利邀请威猛奥在新港海滩的水手公园举办一次掷准飞盘比赛。他们同意了，并送唐纳利 100 个海德里克专业飞盘和 24 个呼啦圈作为掷准目标。为了这次比赛，唐纳利制定了第一套正式的掷准飞盘规则和赛事负责人职责。当时，在威猛奥实习的乔治·萨本菲尔德接触了这个游戏，后来碰巧成为唐纳利的学生，跟随他学习娱乐管理专业。

1968 年，萨本菲尔德从弗雷斯诺州立大学毕业，成为加利福尼亚州千橡树公园的娱乐主管。第二年，他说服海德里克将掷准飞盘作为威猛奥计划在加利福尼亚州帕萨迪纳布鲁克赛德公园举办的飞盘技能竞赛的一部分。比赛的特色项目包括花式飞盘和最大距离投掷，海德里克同意了。大约有 40 人打了一轮九洞的掷准飞盘，其中许多人并没有参加比赛，只是简单地试一试。萨本菲尔德最终在 1979 年至 1985 年为威猛奥全职工作，并对这项运动的发展产生重大影响。萨本菲尔德还开创了全美青少年飞盘比赛，最终也将掷准飞盘纳入其中。他开创了第一个大学飞盘课，还参与了全美第一个竞技用掷准飞盘场和其他 25 个场地的设计。萨本菲尔德是少数几个早期行动的对当今掷准飞盘的发展负有责任感的人之一。

为了推销飞盘这种新的运动器材，海德里克于 1967 年成立了国际飞盘协会，该组织表面上是一个威猛奥营销 / 推广工具，其最初任务是推广勇气飞盘，并最终销售更多飞盘。其在 1972 年宣布拥有 112000 名会员（大多数来自加利福尼亚州）。1968 年，国际飞盘协会向美国西部的许多人分发了一份期刊。虽然传播并不深远，但这一份期刊对促进所有种类飞盘运动发展的重要性不容忽视。

（二）正式成为运动项目

尽管从未听说过海德里克和威猛奥合办国际飞盘协会，也从未见过国际飞盘协会通告的文件，但来自纽约罗切斯特的吉姆和他的兄弟及其他一小群人从 1970 年 8 月起就一直把掷准飞盘作为一项经常性的竞技运动，包括冠军赛和每周联赛。到 1973 年，他们已经举办了两次罗切斯特市飞盘冠军赛项目，其中以掷准飞盘为主要特色项目。

1973 年，这群狂热的飞盘玩家第一次接触到一份国际飞盘协会通讯，他们决定把 1974 年的罗切斯特市掷准飞盘冠军赛定为全国性比赛，以了解全国还有多少人在参与掷准飞盘运动。他们称这项活动为美国飞盘公开赛。为了吸引各飞盘社群的注意，他们将一辆最新款的 1974 年达特桑 B210 汽车作为奖品奖给获胜者（掷准飞盘和双盘赛的联合冠军）。

1974 年剩下的时间里以及 1975 年夏天，飞盘玩家和国际飞盘协会会员对掷准飞盘运动的兴趣迅速增长，这引起了海德里克的注意。作为威猛奥的一名高管，他开始重新评估掷准飞盘可能为他们的业务带来的价值。海德里克在威猛奥成立了一个新的体育推广部门，并聘请 1974 年美国飞盘公开赛的冠军丹・罗迪克担任该部门的主管。从根据丹・罗边克・萨本菲尔德，以及刚刚起步但发展迅速的掷准飞盘社群的反馈，海德里克决定将掷准飞盘作为一项活动列入威猛奥即将举行的 1975 年世界飞盘锦标赛。为了飞盘世锦赛，海德里克在加利福尼亚州洛杉矶县帕萨迪纳的橡树林公园建立了第一个正式的掷准飞盘场。

（三）掷准飞盘投掷目标的进化

在固定的掷准目标流行之前，掷准飞盘玩家通常使用公园里的饮水机、消防栓、垃圾桶和电灯杆作为目标。1975 年，人们为了在橡树公园的世锦赛发明了光杆掷准目标，但是使用这种掷准目标很难判断选手是否完成了一洞，他们必须听到或者看到飞盘击中了目标，这在 15 米以外的距离是很难完成的。当时，美国东部玩家主要使用地上的篮子来当掷准目标，这样很容易判断飞盘是否停在了篮子里，但是它允许玩家将飞盘竖直地滚入或投入篮中。海德里克鄙视这种竖直的投掷方法，不过他喜欢这种明确的进洞判定方法。所以他将这两种掷准目标结合起来，开始秘密研究自己的新发明。

其中的难点是如何像高尔夫球运动中的“杯子”那样，在飞盘的自然飞行过程中将其捕捉并且避免对盘或目标造成损伤。在尝试了56个模型之后，现代掷准目标筐诞生了：杆+链条+篮筐。链条不仅耐用结实，灵活柔韧，在不损伤飞盘的情况下可以很有效地将其捕捉，而且更美妙的是飞盘进筐时悦耳的声响。篮筐能够有效地接住击中目标的飞盘，直观地判定比赛结果。海德里克将橡树公园的光杆子替换成目标筐后，效果立竿见影——在持续4个月的时间里，每周都有超过5000人来橡树公园玩掷准飞盘。海德里克并不是唯一一个试图改造掷准目标的人，来自明尼苏达州圣保罗市的肯·克伦格尔和吉姆·查拉斯于1977年设计了一个看起来像太空飞碟的掷准目标，但是海德里克的目标筐已经在很大程度上建立了新的标准——它实在是太经典了！

丹·罗迪克担任了威猛奥体育推广部主管后，为了快速地推广掷准飞盘运动，将掷准飞盘纳入了世界飞盘锦标赛的全国巡回资格赛。这一举措将掷准飞盘运动介绍给了数以千计的飞盘玩家，也为海德里克的飞盘和掷准目标开辟了庞大的市场。1976年4月，海德里克辞去了他在威猛奥的副总裁职位，创办了掷准飞盘协会（DGA），并在全国的比赛中售卖他的掷准目标筐，使得掷准飞盘运动传播更广。

在发明了掷准目标筐后，海德里克创造了“Disc Golf”这个词，并把它注册为商标，他原本想用“Frisbee Golf”，但是“Frisbee”已经被威猛奥注册了商标。为了更好地促进掷准飞盘运动的发展，在创立了掷准飞盘协会和世界职业掷准飞盘协会后，海德里克开放了“Disc Golf”商标的使用。

（四）掷准飞盘专用飞盘的发展

1981年前后，来自加利福尼亚州好莱坞的企业家简·索贝尔设计了一款超过200克的非常重的飞盘，叫作“小狗 Puppy”。在专业掷准飞盘重量受到限制前，他被掷准飞盘玩家誉为最好用的飞盘，接着他又推出了“超级小狗”和“漂流者”，也广受好评。简·索贝尔确实在这项运动中留下了自己的印记，因为他设计的飞盘的21厘米尺寸仍是至今最受欢迎的尺寸。

随着掷准飞盘运动和职业比赛的快速发展，玩家对更好的飞盘的渴望日益增加。1983年，杜瓦尔兄弟哈罗德·杜瓦尔和查理·杜瓦尔与戴夫·杜尼帕斯成立了飞盘公司英诺瓦（Innova Champion Discs），专门生产专业掷准飞盘。同年，英诺瓦推出了由杜尼帕斯设计的第一个专门为掷准飞盘设计的飞盘——“老鹰”。“老鹰”有着扁平的边缘，可以飞得比其他盘都远，也不会被错认为是“小狗 Puppy”或其他飞盘。“老鹰”帮助掷准飞盘成为一项更专业的运动。另一家飞盘公司迪斯科莱福特（Discraft）紧随其后，推出了他们的第一款掷准飞盘——“幻影”。1984年，英诺瓦推出了第一款真正的敲杆盘，叫作“Aviar”。1987年，英诺瓦发布了极受欢迎的中距离推进盘——“Roc”，确立了英诺瓦的掷准飞盘市场主导地位。

（五）成立世界职业掷准飞盘协会和职业巡回赛

在发明了目标筐并创办了公司后不久，海德里克效仿十年前他在威猛奥创立的国际飞盘协会，成立职业掷准飞盘协会。1976年夏天，他给全国大约100名顶尖掷准飞盘玩家发了信件，邀请他们加入世界职业掷准飞盘协会。他在信中说：“我们成立了世界职业掷准飞盘协会，旨在组织地方甚至全国的职业比赛，所谓的职业选手指的是可以通过某些行为，比如某项体育运动获得报酬来维持生计的人，也许经过多年的努力，我们也可以靠我们最爱的运动来生活。”从此，海德里克开始在全国各地的比赛中出售世界职业掷准飞盘协会会员资格，并传播他组织全国职业比赛的梦想。

1979年，海德里克在加利福尼亚州亨廷顿海滩组织了一个名为“5万美元掷准飞盘锦标赛”的比赛，排名前36名的选手可以瓜分5万美元奖金。这项赛事是开创性的，首先是因为涉及现金奖励，也因为参赛者必须有资格获得邀请。当年全美共举办了72场资格赛，挑选了全美最好的掷准飞盘选手参赛，最终汤姆·肯尼迪赢得了冠军。这场比赛是海德里克和世界职业掷准飞盘协会在掷准飞盘运动职业化道路上的一次成功尝试，是掷准飞盘历史上一个重要的转折点。34 年后的 2013 年，汤姆为慈善事业拍卖了几件关于这场比赛的历史文物。2013 年夏季的《掷准飞盘者》（*Disc Golfer*）杂志刊登了这次拍卖的信息。

海德里克的控制欲很强，他牢牢握着世界职业掷准飞盘协会的掌控权。1982 年之前，海德里克几乎是一个人在经营世界掷准飞盘协会，在全国推广飞盘运动，售卖飞盘和目标筐，建设掷准飞盘场，同时兼顾世界职业掷准飞盘协会会员资格的处理，撰写新闻稿，保持世界职业掷准飞盘协会的正常运转。随着世界职业掷准飞盘协会组织的日益庞大，到 1980 年，越来越多的玩家开始挑战海德里克对世界职业掷准飞盘协会的控制。

1982 年，海德里克决定在洛杉矶举行第一届掷准飞盘世界锦标赛，并规定玩家只能使用威猛奥的飞盘。这是一个很不受玩家欢迎的决定，因为玩家一直在游说海德里克，希望他允许使用其他品牌的飞盘，如“小狗 Puppy”，但是他们拗不过顽固的海德里克。

在 1982 年世锦赛的选手会议上，海德里克询问是否有人愿意一起组织第二年的职业掷准飞盘全国巡回赛。来自阿肯色州小石城的职业玩家特德·斯梅瑟斯自告奋勇，他给每个职业玩家打电话，在冬天之前安排好了 1983 年的比赛日程。这次巡回赛将作为在亚拉巴马州亨茨维尔举行的第二届掷准飞盘世界锦标赛的资格赛。

1983 年初，海德里克公开了他的商标“Disc Golf”，英诺瓦的“老鹰”也成为每个掷准飞盘玩家的必备飞盘。在亨茨维尔比赛开始前，赛事负责人汤姆·梦露和拉沃恩·沃尔夫没有询问海德里克的意见，而是直接告诉他符合规定重量的盘，如“老鹰”和“小狗 Puppy”都可以在比赛中使用，这是玩家第一次在与海德里克顽固意志的斗争中胜利。正是这场亨茨维尔比赛的抗争说服了海德里克，他决定将世界职业掷准飞盘协会的控制权慢慢让给玩家们。特德·斯梅瑟斯于 1983 年成为世界职业掷准飞盘协会的第一任理事，在 1984 年的纽约罗切斯特世锦赛上，海德里克象征性地用握手和一罐当地酿制的吉纳西奶油麦芽酒将世界职业掷准飞盘协会交给了斯梅瑟斯。这是世界职业掷准飞盘协会和掷准飞盘历史上的一个关键时刻：玩家们将开始在该组织中担任领导角色。

2007 年，世界职业掷准飞盘协会国际掷准飞盘中心（IDGC）在佐治亚州奥古斯塔城外开业，该中心拥有掷准飞盘之父海德里克纪念博物馆、掷准飞盘名人堂和世界职业掷准飞盘协会中心办公室。除了给世界职业掷准飞盘协会提供一个主场基地，国际掷准飞盘中心的建设也使掷准飞盘运动更具公信力。国际掷准飞盘中心还拥有三个漂亮的掷准飞盘场地，由传奇场地工程师查克·肯尼迪、汤姆·门罗、约翰·霍克、吉姆·肯纳、罗恩·罗素和帕德·蒂蒙斯设计。

（六）掷准飞盘的现状和未来

掷准飞盘运动正在以惊人的速度发展。在世界上第一个掷准飞盘场建成 10 年后的 1985 年，世界上仅有 250 个永久性的掷准飞盘场。截至 2018 年，全球共有 8364 个掷准飞盘场。最近十年间掷准飞盘场的数量惊人地翻了近 3 倍。

如今，世界职业掷准飞盘协会有超过 12 万注册会员，活跃会员超过 5 万人，运动员的数量大约每 6 年翻一番。放眼全世界，有数千万人正在参与掷准飞盘运动，2018 年全球世界职业掷准飞盘协会认证赛超过 4000 场，较 2008 年增长了 3 倍。其中，欧洲一直是北美以外的国际掷准飞盘运动发展的主力军，欧洲的掷准飞盘比赛和玩家数 5 年间就翻了 3 倍。2019 年全年欧洲就举办了 922 场世界职业掷准飞盘认证赛，芬兰、挪威、瑞典、爱沙尼亚四国拥有 73% 的欧洲世界职业掷准飞盘协会会员，举办了 60% 的欧洲比赛。芬兰拥有 479 个掷准飞盘场和 2830 名活跃的世界职业掷准飞盘协会成员。在 2015 年诺基亚欧洲公开赛期间，芬兰 26% 的观众在周日下午收看了电视直播。在亚洲、大洋洲地区，日本、韩国、泰国、澳大利亚和新西兰是掷准飞盘发展较早的地区。日本公开赛从 1985 年开始，是亚洲地区盛大的世界职业掷准飞盘协会巡回赛之一。

在布赖恩·霍尼日、戴夫·奈斯比特和其他人的努力下，世界职业掷准飞盘协会国际项目于 2004 年启动，负责协调世界职业掷准飞盘协会和世界各个国家协会之间的工作。2011 年，世界职业掷准飞盘协会马可波罗计划启动，这项计划旨在帮助和支持掷准飞盘运动在没有这项运动的国家的发展，特别是亚洲、拉丁美洲和非洲的一些国家。2018 年，马可波罗计划来到中国，举办中国第一场世界职业掷准飞盘协会认证赛，并在多所学校和慈善机构进行推广。2019 年，马来西亚、新加坡、越南、赞比亚和墨西哥举办了他们的第一场世界职业掷准飞盘协会认证赛。

2014 年，世界职业掷准飞盘协会加入世界飞盘联合会，成为世界飞盘联合会特许成员。为了在全世界进一步推广掷准飞盘运动，一个由世界职业掷准飞盘协会和世界飞盘联合会代表组成的全球掷准飞盘委员会成立了。与传统高尔夫球的管理结构形成鲜明对比的是，世界职业掷准飞盘协会仍然是这项运动的单一管理机构，它确立比赛规则，并继续管理和推广这项单一运动的职业巡回赛。

现在，玩家们非常重视将掷准飞盘运动带给年轻一代，并吸引更多的女性参与其中。每年，世界职业掷准飞盘协会都会奖励那些通过创新想法在基层开展这项运动的人。玩家们普遍认为，掷准飞盘在娱乐性方面的优势是它能够快速发展的重要因素。其易上手、成本低、环境友好的特性，使得它受到很多玩家的喜爱。相信在未来，掷准飞盘的火种一定会散播到世界上的每一个国家，让全世界人民一起享受飞盘的乐趣。

二、掷准飞盘装备及场地

（一）掷准飞盘标准和分类

根据世界职业掷准飞盘协会的飞盘生产标准，掷准飞盘直径为 21 ～ 30 厘米，重量一般为 140 ～ 180 克，不可超过 200 克。

掷准飞盘根据其性能和功能，可以分为敲杆盘、推进盘和掷远盘。

（1）敲杆盘在形状上更接近于 175 克团队飞盘，质量分布均匀。这些特点使得敲杆盘破风能力相对较弱、速度慢、飞得直，通常被用于敲杆，同时适用于控制度要求高、盘道上障碍紧密的飞行路线。

（2）推进盘的盘沿稍有锐度，有一定的破风能力，速度比敲杆盘快，更稳定（不易侧倾）。新手应该使用更好控制的敲杆盘和推进盘来练习，避免使用高速度的掷远盘。

（3）掷远盘的盘沿锐度更高，质量主要集中在盘的外环。这样的设计使得掷远盘有着很强的破风能力，速度快，能够飞得更远，通常被用来开盘，让飞盘尽可能地靠近目标筐。

我们在一开始要有一个概念：每个飞盘都有它的特点、用途和使用方法。敲杆盘并不是只能用来敲杆，推进盘也并不是只能用来推进，在特定的环境下，用敲杆盘和推进盘来开盘可能会是更合理的选择；同理，在大风天里用掷远盘来敲杆的人也不在少数。

（二）飞盘飞行原理

飞盘的飞行模型可以用两个物理概念来解释：空气动力升降（伯努利原理）和陀螺效应（角动量守恒定律 / 陀螺进动原理）。其中，陀螺效应对理解掷准飞盘的特性和飞行轨迹有重要意义。

1. 空气动力升降（伯努利原理）

依据伯努利原理，在相同高度，空气流速大的地方压强低，空气流速小的地方压强大。飞盘飞行时，空气在飞盘前端分流，上方气流沿着弧形表面流动，下方气流方向不变。因此导致上方气流路程大、流速大、压强小，而下方的压强相对较大，产生了向上的升力。当升力大于重力时，飞盘会向上升起；当升力等于重力时，飞盘保持同一高度前进；当升力小于重力时，飞盘开始下降。

2. 陀螺效应（角动量守恒定律 / 陀螺进动原理）

如果飞盘飞行时只有升力，那么扔出去的飞盘就会像扔出去的树叶那样随意翻转，最后落地。要让飞盘稳定水平地飞出，就需要让飞盘旋转起来。那么，为什么加了旋转之后飞盘就可以平稳飞行了呢？这和陀螺效应有关。

所谓的陀螺效应（图 4–1），是旋转着的物体具有和陀螺一样的特性，即定轴性和进动性。当陀螺高速旋转时，会产生一个方向唯一的角动量（轴），在平面上稳定旋转。当陀螺遇到外力或重心偏移时，它会绕着定点运动，来保持角动量的方向。

飞盘在飞行中，当前端受到一个向下的力，它并不会改变方向头朝下飞行，而是会像陀螺一样进动，看上去就好像将力沿着旋转方向转移。

以右手反手掷盘，飞盘顺时针旋转为例，当飞盘处于高速状态上升时，飞盘前端受到空气向下的阻力。根据陀螺进动原理，飞盘会向右倾斜，并向右前方运动。当飞盘受到空气阻力作用开始减速下落的时候，飞盘前端受到空气向上的阻力，之后向左倾斜并向左前方坠落。

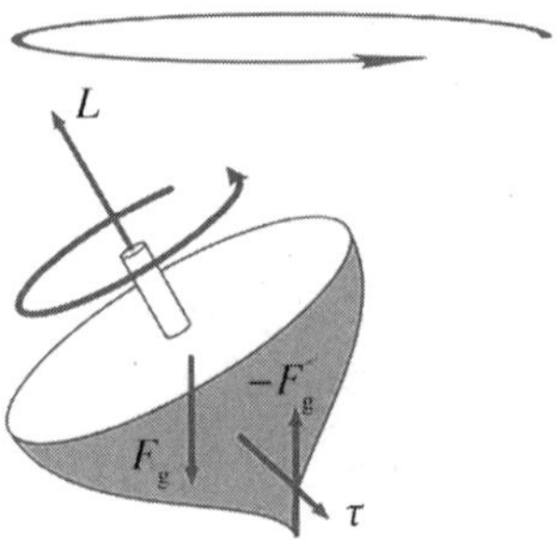

图 4–1　陀螺的进动

了解了飞盘的飞行原理之后，其他掷盘方法掷出的飞盘的飞行轨迹也可以类比上述飞行轨迹描述出来。

（三）掷准飞盘飞行四指数

为了让玩家拿到一个新盘就知道它是什么飞行轨迹、适合什么样的情形、需要使用什么技术动作，绝大部分的飞盘厂商会使用“飞行四指数系统”来表现掷准飞盘的特性。四个指数分别指的是：速度、滑行、侧倾和下坠（图 4–2）。值得注意的是，这四个指数只在同一家飞盘生产商的掷准飞盘商品中具有可比性。例如，A 牌的 11 速度不一定比 B 牌的 10 速度快，而 A 牌的 11 速度就比 A 牌的 10 速度快。

1. 速度

速度指的是掷准飞盘克服空气阻力的能力，也就是我们常说的“破风”能力。速度值从 1 到 15，数值越高的飞盘破风能力越强，飞得更远的潜能越大。

图 4–2　掷准飞盘上面的四个指数

速度值与飞盘的转动惯量有关。转动惯量越大，飞盘达到高速旋转状态所需的能量越大，也就是启动所需的速度更高；同时，飞盘可以保持旋转状态的时间更久，也就是破风能力更强。所以飞盘的速度值越高，其转动惯量越大。

飞盘的转动惯量取决于它的质量分布，物体的质量集中处离转轴越远，转动惯量越大。通常，外环更宽的飞盘具有更高的速度，因为更多的质量集中在了远离转轴的外环。

总的来说，速度高的飞盘通常外环更宽，破风能力更强，但是启动所需的速度要求更高，达到其真实飞行轨迹的速度要求更高。想要传导更多的能量到飞盘上，需要完美的发力技巧，因此，速度值高的盘不适合新手玩家使用。

2. 滑行

滑行指数是一个影响飞盘在现实环境中飞行所产生升力大小的重要参数。滑行值是掷准飞盘的一个内在属性，它表现的是飞盘提供升力能力的大小。数字从 1 往上，数字越大升力越大，数字越小升力越小。

3. 侧倾

侧倾描述的是飞盘在高速状态下表现出来的稳定性。在“飞盘的飞行原理”中我们知道，侧倾是飞盘在高速运行中所表现出来的一种固有属性，所有的飞盘都会侧倾，而侧倾这一数值所描述的就是飞盘的稳定性。侧倾值从 –5 到 1，数值为 1 的飞盘最稳定（most overstable），从高速阶段到下坠阶段都保持着朝一个方向运动的趋势；数值为 –5 的飞盘最不稳定（most understable），高速阶段容易发生侧倾，向着和下坠方向相反的方向运动。

这一数值或者说稳定性也可以表现为侧倾所需要的速度的大小，越稳定的飞盘达到侧倾所需要的速度越高，越不稳定则对速度要求越低。而速度越大，飞盘表现得越不稳定。值得注意的是，这里的速度指的是“对空速度”而不是“对地速度”，所以在考虑飞盘速度和稳定性时，需要考虑到风的影响。

这样，侧倾值就和速度值挂上了钩。通常，高速度的飞盘都很稳定，欠稳定的盘速度都较低。力量表现较弱的新手玩家多数情况下只能飞出稳定的飞行轨迹，即使给他们欠稳定的盘。

4. 下坠

下坠用于描述飞盘下坠时拐弯的趋势。数值从 0 到 5，以右手反手出盘为例，数值越大的盘下坠时向左切入的角度越大，数值为 0 的盘下坠时左切的角度很小或没有。

（四）其他装备

1. 飞盘包

图 4–3　可以放置多个飞盘的掷准飞盘双肩背包

选手在比赛中需要许多不同形状、材质和重量的掷准飞盘来适应不同的盘道和投掷方法，需要使用飞盘包来收纳、保护和管理飞盘。专业的飞盘包较普通背包更宽，通常使用塑型和支撑能力较好的较硬的材质制作飞盘收纳部分，这样飞盘包可以稳稳地放置在地上，同时可以将飞盘整齐地排列在其中，既美观大方又方便抽取管理（图 4–3）。飞盘包在主体收纳空间上方，配备一个或多个飞盘收纳袋，通常用于收纳敲杆盘或其他常用的盘。

除了常见的专业飞盘包，还有单肩式的便携飞盘包、训练包、拖拉式飞盘箱等。掷准飞盘规则中并没有限制选手携带飞盘的数量，选手在平日的训练中可能需要携带较多的飞盘，休闲娱乐的时候可能不需要大量的飞盘，因此选手需要根据自己的实际情况选择合适的飞盘包。

2. 飞盘毛巾

在雨中进行的掷准飞盘比赛并不少见，掷准飞盘也会沾染尘土，落入泥潭和水中。在这些情况下，拥有一块吸水性好、吸附力强、易清洗且速干的飞盘毛巾就显得尤为重要，它甚至可以直接影响运动表现。

3. 掷准飞盘服装

掷准飞盘除了是一项竞技体育运动外，还是一项高雅的社交活动。掷准飞盘规则规定：若选手穿着不符合着装要求将被视为违反比赛礼仪的违例行为。着装要求中有禁止光脚比赛，上衣必须盖过上胸、不得穿 T 恤入场，可穿速干、冰感及其他高科技、高性能的面料制作的圆领、V 领上衣等规定。

4. 标记盘

掷准飞盘规则规定，当飞盘在场内确定了位置之后，选手可以选择使用迷你标记盘紧贴着飞盘，放置在飞盘与目标连线的前方地面上来标记投掷点（图 4–4）。或者当遇到出界等需要改变投掷点的情况时，选手可以使用标记盘来标记投掷点。比赛使用的迷你标记盘必须符合相关规定：直径为 7～15 厘米，高度不超过 3 厘米，材质可以为塑料、金属和木质。

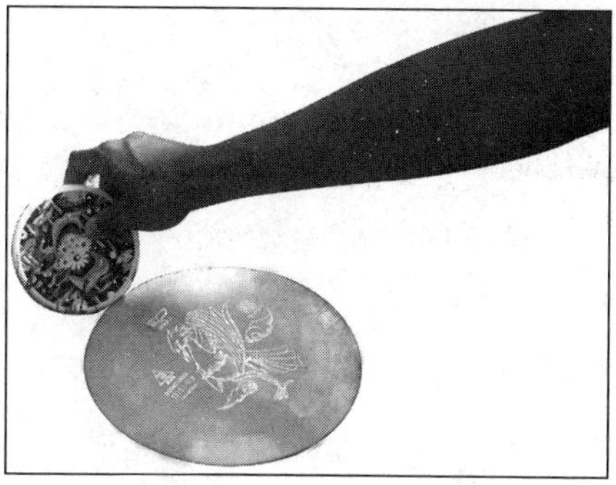

图 4–4　标记盘

5. 计分卡

计分卡是选手计分的工具。计分卡第一列为选手的名字，第一行为比赛洞编号，最后两列为总分（图 4–5）。

标准杆											低于标准杆 2 杆内进入 10m 圈										10m 圈内敲标									
姓名	1	2	3	4	5	6	7	8	9	总分	1	2	3	4	5	6	7	8	9	总分	1	2	3	4	5	6	7	8	9	总分
标准杆											低于标准杆 2 杆内进入 10m 圈										10m 圈内敲标									
姓名	10	11	12	13	14	15	16	17	18	总分	10	11	12	13	14	15	16	17	18	总分	10	11	12	13	14	15	16	17	18	总分

图 4–5　掷准飞盘比赛计分卡

（五）掷准飞盘场

1. 场地建设理念

掷准飞盘场可以说是将自然资源充分利用的典型，充分体现了绿色阳光、亲近自然的理念。自然风景区、公园、高尔夫球场等都可以成为掷准飞盘场。掷准飞盘盘道可以充分利用场地的高度变化和植被障碍，不动一草一木完成场地设置，最大限度地利用了现有资源并能减少对自然的改变。

2. 开盘区

开盘区为盘道开始的地方，也是选手在每个洞的比赛第一次投掷（开盘）时的地方。开盘区最好是由水泥或沥青等硬质材料搭建的台面，理想的尺寸为 1.8 米×3 米。开盘区可以为周围没有突出的石块或者树根的平整表面，长短可以根据地势加长或缩短。除了硬质台面或塑胶的开盘区，其他种类开盘区的前沿必须通过画线或者标志物间的“假想线”标示出来。

3. 掷准目标

虽然任何被标记的物品或标杆都可以当作掷准飞盘比赛的目标，但是目标筐（筐加链条）永远是最佳选择。大部分掷准飞盘场地设置 9 个或 18 个筐，也有设置 12 个、24 个或 27 个筐的场地，筐的数目通常为 3 的倍数。目标筐分为场地级目标筐、便携式目标筐、训练用目标筐等。

4. 盘道

盘道，即为飞盘飞行的道路，由开盘区开始，到掷准目标结束。一个好的掷准飞盘场，需平衡好长短不同，左弯、右弯、笔直等各种形状，植被分布不同，上坡下坡等盘道之间的关系（图 4–6）。

大部分新建的掷准飞盘场地会设计两组对应不同难度盘道的开盘区（对于同一个开盘区来说，可以设置不同的盘道和目标筐的位置来区分难度；对于同一个目标筐来说，可以改变盘道和开盘区的位置来调整难度），以满足不同水平玩家的需求。四个玩家水平［金阶（高级）、蓝阶（中级）、白阶（初级）、红阶（入门级）］所对应的场地设计要求有明确的划分。向公众开放的掷准飞盘场地通常结合了蓝阶和白阶，或者蓝阶和红阶的盘道及开盘区，以满足大部分飞盘玩家的需求。一些掷准飞盘配套产业发达的地方会有包含金阶盘道和开盘区的，最长、最有挑战性的掷准飞盘场，以满足高水平玩家的需求；即使是在这些高等级场地里，也可以结合一组短距离的盘道和开盘区来满足低水平和入门水平的玩家。

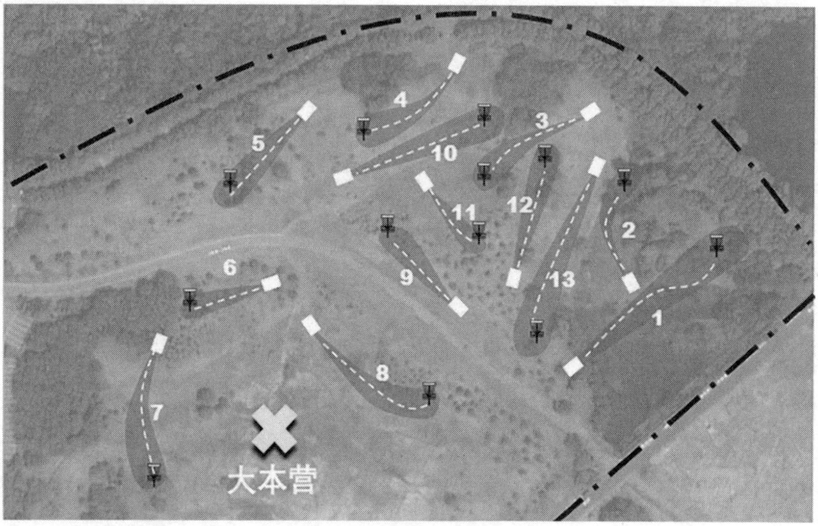

图 4-6　盘道和场地设计规划

大部分掷准飞盘场地里应设置至少一组供入门水平的玩家和休闲娱乐用的盘道和开盘区，平均每个盘道的长度一般不超过 75 米。以此为标准，一个 18 洞的场地，盘道总长度不应超过 1350 米；一个 9 洞的场地，盘道总长度不应超过 675 米。对于一个向公众开放的，盘道总体较短的 18 洞掷准飞盘场地，理想的盘道总长度为 1080 ～ 1290 米，也就是平均每洞盘道长度为 60 ～ 73 米。而就算是为了新手玩家而设计的场地，也基本不会出现短于 45 米的盘道。

在同一个掷准飞盘场地中，一组较难的盘道和开盘区可以通过改变开盘区和目标筐的位置来实现。一个白阶的 18 洞的掷准飞盘场地盘道总长度在 1350 ～ 1800 米。盘道总长度超过 1800 米的场地适用于蓝阶和金阶玩家与锦标赛。对于此类场地，单个盘道长度并没有限制。世界上最长的一条盘道达 458 米。

5. 界外

有些盘道会设置边界，若飞盘落入边界外则需回到界内进行下一次投掷，并且计投掷次数 +1 的惩罚。盘道边界通常为道路、溪流、湖泊和其他规定区域，其中规定边界通常由小白桩或小旗标出。

三、掷准飞盘基本技术

（一）握盘

1. 原则

握盘是掷准飞盘运动中最基本的一项技术，握盘的方法对飞盘投掷的方法、出盘的角度、出盘的方向、对盘的控制以及发力模式的影响非常大。初学者刚接触掷准飞盘的时候，抓握飞盘时会十分不自然，这属于正常现象。当持续练习几周之后，异物感会逐渐消失，握盘动作会更加自然、有力。初学者也可以和同伴一起进行一些团队飞盘的传接盘练习，这不仅对握盘，对飞盘飞行轨迹的判断和飞行角度方向的控制都大有益处。

（1）握盘的标准。双手是和飞盘紧密连接的部位，每个人手的大小、手指的长短、握力的强弱、发力习惯都不一样。所以并没有一个适合所有人的标准握盘姿势。初学者应该多尝试不同的握盘方法，甚至可以放弃使用了很久的握盘方法去寻找更好的，直到找到一个舒服、盘面控制强、专一稳定的握盘方法。

（2）握盘的力度。对于反手的开盘和中距离投掷，握盘的力度应适中，不能太小也不能太大。因为反手的投掷模式保证了飞盘足够的旋转，通常没有必要像团队飞盘那样靠手腕发力增加旋转（特别是在大力开盘的时候使用手腕会增加手腕受伤的概率），而是让高速的飞盘自然挣脱手的束缚飞出，此过程中手也不用刻意张开。握盘力度过小会导致出盘过早，力度过大则会导致出盘过晚或出不了盘，也会导致肌肉过早疲劳，影响运动表现。

（3）握盘的变式。握盘方法多种多样，这些方法可以从控制最大量最小到控制最小量最大进行排列。玩家应掌握不同的握盘变式，这样可以根据实际情况选择不同的握法，如投掷的远近变化情况、下雨天飞盘湿滑情况、障碍物情况、自身力量控制情况等。

2. **不同的握盘方法**

虽然并不存在标准的握盘方法，但是却存在对大部分人都适用的准则和要点。玩家通过掌握这些准则和要点，可以快速进行学习或调整握盘方法。

（1）扇形握法。扇形握法对飞盘盘面的控制力最强，多用于敲杆和短距离推进。以下为扇形握法的一般步骤及要点说明：

①飞盘外沿紧贴掌心，不留空隙。飞盘与掌心之间留有空隙是新手玩家常犯的错误，这样会使玩家对盘外沿的控制基本为零，无法控制飞盘出手的方向，也无法提供足够的力，就好像在玩“套环游戏”。

②中指、无名指、小拇指三根手指头自然弯曲，成扇形散开托住飞盘底部，在合适范围内最大限度地控制盘面（图 4–7）。手指与盘面接触范围越大，对盘的控制力就越强；手指与盘内沿接触越多，越可以将更大的力量传导给飞盘。扇形握法是对飞盘控制力最强的一种握盘方式，有利于在近距离控制飞盘的飞行轨迹。

图 4–7　三指成扇形散开托住飞盘底部

③食指置于飞盘外沿。这里可以将整根手指贴外沿放置（图 4–8），可以只用手指按压外沿（图 4–9）。有些盘外沿向内沿的过渡区有凹槽，也可以将指头置于凹槽处，这一点可以因人而异。

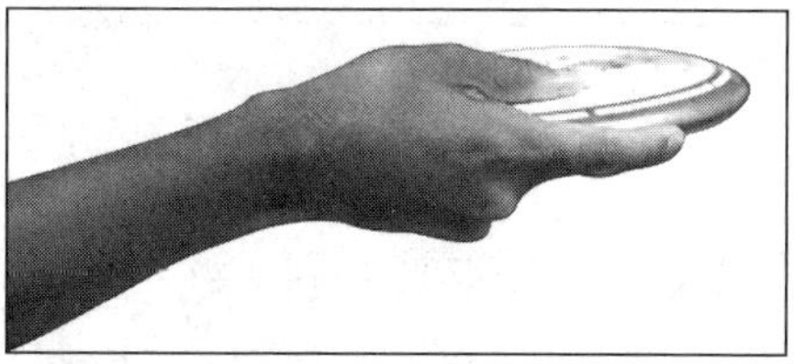

图 4–8　手指贴外沿放置

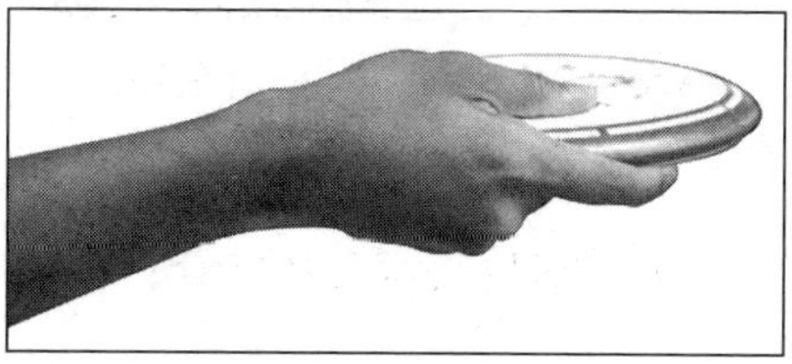

图 4–9　手指按压外沿

④大拇指自然置于飞盘顶部，距离盘外沿 3 ～ 4 厘米处（图 4–10）。轻轻按压，与其他手指和掌心配合发力，将盘握牢握稳。

（2）强力握法。强力握法（图 4–11）对飞盘外环控制最强，可以最有效地将力量传导给飞盘，通常用于开盘和远距离推进。

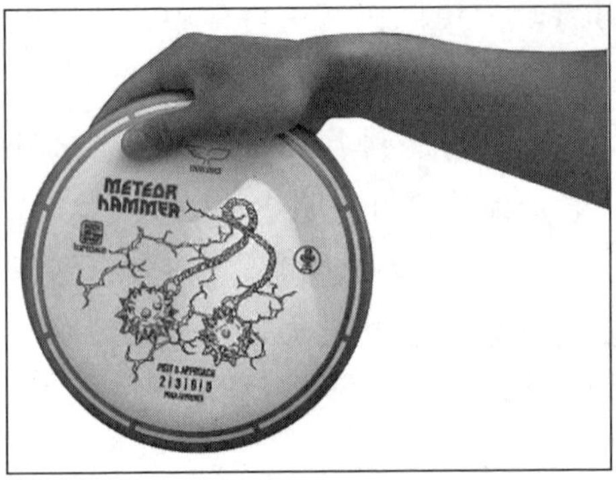

图 4–10　大拇指自然置于飞盘顶部

图 4–11　强力握法示意图

以下为强力握法的一般步骤及要点说明：

①用食指、中指、无名指、小拇指四根手指指肚抵着飞盘内沿（图 4–12）。此状态下的指尖应与飞盘底部接触，若用指尖抵着内沿（图 4–13），使指甲与盘底接触会造成出不了盘的情况。

图 4–12　食指、中指、无名指、小拇指四根手指指肚抵着飞盘内沿

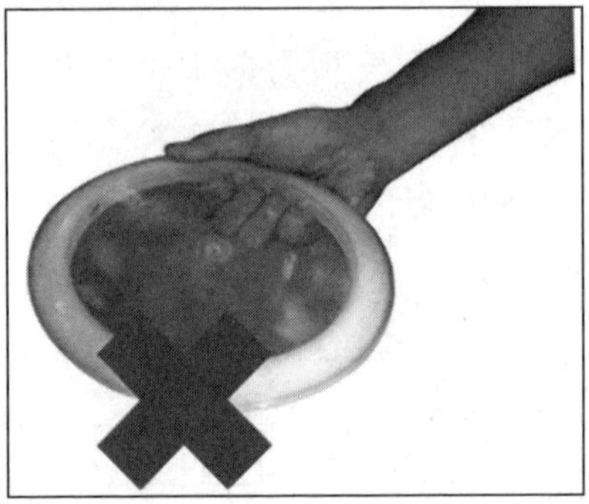

图 4–13　四指的错误位置

②手掌与飞盘自然贴合，使飞盘外沿紧贴掌心（图 4–14）。

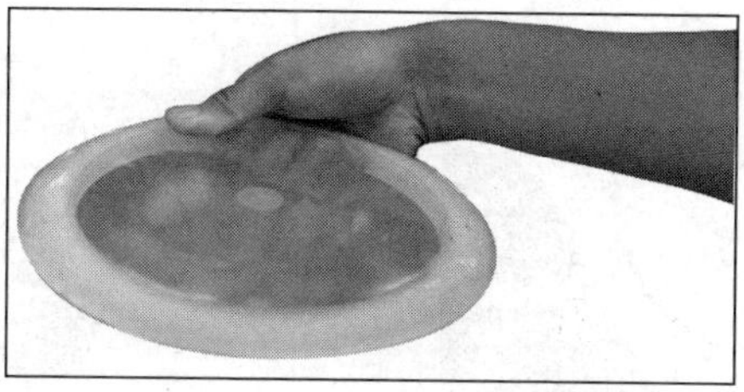

图 4–14　手掌与飞盘位置

③拇指按压飞盘顶部，使得盘面与手臂平行。此时，盘底的四根手指不与盘面垂直，应有一定的角度。飞盘外沿通过掌心的位置因人而异（图 4–15、图 4–16），可在一定范围内变化。拇指可以全贴盘面（图 4–17），也可以只用指腹按压（图 4–18）。

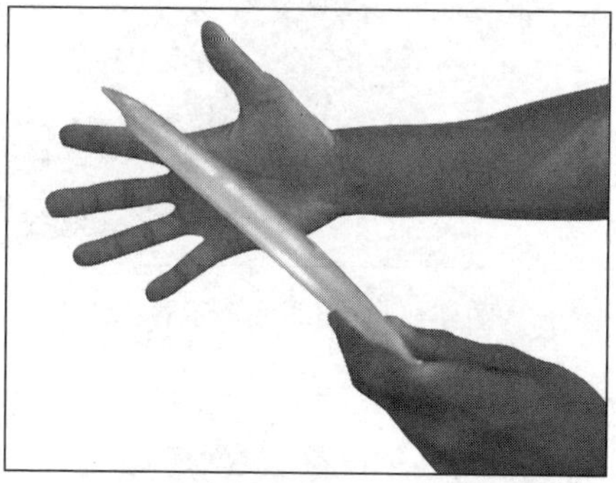

图 4–15　飞盘外沿通过掌心的位置一

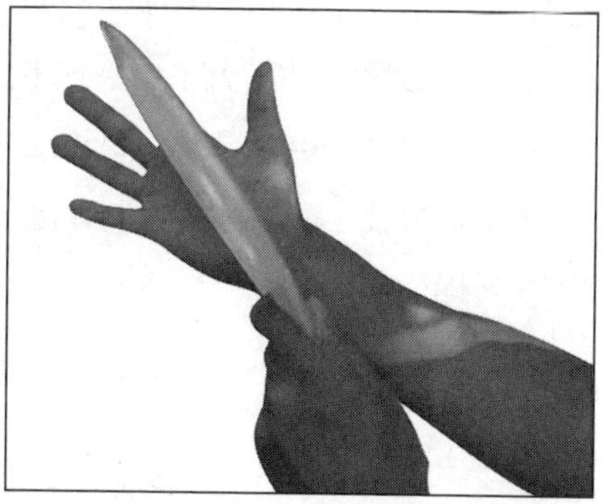

图 4–16　飞盘外沿通过掌心的位置二

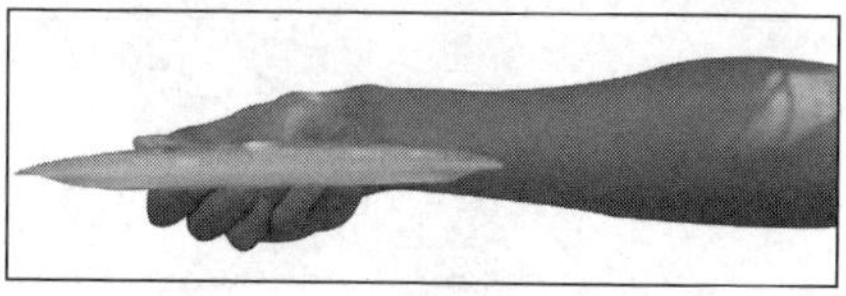

图 4–17　拇指全贴盘面

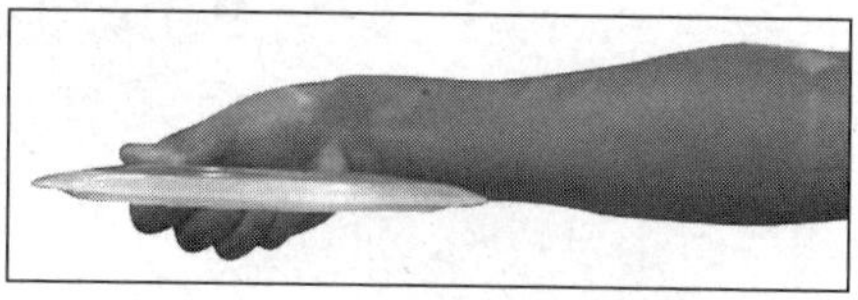

图 4–18　拇指按压

（3）反手握法变式。除了上述握法要点中讲到的变化外，反手握法的变式更多的还是在力量和控制力之间的调整。扇形握法和强力握法分别是控制盘面和控制盘外环的两个极端，通过手指位置的改变和混合可以在两者之间找到过渡的握法。方法为：在扇形握法中，从小拇指开始，到无名指，依次从托着盘底变为抵着盘内沿，这样就可以形成至少两种变式（图 4–19、图 4–20）。

图 4-19　反手握法变式一

图 4-20　反手握法变式二

（4）正手握法。正手握法与反手握法完全不同。相对于反手的自然抓握，正手则显得怪异了许多（图 4-21），可虎口紧贴飞盘外沿，中指压在内沿上，食指与中指并拢（图 4-22），或者食指弯曲，与中指一同抵着内沿（图 4-23），或者拇指放置在盘面上，无名指与外沿接触，提供支撑。

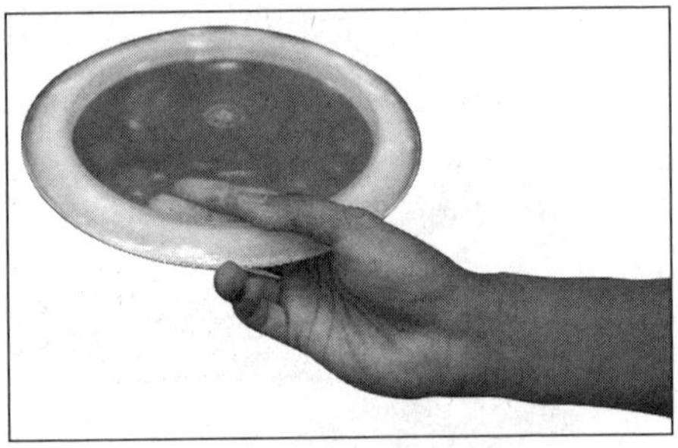

图 4-21　正手握法示意图

图 4-22　食指与中指并拢的握法

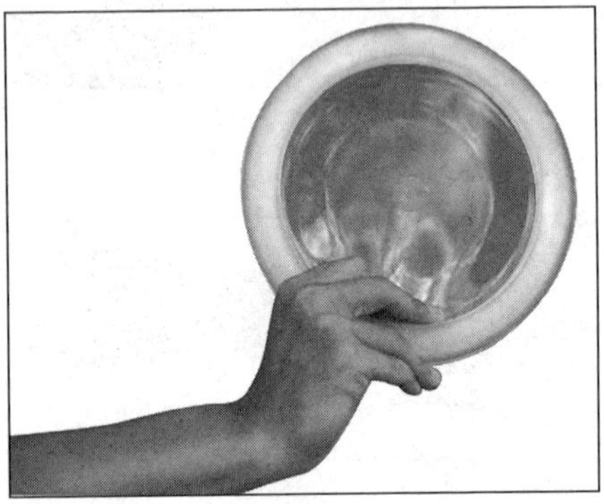

图 4-23　食指弯曲，与中指一同抵着内沿的握法

（二）转髋、转肩和重心转移

转髋、转肩和重心转移可以说贯穿了所有掷准飞盘运动中的投掷动作（敲杆的重心转移方式和其他方式不太一样，但是原理相同），这三

个技巧相辅相成，可以使力的传导最高效化，对掷准飞盘运动十分重要。运动员优秀与否就是要看他们能否将这些技巧融合在技术动作中并自然地表现出来。

1. 转髋

转髋和转肩是将力从下半身传导至上半身再到传导至飞盘上的关键，而这一连贯的变化需要由髋部的旋转来启动。要找到正确的转髋感觉，首先要保持双脚平行站立或两脚尖靠近的站姿，保证髋部能够自由地活动，不要用开放站姿。然后膝盖微曲，上半身挺直，做髋部铰链的动作。身体重心在双腿正中间，这样可以在转髋的同时保持身体重心稳定。我们把这个站姿叫作强势体位，在这样的状态下可以使力量、速度和灵活性最大化。最后髋部向后转，身体重心还是在两腿正中间，同样处于强势体位，两只脚都站稳了，髋部才好向前发力，要找到这个有力的感觉（图 4–24）。注意观察，此时肩部也会自然地跟着髋部转过来。

图 4–24　飞盘中的转髋动作

2. 转肩

转髋和转肩（图 4–25）并不是两个单独的动作，而是相辅相成、同时进行的关系。在强势体位下，配合髋部同时向后转肩至双肩平齐，背对目标方向（注意：在实际的投掷动作中不要为了将飞盘向后引而弯腰驼背，上身挺直才能有效发力）。

图 4–25　飞盘中的转肩动作

初学者很容易转肩不充分，其原因有不会转髋、没有与髋部形成配合，或者是将注意力集中在将盘往后送而不是转肩让盘自然后送。转肩不充分的表现为：大臂与胸的夹角小于90度，飞盘躲在身体后方，运行轨迹受阻，前拉出盘时飞盘运动轨迹不是一条直线，而是绕身体的弧线，出盘时手腕受到很大的压力，出盘后手部充血难受。

【转髋转肩练习（力量传导练习）】

向后转髋转肩之后向前转髋，此时上半身放松，由下半身爆发的力量来启动肩部。将手臂伸出来模仿掷盘时的动作，转髋启动后，肘部会自然地被拉至胸前，这就是力传导的效果。练习时注意感受和观察肩部和肘部的变化。

3. 重心转移

生活中的很多动作或其他运动都会发生转髋和重心转移，如走路就是一个完整且高效的重心转移过程。在其他运动，如棒球和高尔夫球中，重心转移配合着转髋也是发力的关键。重心从后转移向前的关键是：①躯干在向前过程中保持竖直，身体重心始终在正中间；②重心压力从后脚脚尖传至前脚脚跟。

【重心转移练习】

（1）站立好后，贴着后脚放置一个障碍物（墙面或者练习伙伴）。

（2）强势体位，转髋转肩，将身体重心放在后脚。

（3）转髋，蹬地转膝，重心前移，就好像朝侧方走一步，此时后脚不应触碰障碍物；若触碰到障碍物说明重心没有前移。

（4）动作完成后，身体朝前，重心在前脚，后脚脚掌朝后，若有剩余的动能可以向前走一步。

（三）敲杆

1. 原则

敲杆（图4-26）指的是在目标筐近处，将飞盘掷入目标筐中的投掷动作。敲杆是掷准飞盘运动中最重要的一环，俗话说“开盘作秀，敲杆吃肉”，对于高水平运动员来说，成绩的好坏往往取决于敲杆的好坏。敲杆可以说是运动员们在技术上，更是在心理上博弈的战场。

对于敲杆、开盘，甚至其他所有掷准飞盘的技术动作来说，专一性和稳定性都是最关键的。敲杆的方式也是因人而异、多种多样。无论什么风格，一位优秀运动员的敲杆动作是相对固定的。运动员可以携带一包掷准飞盘，他们的掷远盘和推进盘有很多种，但是肯定只有一种用来敲杆的敲杆盘。所以不管什么风格，适合自己的、专一稳定的敲杆方法才是最好的。

图 4–26 敲杆（从左至右）

掷准飞盘的敲杆方法主要分为三种：推式敲杆、加转式敲杆和混合式敲杆。推式敲杆主要是用身体重心变换的力，使盘从由上往下的角度进筐。加转式敲杆主要用手腕和手臂的力使盘笔直地进筐。混合式敲杆则是介于推式敲杆和加转式敲杆之间的一种敲杆风格。

2. 准备动作

一个好的准备动作是完成好的敲杆的前提，也应该是相对固定的。标定投掷点、确认风向、握盘、站位、深呼吸放松、心中模拟飞盘飞行轨迹……每个人都应该有一套自己的切实有效的准备流程，并且始终如一。

其中，与技术动作相关的一些要点可以直接影响到敲杆的质量：

（1）采用扇形握法或一些其他变式，不建议使用强力握法来敲杆。

（2）身体正对着目标，前后脚站位。可以稍微侧一点身，找到舒服的站位。前后站位可以更简单有效地做出重心向前向后转移的动作，集中全身的力量完成敲杆动作。

（3）上身直立，可以保证各部位向前运动的时机一致。注视目标，将手臂伸直后自然放松，指着目标瞄准，这么做可以提升敲杆的准确度。

3. 动作分解

（1）下摆。敲杆动作类似于一个钟摆运动，持盘下摆时乃至出盘之后，飞盘始终在身体中线移动。在推式敲杆的下摆过程中，手肘基本不动，下摆至腰部以下。在加转式敲杆的下摆过程中，为了更好地集中手臂发力，通常会手肘微曲，下摆至腰间的位置。

（2）重心后移。在飞盘下摆的同时将身体重心移至后脚，同时保持上身直立。

（3）出盘。当飞盘下摆至最低点时，身体重心移至前脚，同时快速地沿着原下摆轨迹向前出盘。整个下摆到出盘的过程应由慢到快，一气呵成。出盘之后，手始终指着目标，这样做可以保证飞盘在出盘过程中始终沿身体中线运动，笔直飞向目标，大大提升敲杆的准确度。

4. 练习方法

初学者练习的目的是掌握敲杆的动作要点，能够自然流畅地做出敲杆动作。在 3 ～ 4 米的距离练习敲杆，心理压力没有那么大，可以专注在动作要点上。因为基本上每次敲杆都可以进筐，还可以增强敲杆的信心。如果一开始就在远处练习，初学者还没掌握发力方法，会导致动作变形，学不到正确的敲杆方法，打击自信心。

（四）反手开盘

反手开盘是将飞盘在身体与持盘手异侧掷出的一种投掷方法，也是掷准飞盘中最常用的投掷方法。反手投掷的身体运作模式决定了它可以更自然地发力，所以在需要集中更多力量的开盘中多会选择以反手的方式进行开盘。

1. 交叉步

在比赛中经常可以看到运动员在开盘的时候会助跑一段距离来让盘获得更大的动能。这种助跑技术叫交叉步，因为在助跑时需要用交叉步来保持平衡，同时将全身各部位发力的时机连接起来。交叉步是自然地将身体置于强势体位，将髋部向后转，同时保持向前的张力，从而更高效地将力从地面传导到飞盘上，让飞盘飞得更快更远（图 4–27）。

图 4-27　反手交叉步开盘动作演示（从右至左）

（1）步伐。交叉步从面向投掷方向开始，从一开始就建立向前的趋势，以右手反手为例。第一步，左脚向正前方踏一步，获得一个初始动能，同时脚尖指向左前方，为侧身做准备。第二步，侧身的同时将右脚向左脚的正前方或者偏左的位置踏出，脚尖朝向和左脚一致。第三步，左脚向后踏出交叉步。第四步，踏出支撑脚，脚尖朝向与目标方向垂直（图 4-28）。

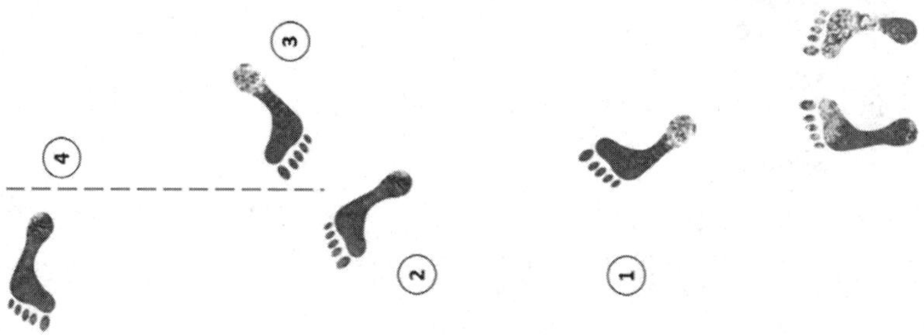

图 4-28　交叉步步伐

（2）动作要点。

①在走交叉步的时候脚贴着地面行进可以使我们的重心保持在同一高度，步伐保持连贯。

②在侧身的同时保持向前的张力，让我们的髋部在目标方向上保持得越久越好。第一，在起始位置面向目标方向；第二，在交叉步第二步的时候脚尖朝外，保证身体不会因为脚尖方向而放松；第三，眼睛在目标上停留得越久越好，保持视线和头部的位置不会让身体轻易地向后放松，同时能提高出盘准确度。

③最后，向身体前侧多踏一步距离，想象前脚脚跟和后脚脚尖之间有一条与目标方向同向的线将其分开。这样做可以使身体避开飞盘的前拉轨迹，也可以使髋部更好地发力。

④在走交叉步的时候不可操之过急，应与走路速度一致或稍快一点。

2. 上半身动作

（1）时机。身体在走交叉步的时候一直保持着向前的张力，直到最后一步。最后一步踏出的同时，肩部向后转，髋部也会自然地向后转。上、下半身完美的配合时机是：当最后一步支撑脚站稳时，我们的盘离身体最远。在此过程中，身体持续向前运动，肩部后转，将盘向后送，这样会形成飞盘相对地面静止不动的现象。之后髋部向前转，带动肩部，将盘顺势前拉，最后完成出盘。

（2）动作要点。

①上半身特别是手臂在整个过程中保持放松，将力留在出盘的时候爆发出来。

②上半身保持直立，不要为了向后送盘或者投掷特定角度的盘（下斜出盘）而弯腰。

③盘的位置始终贴着身体，直到转肩离开身体零点几秒后又迅速拉回。飞盘始终在一条直线上运动。手肘不要贴着身体，保证盘始终在身体前方不被身体阻挡。

④应将发力重心集中在下半身，而不是甩手臂。利用髋部启动，将力传导至肩部，手肘会自然地前拉，不需要主动发力。

⑤尽可能久地注视目标。转肩完全时，视线会偏离一瞬间，之后随着身体向前转回归。头部的位置也很重要，当视线开始偏离时，下巴会触碰到肩部，头部要跟着肩部运动，直到回归向前的朝向。

⑥当身体向前转动发力时，左手应紧贴身体，减少拖拽力。

3. 跟随动作

跟随动作可以防止受伤，其在任何运动中都至关重要，如网球选手击球后并不会将球拍停下，而是继续引拍至后背处，力量大的选手甚至需要绕头一圈来做缓冲。开盘时会在身体各处产生很大的扭矩，我们要把力发完而不是用我们的关节来承受这些扭矩。同时，一个好的跟随动作可以用来控制飞盘飞行路线，提高投掷的准确度。

（1）上身跟随动作。出盘时不要收力，将力发完全。出盘之后，手臂跟着身体旋转半周缓冲。出盘后保证手臂不高过肩膀，出盘模式通过身体来调整而不是通过手臂。

（2）下身跟随动作。交叉步的最后一步踏实，为全脚掌触地发力。发力时将脚尖自然抬起，将重心转移到脚后跟，身体以脚后跟为轴心转动。出盘后前脚脚尖指向前方，全脚掌站稳。

4. 练习

目前还没有任何一项其他运动的发力模式和掷准飞盘相同，初学者应该多在户外直接用飞盘来练习，这样才能在真实环境中找到投掷的感觉。录下自己开盘时的动作，及时观察学习并调整。

每个人都有自己交叉步的节奏和时机，应多观察、多思考职业运动员的开盘风格和节奏，找到属于自己的节奏。有时候并不是练得多就会有成果，静下心来分析思考会比埋头苦练更重要。也不是越用力盘就可以飞得越远，在练习中要注意快速出盘和出盘时机，而不是力量。

（五）推进盘

推进盘的技术动作与开盘动作十分相似，可以加入交叉步变成一个小幅度的开盘动作；也可以站定投掷，变成开盘动作的最后一步。

1. 站立式

（1）握盘。在推进盘中，可以根据需要选择任何握盘方式。从扇形握法到强力握法，甚至各种变式都可以成为选择的目标。

（2）动作要点。刚入门的新手玩家很难掌握交叉步的节奏和时机，可以先从站立式开始学起。在站立式中不需要助跑，双脚比肩略宽，侧对着目标站定。双肩的连线对着投掷方向。开始时，注视着目标，前侧肩膀随着身体重心后移向后转。之后，向前转髋，重心前移，用手肘引导将飞盘前拉，这里可以想象成是在肘击前方的墙壁。最后，不要收力，做一个漂亮的跟随动作，将力全部发完。

我们知道，所有的右手反手掷出的飞盘在最后都会有向左下坠的趋势。为了使飞盘平稳地滑行至目标下，需要让盘高过手肘，在出盘时给它加一个微微上斜的角度。

（3）练习方法。站立式的练习方法和转髋转肩的练习方法相同。注意在练习过程中感受力传导的感觉、手抓不住盘出盘的感觉以及飞盘的运行轨迹。

2. 其他方式

只要控制好力度，掌握使用方法，理论上任何出盘角度和投掷方法都可以用于推进盘。例如，短距离助跑的反手、正手、滚地盘、高空盘等。

（六）正手

正手是将飞盘在身体与持盘手同侧边掷出的一种投掷方式。正手可以使飞盘的旋转方向与反手截然相反，且飞盘飞行轨迹与反手的呈镜面效果。若同用右手投掷，反手掷出的盘最后会向左下坠，而正手掷出的盘会向右下坠。正手投掷时视线可以一直停留在目标上，不需要偏离，所以可以获得比反手投掷更高的准确性（图 4–29）。在现在的掷准飞盘比赛中，这些特性使得正手好的运动员可以在赛场上取得更大的优势，正手的重要性也越来越凸显出来。

图 4–29　正手发力动作示意（从左至右）

1. 准备姿势

（1）侧身站立，双肩连线对着目标，持盘手在后，非持盘手在前。前脚指向目标方向。

（2）重心降低，上身保持直立，使身体处于强势体位。

（3）正手与反手不同，需要通过手腕的抖动给盘增加足够的旋转，手腕持盘向后弯至最大幅度，这样可以更好地向前抖腕发力。整个投掷过程中，持盘不宜过高或过低，处于手肘与肩膀之间为宜。飞盘运行轨迹应为一条直线，该直线与身体距离适中，处于可控、易于发力的位置。

2. 后引过程

手肘向后抬起，将飞盘后引至运行直线后端，肘关节不要伸直锁死，保持一定的自然弯曲，同时重心移至后脚。

3. 出盘过程

重心前移至前脚，向前转髋转身，使原本朝着侧面的身体转向目标方向。随着身体向前转，用手肘引导力的走向，让手肘先向前超过身体平面。手肘超过身体平面时，盘的位置还在身体平面后。之后将手肘伸直，同时手腕向前发力出盘。手腕的发力应该在同一平面上，翻腕会导致飞盘出手后不稳地抖动，影响盘的速度和方向。

4. 跟随动作

正手与反手不同，不能够有太大的跟随动作，否则会导致出手不够干脆，发力不够完全，以及翻腕。应该有意识地将手停在出盘点，这样才能控制好方向和力量，使出盘之后的动作自然发生。

（七）飞行路线控制

1. 掷准飞盘的稳定性

稳定性是所有掷准飞盘都拥有的固有属性。每种光源都可以在光谱上找到相对应的波长，每个飞盘也都可以在类似的“光谱”上找到对应的稳定性：“超稳定”和“欠稳定”在两端，“稳定”在正中间。然而，飞盘实际表现出来的稳定性取决于出盘的速度和风的影响。

通常，超稳定的飞盘需要更高的速度来达到其真实的飞行轨迹。稳定的飞盘可以保持初始的飞行角度。欠稳定的飞盘容易侧倾，适合出盘速度较慢的初学者。

2. 出盘角度

掷准飞盘的出盘角度有三种，分别是下斜出盘（hyzer）（图 4-30）、水平出盘（flat）（图 4-31）和上斜出盘（anhyzer）（图 4-32）。无论正手还是反手，左手还是右手，下斜出盘是握盘处对侧盘沿向下倾斜的出盘方法，水平出盘是盘面与地面水平的出盘方法，上斜出盘是握盘处对侧盘沿向上倾斜的出盘方法。出盘角度的大小可以根据实际情况调整，如稍微下斜、稍微上斜、极度下斜等。

图 4-30　下斜出盘动作示意图（从左至右）

图 4-31　水平出盘动作示意图（从左至右）

图 4-32　上斜出盘动作示意图（从左至右）

要形成稳定可控的出盘角度须掌握以下几个要点：①控制盘面与手臂水平，这样手臂的挥动角度即飞盘的出盘角度。②将手腕锁定，使飞盘在投掷过程中与手臂的角度不变。这里并不是说投掷要用手腕的力量，而是手腕稍微内扣，将手腕锁定从而不参与横向的甩动。在投掷过程中参与的关节越少就可以使动作稳定且始终如一。③在整个投掷过程中都保持投掷的角度。通过弯折上半身来调整角度，使飞盘和手臂从转肩后伸到跟随动作结束都保持在以上身为中心的投掷平面上。下斜出盘时身体前倾，手臂跟随动作朝天。水平出盘时上身竖直，手臂水平做出跟随动作。上斜出盘时身体后倾，手臂跟随动作朝地。

3. 飞行路线

掷准飞盘比赛比的是对盘的了解、力量的控制和动作的稳定。所以，在平时的练盘中不应该把距离作为唯一的目标和参考，要注重对盘熟悉程度的提高，用同一种盘练习每一种角度和每一种速度的投掷。

有几种特殊的组合，可以形成特殊的飞行路线，在比赛中运用得好可以产生奇效。

（1）滚地盘。当用水平或小角度上斜掷出一个非常欠稳定的飞盘，或者用稍大的上斜角度掷出一个欠稳定的飞盘时，飞盘会朝侧倾方向快速着地之后向前滚动。滚动的飞盘有向飞盘顶部倾倒的趋势，所以需要控制飞盘在与地面呈 45 度到 75 度角着地，这样可以让飞盘直立起来，达到最大的滚动距离，当盘速降低时得到一个相对可控的转向。以右手反手为例，过小的着地角度会使飞盘快速地切地前进并横向向左滚动，甚至向后缩短距离。较大的着地角度会使飞盘向右前方画一条大弧线，距离和方向都很难控制。

滚地盘对地形的要求十分苛刻，适用于草短的、开阔的、平整水平或下坡的盘道。任何一个小小的坑洼、石块或树根都会阻止滚地盘继续前进。滚地盘除了可以在开盘时获得巨大的距离优势外，还可以用于帮助处于偏离盘道的密林中的选手摆脱麻烦，重新回到盘道上。

（2）“S”形轨迹飞行。当用上斜角度掷出一个超稳定的飞盘、用水平或下斜角度掷出一个欠稳定的飞盘，飞盘会飞出“S”形的路线。这个“S”形路线的变化与投掷的高度、出手的角度和飞盘的稳定性有关。

用上斜角度掷出一个超稳定的盘，飞盘向左倾斜的稳定性会与初始向右倾斜的上斜出盘角度在空中对抗，最后向左或向前平稳着地，完整的盘路形成一个“S”。用欠稳定的飞盘时，利用的是其自身固有的侧倾属性在空中划出“S”形的飞行轨迹。

“S”形的飞行路线可以很好地避开盘道上的障碍物，并且通过在空中长时间的停留得到更远的距离。其缺点是受风的影响比较大，需要根据风的情况选择使用。

（3）高空盘。当向高处用下斜角度掷出一个超稳定的飞盘，飞盘会在到达最高处后快速落下，着地之后会停留在落地点。高空盘可以有效地避开障碍物并且精准度极高。

（4）弹地盘。当用下斜角度低水平地投掷出一个速度较高、外沿锐利的飞盘，飞盘会在与地面接触后弹起，向下坠方向继续飞行。弹地盘通常用于盘道上有大角度横向转折，且目标周围地形较复杂的情况。

4. 风的影响

风，永远是掷准飞盘选手在赛场上优先考虑的因素。风不仅提高了选手在掷准飞盘比赛中技术层面的要求，也在精神层面给运动员带来极大的挑战。学习如何选择正确的飞盘，选择正确的出手角度和投掷方法，控制好出盘的速度，学习风是如何影响飞盘飞行的可以帮助我们更好地利用风给自己带来优势，更好地享受比赛。

（1）风对飞盘稳定性的影响。风可以改变飞盘所表现出来的稳定性。我们知道，所有的飞盘都会在达到了一定速度之后发生侧倾，这里的速度指的是对空速度而不是对地速度，侧倾所需速度的大小也表现为飞盘的稳定性。而风可以通过影响飞盘飞行的对空速度改变飞盘在空中稳定性的表现。飞盘逆风飞行会表现得更加欠稳定，顺风飞行会表现得更加稳定。例如，当飞盘在无风的情况下以 60 千米 / 小时的真实速度（对地速度）飞出，那么其对空速度与真实速度同为 60 千米 / 小时，飞盘表现为原本的稳定性不变。当飞盘以 60 千米 / 小时的真实速度逆风飞出，此时风速为 20 千米 / 小时，那么飞盘的对空速度即为 80 千米 / 小时。飞盘的对空速度因为逆风而变得更快，其达到侧倾所需要的真实速度变小，表现得更加欠稳定。同时，飞盘会下坠得更晚，因为其拥有一个 20 千米 / 小时的初始速度。所以逆风的时候应选择更加超稳定、速度更快的盘。当飞盘以 60 千米 / 小时的真实速度顺风飞出，此时风速为 20 千米 / 小时，那么飞盘的对空速度即为 40 千米 / 小时。飞盘的对空速度因为顺风而变得更慢，其达到侧倾所需要的真实速度变大，表现得更加超稳定，同时飞盘会下坠得更快。所以顺风时会选择更加欠稳定的飞盘。

（2）受风面。风会使飞盘随着风向移动，逆风会缩短飞盘的飞行距离，顺风则会增加飞行距离，左右的横向风会将飞盘向左或向右吹。当飞盘底部受风时会被风往上抬升，让飞盘暴露在天空中的时间更久，我们可以利用这一点在侧向风的时候获得更远的距离。当飞盘顶部受风时，会被风往下压，让盘快速落地，我们可以利用这一点在侧向风的时候获得更加准确的落点。在使用滚地盘时，飞盘的顶部和底部都完全暴露在侧向风中，风的影响更大。通常会使用底部受风的滚地盘来获得巨大的距离优势。

离地面越高的地方风速越高，理论上来说，当出手低且呈水平状态时，飞盘受到风的影响可以降到最低。然而，在真实的情况下，飞盘需要躲避障碍和转弯，对飞行距离也有要求，不可能出手又低又平，而需要有一定的角度和高度。所以，在现实中要将风向、风速、飞盘受风面、飞盘的种类、投掷角度、投掷方向、投掷方法等一系列因素考虑进来，最后作出正确的选择。

第五章　躲避飞盘

一、躲避飞盘运动概述

（一）躲避飞盘运动介绍

躲避飞盘赛是一种以安全为优先考量的运动，有多变的竞赛规则，无论是幼儿园的小朋友还是成年人都可以一起享受掷盘乐趣，是结合躲避球赛的部分规则及飞盘运动的投掷动作与飞盘的飞行而衍生出来的新兴运动。躲避飞盘赛使用尼龙加泡棉制作的飞盘，安全性高。

（二）躲避飞盘运动的起源和发展

20 世纪 80 年代，美国的一些团队飞盘精英运动员到日本开展飞盘运动的推广活动，举办了一系列的飞盘训练营。其中有一名叫伊恩·哈里森的美国飞盘运动员，在美国一家尼龙包制造企业工作，在训练营中使用了由尼龙材质制作的和塑料飞盘相同的飞盘。活动的主办方——日本英雄株式会社决定进行该飞盘产品的销售，但由于产品完成度不高，销售成绩并不理想。

由于销售成绩不理想，英雄株式会社决定在推广活动中面向初学者进行教学时使用这些飞盘。为了让初学者能更快地进行有趣的飞盘活动，他们采用了躲避球规则加飞盘的游戏方式，获得了不错的效果。这可以算是正式的躲避飞盘运动的起源。

之后，英雄株式会社开始自己生产躲避飞盘。随着推广活动的开展，躲避球加飞盘的玩法逐渐在日本全国流行开来。英雄株式会社在看到这项运动的前景后，从 1999 年开始，将其进行品牌化推广，在产品设计、游戏规则上进行了大量的改进，躲避飞盘运动在日本国内逐渐规范化。

2000 年 8 月，爱知县举办了日本第一届小学生躲避飞盘锦标赛，共有 53 支队伍，450 多人参加比赛。随着对产品需求和赛事、培训需求的增加，2002 年 10 月，日本躲避飞盘协会在日本飞盘运动协会的支持下成立，并发布了官方规则、赛事指导手册、教学课程等资料。2005 年，日本第一届全国躲避飞盘锦标赛在名古屋举办，这次比赛成为日本躲避飞盘运动历史上的一个重大转折点，日本国内有 148 个队伍，超过 3000 人参与这次赛事，并且首次获得了商业赞助。现场除了正式比赛，也开设了家庭交流赛和飞盘技能挑战赛。赛场内外都收获了良好的反馈。

2005 年，躲避飞盘运动进入我国台湾，随后又在香港特别行政区流行起来。2017 年左右，躲避飞盘运动经由香港特别行政区的玩家传播，开始在内地兴起，逐渐出现在各地的中小学中，深受参与学生的欢迎。

二、躲避飞盘运动的开展优势

（1）在发展参与者手眼协调能力的同时可以提升心肺功能，提供良好的社交氛围。

（2）软性泡棉材质，适合全年龄段使用，甚至可以跨年龄段，相较于传统的躲避球，安全性更高。

（3）容易开展，规则简单易懂，学校可以使用现成的排球场地作为躲避飞盘场地，完全没有运动基础的人也可以很快学会并投入其中享受运动的乐趣。

（4）室内室外均可开展，可以作为飞盘运动教学的单元课程，使传接盘的教学更加有趣。

（5）费用较低，所需要的只是一个飞盘。

（6）适合学校体育课、体育俱乐部、青少年营地以及社团课程内容，形式多样，可以与传统体育项目结合开展，增加趣味性。

三、躲避飞盘比赛的规则

（一）场地及器材

1. 场地

躲避飞盘的比赛场地必须是平整的地面，木地板或者草地最佳，为保证参赛选手的安全，不建议在水泥地上开展比赛。场地长 18 米、宽 9 米，中场线将其划分为相同大小的两块，中场线必须向外延长 2 米以上。边线内的场地为内场，边线外的场地为外场，外场无边界。场地线宽度为 5 ～ 10 厘米，碰触到场地线即视为越线（图 5–1）。

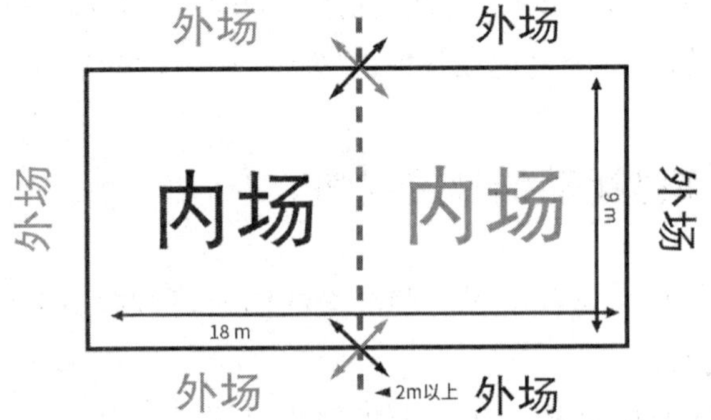

图 5–1　躲避飞盘的比赛场地

场上选手分为内场选手和外场选手，站位如图 5–1 所示。教练席设置在离边线至少 3 米远的位置，面积不得大于 2 米 ×2 米。比赛过程中，教练不可以使用任何设备，只可以通过手势和语言对场上队员进行指导。

比赛场地必须醒目标注边线和内外场区域。布置推荐使用标准化的躲避飞盘场地线，也可以使用与地面紧贴的场地地胶、安全的与地面紧贴的警戒线或是直接使用油漆在地面上画出场地。场地边线外 3 米内不可以有任何物体以及除裁判和外场选手外的任何人员。

2. 器材

躲避飞盘正式比赛必须使用经过官方认证的躲避飞盘，根据参赛选手的年龄段使用对应尺寸的比赛飞盘。躲避飞盘比赛专用盘的直径为 16

厘米（水平一、二组）、23.5 厘米（水平三、四组）、27 厘米（水平五组及以上），由尼龙和泡棉制作。躲避飞盘的重量应该在 80 克到 95 克之间，边缘厚度为 2 厘米，高度为 4 厘米，赛事主办单位可以指定使用经过认证的比赛飞盘。

一场比赛中仅使用一个躲避飞盘，且只有在躲避飞盘发生损坏到无法使用的情况下才可以使用其他比赛飞盘进行替换。

（二）参赛队伍

1. 参赛人数

每队在参赛前可以最多报运动员 20 人，另设领队 1 人，教练 1 人。正式比赛中每队上场选手人数为 13 名，比赛中途不得替换选手。当裁判判决选手因受伤或其他原因无法继续参赛时，候补选手可以替换。

参赛一方因为伤病减员，可以以比对方少的人数进行比赛。当一支队伍无法保证 10 人以上上场时，裁判可以直接判罚该队以 0 ： 3 告负。

2. 比赛组别设置

比赛按照参与性别可以设置男子组、女子组、混合组，混合组不限制男女比例。

比赛按照年龄可以分为青少年组、成人组。青少年组可以细分为水平一组（小学二年级以下）、水平二组（小学三、四年级）、水平三组（小学五、六年级）、水平四组（七到九年级）、水平五组（十到十二年级）。成人组可以细分为壮年组（60 岁以下）和老年组（61 岁以上）。

主办单位可以根据实际参赛情况设置相应组别，每个组别不得少于 4 支队伍。

3. 比赛服装

同一支队伍的选手必须穿着统一的队服，由上装和下装共同组成；队服背面必须印有选手号码，号码尺寸在 15 厘米 ×10 厘米及以上。统一队伍的队服可以为长袖、短袖，不可穿着无袖衣服，如穿背心，必须保证背心内的赛服为同款同色。

（三）比赛时间

1. 常规比赛时间

成人组、水平四组及水平五组每场比赛时间为10分钟，分上下半场，每个半场比赛5分钟，中场休息2分钟。

水平三组、水平二组每场比赛时间为8分钟，分上下半场，每个半场比赛4分钟，中场休息2分钟。

水平一组每场比赛时间为4分钟，分上下半场，每个半场比赛2分钟，中场休息1分钟。

2. 加时赛

加时赛时长为2分钟，不分组别，不设置半场休息；场地位置在加时赛开始前通过猜盘决定。

（四）胜负判定

1. 直接获胜

比赛时间内，若有一方队伍内场选手人数为零，则不论当时是上半场还是下半场，对方队伍获胜。

2. 计分获胜

上下半场比赛时间结束，记录双方队伍在内场的剩余人数，每个剩余人数计为1分。将上下半场的人数相加，合计总分高的队伍获胜。

3. 加时获胜

当比赛时间结束，两队积分相同时，视为平手，需要进行加时赛。加时赛开始前重新进行猜盘，确定攻防和开始场地，加时赛不设置中场休息。加时赛时间内，有一方队伍内场选手人数为零，对方队伍获胜；或者加时时间到，内场选手较多的一方获胜。如果第一个加时赛结束双方仍未分出胜负，继续第二个加时赛，如此往复，直到有一方获胜。

（五）比赛方式

1. 内场、外场的选手配置

比赛开始前，各队必须先决定内场、外场的人数。内外场人数可自由决定，但内外场至少要有 1 人。外场选手的站位没有硬性规定，队伍可自由安排。

2. 比赛开始

（1）猜盘。两队各自选派代表猜拳，由猜拳输的一方抛盘，飞盘在空中必须至少旋转 360 度。猜拳赢的一方必须在飞盘落地前，高喊“正面”或“反面”来猜测飞盘落地时正面朝上或反面朝上。如果猜中，有权选择比赛场地或发盘权；如果猜错，则由对方选择。不管是哪一种情形，无法先取得选择场地或发盘权的队伍，还是有权选择剩余的选项，如猜中的队伍选择发盘权时，另一队则有权选择场地。

（2）比赛开始的方式。比赛由裁判将飞盘给予拥有进攻权的内场选手后开始，比赛开始后所有选手可以在规定的区域内任意移动。

（3）下半场开始的方式。下半场比赛，双方按照与比赛开始前猜盘结果相反的场地位置和进攻权开始比赛，内外场选手人数可以重新布置，但不得替换。

3. 投掷躲避飞盘

（1）投掷躲避飞盘的选手称为掷盘手。持有（不论是接住躲避飞盘还是将落地的躲避飞盘捡起）躲避飞盘的选手即为掷盘手，掷盘手可以持盘移动，但必须在 5 秒内将躲避飞盘投掷出去。

（2）投掷躲避飞盘是指将握在手中的躲避飞盘完全放开，使躲避飞盘离开双手的动作。

（3）投掷出去的躲避飞盘必须经过内场区域，同时不允许反面投掷或竖直投掷，仅允许正反手投掷。

（4）不允许故意击打对方选手头部及其他敏感部位。

4. 接盘

在躲避飞盘接触地面前，选手使用身体任何两个部位将躲避飞盘夹住即为有效接盘。在躲避飞盘接触地面的同时接住躲避飞盘判定为接盘失败，接住后再触地为有效接盘。

5. 出局

内场选手被对方选手所投掷的飞行中的躲避飞盘击中即视为出局，必须立即移动到外场。下列情况视为出局：

（1）无法接住躲避飞盘，躲避飞盘碰触到身体、队服、其他身上所穿戴物后掉落地面。

（2）无法接住躲避飞盘，躲避飞盘碰触到身体、队服、其他身上所穿戴物后，对方选手在无犯规的情况下接盘或碰触到躲避飞盘。

（3）在1次投掷中，同一队的内场选手，在躲避飞盘落地前，连续碰触到躲避飞盘且满足（1）、（2）的条件，碰触到躲避飞盘的所有选手皆视为出局。

（4）当选手在出局后移动到外场的过程中，故意触碰躲避飞盘，视为犯规，按照犯规中的相应规则处理。

6. 不出局

出现以下情况，选手可以不出局：

（1）内场选手尝试接盘失败后，本人或队友在该躲避飞盘未落地前又无犯规的情况下成功接住躲避飞盘。

（2）对方队伍的投掷手在投掷时犯规。

（3）飞盘先碰触地面再碰触选手。

7. 进入内场的权利

外场选手投掷躲避飞盘击中对方内场选手使其出局时，该名外场选手即可进入该队的内场。即使是自比赛一开始就担任外场的选手也同样适用该规则。但外场始终必须保持至少有1名选手，即如果某一方的外场只有一位选手时，即使他成功投掷飞盘使对方内场队员出局，也不可以进入内场。

8. 取消进入内场的权利

外场选手即使击中对方内场选手使其出局，在下列情况下，也不得进入己方的内场：

（1）击中对方选手使其出局后，在进入内场前故意碰触到躲避飞盘。

（2）击中对方选手使其出局后，无进入己方内场意愿，即在使对方出局后没有立即有明确的向己方内场移动的动作。

（3）在投掷时犯规。

9. 内、外场的移动

比赛中，选手移动至内、外场时，不得经过对方场地，必须通过中线和边线的交汇点来调整选手所处的内、外场位置。选手移动至内、外场时，只要影响到了比赛的顺利进行，就必须立即暂停比赛，待双方选手准备妥当之后，再继续比赛。若因选手移动至内、外场时，造成对对方不利，此次投掷无效，躲避飞盘的所有权必须回到此次投掷前的状态。

10. 躲避飞盘的所有权

（1）停止时的躲避飞盘所有权。两队选手都无法接住的飞盘，当飞盘最后停止在哪一片区域内，躲避飞盘的所有权就属于那一片区域的选手。此时，不管躲避飞盘在停止前曾经过哪一队的场地，皆不会影响飞盘的所有权。

（2）动态时的躲避飞盘所有权。当躲避飞盘落地滚动、滑动时，选手在躲避飞盘完全进入己方场地时拿到躲避飞盘，即取得躲避飞盘的所有权。内场选手不得越区碰触在外场的飞盘。同样的，外场选手不得越区碰触内场的躲避飞盘。

（3）飞行时的躲避飞盘所有权。在空中飞行的飞盘，不管是在何时碰触飞盘、接盘，只要选手在不犯规情况下接到飞盘，即取得飞盘所有权。

（4）同时接盘时的躲避飞盘所有权。当两队同时接住飞行中的躲避飞盘时，飞盘的所有权归属于同时接盘前，最后碰触飞盘的对方队伍所有。投掷、接盘失误、被躲避飞盘击中等皆属于最后碰触躲避飞盘。

（5）落停在界线时的躲避飞盘所有权。躲避飞盘掉落在界线上时，其所有权归属于飞盘落停在界线前最后碰触躲避飞盘的对方队伍。

11. 暂停

（1）下述情形下，选手或教练可向裁判提出暂停请求。

①己方选手受伤。

②己方选手因其他原因无法继续比赛。

（2）暂停的要求与处理。

①当选手判断自己无法继续比赛或继续比赛会有危险时，有权举手向裁判请求“暂停”。

②一旦提出暂停要求，尚在空中的躲避飞盘仍为有效，直到停落地面或被选手接住。在躲避飞盘的所有权确立后，裁判必须立即暂停比赛，

比赛停止计时，并将躲避飞盘交给裁判。

③提出暂停要求的选手，因受伤而无法继续比赛时，可由候补选手递补。候补选手站在替换选手的所在位置后才能继续比赛。

④其他选手在比赛重新开始前，必须站在原地，不得移动位置。

⑤暂停后，裁判将躲避飞盘给予暂停前获得所有权的队伍。听到裁判指示继续比赛后，才能开始继续比赛。

（六）犯规

1. 犯规的处理

（1）一旦有一方犯规，躲避飞盘的所有权即归属对方队伍。

（2）犯规后躲避飞盘的所有权归属对方队伍时，比赛可以继续进行。

（3）犯规后躲避飞盘的所有权归属己方队伍时，必须暂停比赛，需要将躲避飞盘的所有权转移至对方队伍后才能继续比赛。

（4）飞盘所有权的转移方式视犯规种类而定。

（5）当两队同时犯规时，此项犯规可以相互抵消。

2. 内场选手之间传盘的限制

（1）同一队伍的内场选手之间相互传盘视为犯规。传盘的定义为掷盘人将躲避飞盘投掷给另一名内场选手，使其接盘或碰触到躲避飞盘，或者直接将自己手中的躲避飞盘递给内场的队友。

（2）飞盘的所有权转移方式：先将飞盘转交给主裁判，再由主裁判将飞盘交给即将拥有飞盘所有权队伍的内场选手。

3. 外场选手之间传盘的限制

（1）同一队伍的外场选手之间相互传盘时，躲避飞盘一定要飞越比赛场地上的内场。未飞越场地上的内场的传盘视为犯规。

（2）躲避飞盘的所有权转移方式：先将躲避飞盘转交给主裁判，再由主裁判将躲避飞盘交给即将拥有飞盘所有权的队伍的内场选手。

4. 越线投掷

（1）投掷时或投掷动作完成后，一旦踩线、越线，即视为犯规。

（2）躲避飞盘的所有权转移方式：先将躲避飞盘转交给主裁判，

再由主裁判将躲避飞盘交给即将拥有躲避飞盘所有权队伍的内场选手。

5. 越线接盘

（1）接盘时或接住躲避飞盘后，一旦踩线、越线，即视为犯规。

（2）飞盘的所有权转移方式：犯规的选手先将躲避飞盘放置在越线的点，由对方选手拿起飞盘继续比赛。

6. 越区

（1）碰触自己所处区域外的躲避飞盘，即视为犯规。即使是掉落在对方场地线上的飞盘也一样。在对方场地上空碰触躲避飞盘，不算越区。

（2）躲避飞盘的所有权转移方式。

碰触对方区域内的飞盘时，犯规的选手将躲避飞盘放置在犯规地点后继续比赛。

内场选手碰触自己外场的飞盘或者外场选手碰触自己内场的躲避飞盘导致犯规时，先将躲避飞盘转交给裁判，再由裁判将躲避飞盘交给拥有躲避飞盘所有权队伍的内场选手。

7. 5 秒规则

（1）不管是内场选手还是外场选手，都必须在接盘后 5 秒或飞盘触地后 5 秒内投掷（视哪种情况先发生），越过 5 秒尚未投掷视为犯规。

（2）飞盘的所有权转移方式：先将飞盘转交给裁判，再由裁判将飞盘交给拥有飞盘所有权队伍的内场选手。

8. 碰触对方

（1）比赛中，碰触对方选手视为犯规。以所持有的飞盘碰触对方选手、碰触对方选手所持有的躲避飞盘、在对方选手碰触躲避飞盘时碰触躲避飞盘，也视为犯规。

（2）躲避飞盘的所有权转移方式：先将躲避飞盘转交给裁判，再由裁判将躲避飞盘交给拥有躲避飞盘所有权队伍的内场选手。

9、投掷犯规

（1）比赛中出现躲避飞盘底面向上投掷、竖直投掷、击打对方选手头部等违反投掷规则的情况时，即为犯规。

（2）躲避飞盘的所有权转移方式：先将躲避飞盘转交给裁判，再由裁判将躲避飞盘交给拥有躲避飞盘所有权队伍的内场选手。

（七）警告及处罚

1. 需要警告的行为

当选手或教练出现下列行为时，选手、教练或队伍将被警告并接受相应处罚。

（1）延迟行为。选手或教练若有故意延迟比赛的行为或故意借延迟行为争取时间，将给予警告。

（2）擅自离开比赛场地。选手不得擅自离开应在的比赛位置（选手不得闯入对方队伍的场地，内场选手必须待在内场位置、外场选手必须待在外场位置，不得擅自移动）。一旦出现擅自移动位置的意图或严重影响比赛进行，将给予警告。

（3）危险击打。击中对方选手头部或者其他敏感部位，裁判认定其为故意，视为危险击打，给予警告。

（4）违背运动精神。

以下行为视为违背运动精神的行为，一旦发生，裁判将给予一次警告并直接将违反规定的个人罚出场，警告次数记录总数：

①用语言或者手势恐吓、侮辱、威胁场上选手、裁判、工作人员、教练等。

②故意损坏比赛器材，如飞盘、场地线、计分、计时用品等。

③在场上斗殴。

④其他扰乱比赛正常秩序的行为。

2. 警告的处理方法

（1）持有飞盘的队伍，一旦被警告，躲避飞盘的所有权立即转移至对方队伍。

（2）一场比赛中被警告 2 次的队伍，在比赛结束后，扣除比赛结果内场人数 1 名。当队伍被警告 2 次时，在比赛时间内，场内仅存一名选手时，对手即算获胜。同一队伍一旦被警告 3 次，即丧失比赛资格，对手获胜。

（3）由于违背运动精神被警告的，队员本人直接罚出场，当场比赛不可上场，并且不能有候补队员递补其位置。有两名以上运动员因为违背运动精神被警告的，队伍直接丧失比赛资格，对手获胜。情节严重的，取消该次比赛的所有成绩。

第六章　飞盘运动中的身体素质训练

技术是基础，身体素质是保障。团队飞盘的内涵就是通过团队的配合以及快速的攻防转换来对自身的身体和心理进行挑战。为了保障战术练习的顺利进行，提高技战术运用的能力，团队飞盘运动员需要掌握有关身体素质训练的知识，防止各种运动损伤，通过身体素质的提高来进一步推动团队飞盘运动水平的提升。

一、速度素质训练

速度素质是指人在短时间内移动一定距离的能力，是与动作技能有关的基本体能。团队飞盘运动需要快速移动的能力，而这种能力不仅体现在传盘的速度上，而且体现在快速反应及动作速度上。比赛中，快速移动的能力往往是决定比赛胜负的关键，而瞬间的变化则取决于速度对抗上的胜负。速度素质根据其表现方式的不同，分为反应速度、动作速度和位移速度。

1. 反应速度

反应速度是指从感受器接受刺激到肌肉做出反应所经历时间的长短，它取决于大脑皮层神经过程的灵活性。该能力可以通过后天锻炼得到提高，经常采用不同的信号刺激进行训练有利于反应速度的提高。

【练习方法】

（1）两人各用手托着一个飞盘，另一只手尝试去将对方的飞盘打落，同时保证自己的飞盘不落地。

（2）两人相隔 1 米面对面站立，站立位左右 3 米各有一个飞盘，一人为进攻方，一人为防守方，进攻方要去拿起地面上的飞盘，防守方要在进攻方拿起飞盘前将飞盘取走。

（3）两人相隔 1 米相对站立，两人背后 10 米处各放置一个飞盘，一人记为 1 号，另一人记为 2 号，听信号转身跑，喊到的数字为跑方，另一方为追方，跑方在追方碰到自己前拿到身后的飞盘即为获胜。

2. 动作速度

动作速度是指完成单个动作时间的长短，它取决于大脑皮层神经过程的转换速度以及肌肉紧张和放松的转换速度。动作速度的提高需要加强力量素质、关节的灵活性以及运动神经过程的兴奋性。

【练习方法】

（1）在规定时间内连续完成反手或者正手传盘动作，保持动作稳定的同时尽可能增加完成次数。

（2）在 30 米距离内，摆放若干个飞盘，在起点设置一个投掷目标，听到信号后，快速跑向飞盘，拾取并投掷向目标，在规定时间内尽可能多地完成投掷。

（3）设定一条中线，一人在距离中线 5 米处接盘，安排另外两人在与中线相隔 5 米的距离传盘，尽可能快地进行传盘，接盘人尽可能多地接住盘。

3. 位移速度

位移速度是指用最短的时间来完成规定的距离，它取决于步频和步幅的合理调配。

【练习方法】

（1）进行加速跑、接力跑和行进间跑等练习。

（2）两人追盘跑，先碰到盘者获胜。

（3）进行顺风跑、下坡跑等练习。

（4）两点侧滑。

二、耐力素质训练

耐力素质是指人体长时间坚持活动的能力，是人体重要的基本素质之一。它包括一般耐力和专项耐力。参与团队飞盘运动不仅需要能够坚持长时间运动的一般耐力，而且需要在快速转换中保持一定速度的耐力，这一点与足球、篮球和橄榄球基本相似。

1. 一般耐力

一般耐力通常以能够长时间坚持人体活动为衡量标准。一般耐力训练以有氧耐力练习为主。在长时间的运动过程中，充足的氧气供应可以满足呼吸系统和循环系统的工作需要，可以使大脑皮层神经细胞在长时间的刺激下始终保持兴奋和抑制的协调能力，使神经和肌肉的能量消耗合理和节省。

【练习方法】

（1）以有氧运动练习为主，可先按规定的时间、距离和数量进行，然后逐渐增加，运动负荷始终保持中等强度——最大心率的60%～70%，即（220- 实际年龄）×（60%～70%）。

（2）手持飞盘进行慢跑练习，在跑动过程中不断将飞盘抛向天空并接住，尽量保证飞盘不落地。

2. 专项耐力

专项耐力是指不同运动项目所需要的某种专门性的耐力，通常指速度耐力、力量耐力。团队飞盘运动所需要的专项耐力更多的是速度耐力。研究表明，提高专项耐力须在一般耐力的基础上，采用增加练习强度和密度的方法，使这种耐力锻炼超过原来的耐力水平，并逐步接近极限负荷。

【练习方法】

（1）设置3米、5米、10米、15米点，两人一组，一人传盘，一人跑动。收到信号后，跑动人依次在几个折返点进行快速折返跑，在往起点进行跑动时传盘人将飞盘传出，跑动人需要在快速跑动中接住飞盘，再把飞盘传回给传盘人，继续进行折返跑。

（2）设置一条10米长的线，一人在该线进行来回折返跑，另一人在过程中随机将飞盘传出，跑动人需要接住飞盘后快速传回并继续跑动。

（3）飞盘追逐练习，一人长传，两人同时去追逐飞盘。

三、灵敏素质训练

团队飞盘运动要求的灵敏素质主要表现为启动迅速、转向迅速以及跳起接盘后维持身体平衡的能力等。急停、急转、快速摆脱对手是团队飞盘运动战术的需要，也是优秀运动员个人能力的表现。根据场上的情况以及防守者的站位来快速变换出手方向，熟练改变不同的掷盘技巧，并能够维持身体平衡，快速移动中的接盘更要有准确的判断、合理的手法以及稳定的动作。

【练习方法】

（1）两人拍背游戏：两人相对站立，单手持飞盘，迅速移动，用飞盘拍对方的后背，拍到者获胜。

（2）躲避盘游戏：分成两队，采用躲避飞盘的游戏规则进行比赛。

（3）飞盘跑位跟防训练：一人进行随机的变向移动，另一人跟随。

四、弹跳能力训练

团队飞盘运动攻防转换迅速而激烈，运动员需要在快速移动的过程中完成各种接盘动作，而跳起接盘动作在比赛中随处可见，这也是在得分区得分的重要手段之一。因此，高水平的团队飞盘运动员不仅需要具有基本的跑动能力，而且需要具有较强的弹跳能力。弹跳能力反映的是团队飞盘运动员腿部肌肉收缩的速度、力量和全身的爆发力程度，因此，力量和速度是弹跳能力的核心。弹跳能力训练方法很多，腿部力量训练、腰腹部力量训练、爆发力的训练以及各种跳跃练习的全身协调性训练等都是练习弹跳能力的重要训练手段。

【练习方法】

连续起跳接盘：一人站在原地接盘，一人抛盘。抛盘人连续不断地将飞盘抛向高处，接盘人需要尽力将所有飞盘都接住。

五、热身运动

团队飞盘运动强度较大，是一项对身体素质要求比较全面的运动，它不仅需要运动员拥有良好的跑、跳等基本运动能力，而且需要运动员拥有高超的技巧以及高度的灵敏性和优秀的反应能力，还需要运动员时刻保持高度的注意力集中的能力。热身运动不仅有助于运动员提高身体运动的适应能力，而且有助于运动员提高神经反应能力，更重要的是，充分的热身运动可以迅速提高运动员的注意力和调整运动员的心理状态，保障个体及时进入比赛状态。因此，在进行团队飞盘运动前，进行必要的热身运动是非常重要的。

一般来说，团队飞盘的热身运强度不宜过大，运动量可以自己把握，通常以微微出汗或自我感觉活动开即可。同时，可以根据个人习惯、季节和气候的不同以及赛前的不同状态进行相应的热身运动。

充分的热身运动除了需要把握适当的时间和强度外，还要注意把握心理状态的调整，个体的差异性决定运动员临战状态的不同，但适度的紧张有益于比赛的发挥。

不论采用何种热身方式，团队飞盘训练和比赛的热身都必须包含以下三个方面。

（1）身体：心肺激活，让血液流动和心率加快。

（2）关节运动：关节在整个运动范围内的动态运动。

（3）神经系统：振作起来准备比赛。

1. 热身安排

（1）慢跑，通过慢跑让身体热起来，加速血液流动，为之后的热身和比赛做准备。

（2）动态拉伸，活动各个关节，防止受伤。

（3）进行冲刺跑，分别以 60%、80%、100% 的速度在得分区进行冲刺练习，使队员兴奋起来。

（4）做一些基础的传盘训练（如三人的传盘练习），每项持续 5 分钟。

（5）整个热身过程中保持一定心率，达到兴奋状态。

（6）比赛或训练开始前 45 分钟开始热身。

2. 动态拉伸动作

（1）单腿坐蹲。该动作用于拉伸臀大肌、腿筋、整个臀部。将其中一条腿放在另一条腿的膝盖上，像坐进椅子一样将身体放低，然后再起来，每条腿重复 10 次。

（2）高踢腿。该动作用于拉伸腿筋、背部及臀部。摆动一条腿，尽可能向前伸直，尽力用手去触碰脚尖，尽可能地挺直背部，每条腿重复 10 次。

（3）踢臀跑。该动作用于拉伸股四头肌以及模拟跑步动作。双腿交替向臀部摆动，膝关节的摆动动作要平滑，胸部保持在触地时脚趾靠前的位置，双臂摆动，在跑动中快速地用脚后跟踢向臀部。

（4）相扑式拉伸。该动作用于拉伸腹股沟、腿筋。膝盖打开成 90 度，双脚略向外翻，挺直背部，臀部向下沉，成坐姿，将其中一条腿向外伸直来拉伸腿筋，每条腿重复 10 次。

（5）弓箭步行走。该动作用于拉伸腿筋、小腿、臀部、下背部。挺直背部，向前迈出弓步，靠前的膝盖必须正好在脚踝正上方，靠后的膝盖必须向下指向地面，每条腿重复 10 次。

（6）蠕虫爬动式。该动作用于拉伸腿筋、小腿、背部。弯腰将躯干放低，直到双手手指接触到地面，尽量保持双腿笔直。慢慢地用手向前走，向前轮流摆动双腿，拉伸小腿。继续用双手向前走，然后做一个俯卧撑。双手不动，双脚向前走，重复 5 次。

第七章　飞盘运动中的心理调节

2008年北京奥运会射击比赛的最后一天，在男子50米步枪三姿的决赛中，美国运动员马修·埃蒙斯在前九枪取得巨大优势的情况下，最后一枪仅打出4.4环的成绩，痛失该项目的金牌。巧合的是，4年前的雅典奥运会，埃蒙斯以同样的方式（最后一枪脱靶）丢掉即将到手的金牌。我们把这种在大赛中发挥失常的现象称为“克拉克现象”。当然，这种现象不仅出现在高水平运动员的大型比赛中，也出现在普通学生的一般比赛中。团队飞盘比赛节奏快、回合多、变化多，再加上赛程紧凑，很容易造成运动员的心理波动，需要随时关注运动员的心理变化，并作出相应的调节。

一、比赛前的心理调节

1. 运动员参赛的角色定位

运动员参赛的角色定位是指运动员在赛前、赛中和赛后对自己、全队和对手的基本认识，它不仅可以直接影响到运动员对比赛自我表现正常与否的判断，而且可以进一步影响到运动员的自信心和应变能力。运动员参赛的角色定位合理是比赛心理调节的重要基础和保障。

（1）理性定位。赛场上没有绝对的强者，以弱胜强的事例很多。因此，无论对手是谁，赛前都应该对自己或全队的参赛角色进行理性的定位，绝不能轻敌，要争取每一次机会，以“夺、冲、追”的精神打好每一场比赛。

（2）过程定位。对于赛前的角色定位，心理学家一直提倡运动员要关注比赛的过程，而不是结果。运动员赛前应该专注于比赛过程中的技战术指标，并对这些通过自己的努力就可以控制的因素坚定必胜的信心，这样才会有利于水平的发挥。

（3）自我重新定位。比赛就是一种博弈，天时、地利、人和等诸多因素均可以左右比赛的胜负。因此，曾经的胜负只代表过去，胜不骄、败不馁才是强者的优秀品质。在连续性的比赛中，为了防止运动员对自我形象的无意识夸大或降低，一场比赛之后，队伍或运动员均应对自我和全队进行重新定位，如胜者寻找缺点，而负者则应寻找优点。

2. 制订比赛方案

比赛方案是教练和运动员根据比赛目标为比赛进程制订的详细计划。制订比赛方案是赛前心理准备的重要内容，也是最具有可操作性的工作。其目的是提高运动员应对各种重要情况和突发情况的能力，做到有备无患。

运动员在赛前制订的比赛方案应当是全方位的，重点是技战术准备。同时，应包括衣食住行的准备和为防止各种意外情况发生所做的准备等，并针对各种可能出现的问题和情况制订相应的具体对策，以做好充分的心理准备。

3. 赛前的状态调整

俗话说“赛场如战场”。任何形式的比赛对个体来说都不亚于一场战役，所以，运动员应根据环境和个体的实际情况调整自己的心理状态，使其处于最佳水平。保持适宜的紧张情绪不仅有助于运动员保持良好的竞技状态，而且有利于运动员在赛中充分地发挥技战术水平。运动员赛前情绪的过分紧张和思想松懈都会形成不良的竞技状态，甚至会导致发挥失常。

（1）情境模拟。为了提高对比赛的适应能力，赛前要针对对手的情况进行模拟训练，也可以采用落后比分、以小打大、以强打弱以及女队打男队等模拟训练方式来创造不同的比赛情境。这有利于运动员提前适应比赛环境，做好充分的心理准备，并将良好的状态带入比赛中，提高心理的稳定性和技战术发挥的水平。

（2）情志转移。情志转移是一种通过转移注意力来控制情绪的方法。比赛前的紧张是每一个运动员所面临的实际问题，比赛越重要，紧张感就越强。当赛前感到过度紧张时，可有意识地强迫自己把注意力转移到其他事物上，这是缓解过度紧张的有效方法。

（3）表象调节。表象调节是一种通过表象来调节情绪和行为的方法。比赛上场前，运动员通过回忆在头脑中清晰地重现成功时的表现，体验当时的情绪状态和感觉，就会进一步树立成功的信心，缓解紧张的情绪，提高动作效果。

（4）语言暗示。语言暗示是调节赛前状态最简单和有效的方法。当赛前过于紧张时，可以在心中默念“放松！我能行，我不紧张”即会使自己保持镇静和放松。而当赛前过于放松、紧张不起来时，可以在心中默念“我是比赛的主人，我是强者，我要去战斗”。通过这些积极性的语言暗示，运动员就会进一步调动自己的比赛激情。

（5）音乐调节。音乐调节是指通过音乐来控制情绪的方法。心理学家的研究表明，音乐是对人的情感影响最大的刺激因素，它具有很强的感染力。人们通过听觉直接触动自己的情感中枢，调节和稳定自己的情绪。赛前的应激状况对不同个体会产生不同的影响：当过于紧张和亢奋时，悠扬舒缓的音乐会有助于精神的放松和心情的平静；而当过于沉闷和消极时，激情振奋的音乐会有助于精神的兴奋和情绪的振奋。

（6）活动调节。赛前的身体活动不仅有利于身体的各项生理指标快速达到比赛的状态，而且有利于个体的情绪调节和心理状态的调整。大脑和肌肉的信息传导是双向的，当肌肉活动积极时，从肌肉传递到大脑的冲动信息就多，大脑的兴奋水平就高，情绪就会高涨。反之，肌肉越放松，大脑的兴奋性和情绪就会降低。因此，采用不同速度、强度、节奏和幅度的动作练习可以调节运动员赛前的心理状态。强度小、幅度大、速度和节奏慢的动作练习可以降低情绪的兴奋性，消除过度紧张的状态。反之，会提高情绪的兴奋性。

（7）激化调节。激化调节就是通过外部刺激来激发运动员情绪和行为的方法，也就是我们通常所说的“激将法”。激化调节的方法要因人因事而行，不能一概而论，如对于某些有经验的运动员，其已经充分地做好了比赛准备，就不需要再进行激化调节；而对于那些怯场的运动员来说，就需要激化调节。当教练员发现运动员没有明白或重视自己的问题时，就可以采用“激将法”来激励对方，但要慎用伤害对方自尊心的语言。运动员也可以采用自我激励的方法，如高喊或默念激励自己的语言或用力拍掌等。

（8）饮食调节。饮食调节就是指通过饮食来控制和调节情绪的方法。食物可以影响人的情绪和行为方式，因此，运动员在赛前应注意合理饮食，如食用碳水化合物可起到镇静作用，约42克的碳水化合物便足以产生镇静作用；饮用过量酒精就会降低人体对抗应激的能力；过量的咖啡亦会引起情绪波动，从而使人产生抑郁、烦躁的情绪。

二、比赛中的心理调节

体育比赛充满了激烈的对抗、精彩的表演和偶然的突发事件，这些都是由各种赛前和赛中的因素促成的，而场上激烈、迅速的变化又时时刻刻影响着运动员的情绪，因此，稳定的情绪和心理状态是运动员技战术水平正常发挥的保障。

1. 表情调节

表情调节是指个体有意识地通过改变自己的面部表情来控制情绪的方法。情绪的产生会伴随一系列生理过程的变化，并由此引起面部、姿态等外部表情及动作的变化。而有意识地改变自己的面部表情，可以在一定程度上达到调节情绪的目的，如比赛过于紧张时，可以通过保持微笑、放松面部肌肉或者轻搓面部来减轻紧张和焦虑的情绪；同时，保持微笑和面部肌肉放松也可以调节低落的情绪。

2. 呼吸调节

呼吸调节是指通过调节呼吸的频率、深度和方式来控制情绪的方法。有比赛经验的运动员经常在比赛中采用深呼吸的方法来调节自己的心理状态。例如，开场时，对方的冲劲很足，盯人很紧，或者比分紧咬，打到决胜分时，情绪易于紧张，此时可以缓慢地呼气和吸气来调节紧张的情绪；而当大比分落后时，情绪易于消沉，此时可以长吸气和有力地呼气来提高个体的兴奋度。

3. 暗示调节

暗示调节是指通过语言暗示来控制情绪和行为的方法，也可以用手势、表情或其他暗号来进行暗示。教练和运动员尽量使用积极性的语言来树立自信心，避免使用消极性的语言，如用“我很镇静”来代替“我不紧张”、用“我们一定会取胜”来代替“我们不会失败”等。同时，在比赛中，教练或队友还应注意使用手势、表情、眼神或各种姿态来传递暗示的信息，如当某位队友由于过于紧张而没有接住关键盘时，轻拍一下他的肩膀，给他一个微笑，亦会降低他的紧张情绪，给他一定的信心。

三、比赛后的心理调节

团队飞盘比赛的强度大，对抗性强，因此，每场比赛之后，运动员的生理和心理都会产生较大的能量消耗，并感到精疲力竭。特别是对于参加高密度赛事的运动队来说，如果仅仅重视肌肉的放松和生理调节，忽视心理恢复，就会对赛后的正常训练和随后的比赛成绩产生消极的影响。因此，高度重视运动员赛后心理疲劳的恢复十分重要。

1. 宣泄调节

宣泄调节是指通过宣泄来调节情绪的方法，宣泄可以起到明显的情绪调节作用。宣泄调节的作用正如培根所言：如果你把快乐告诉一个朋友，你将得到两份快乐；如果你将忧愁告诉一个朋友，你将减少一半忧愁。教练和运动队的每个成员都有责任为同伴提供情绪发泄的渠道，尤其是当他们遇到困难和挫折时。

2. 音乐放松

所谓音乐放松就是通过音乐来调节情绪的方法。动人的旋律、明快的节奏、美妙的音色无不给人以清新的感觉，它可以震撼人的心灵、触动人的心扉。显而易见，音乐是对人的情感影响最大的刺激，对调节人的心理状态有显著作用。运动员在激烈的对抗和比赛之后，往往会感到身心俱疲，此时，美妙而舒缓的乐曲会给运动员带来愉悦和轻松的感觉，运动员的身心都会处于放松的状态。

3. 想象放松

想象放松就是运动员通过想象自己处在一个放松和舒服的环境中来放松的方法。运用此法时，运动员应使自己的身体处于放松和安静的状态，同时闭上眼睛，将注意力集中在自己想象的环境中，如温暖的阳光下、碧波的大海边、茂密的树林里等。

4. 谈话法

谈话法主要是针对那些有心理障碍、情绪低落或有人际冲突的运动员。比赛之后，特别是负的一方，经常会有运动员情绪低落，此时，教练可以采用谈话法帮助运动员分析有利的因素和自己的希望所在，从而积极地面对各种问题。但要注意，采用谈话法时，多用鼓励性的语言或者让其尽可能多地回忆自己成功的情景。

5. 自我心理调整

自我心理调整就是借助语言暗示以及与语言一致的思维形象来作用于自身，从而调节情绪、各系统和器官的机能状态。自我心理调节可分自我说服和自我暗示两个方面。运动员通常采用的自我暗示催眠练习就是自我心理调整的一种方法，如“我已经放松了，我困了，我的睡意很浓……睡意更浓了，眼皮很舒服，放松，发热，眼皮在发沉，已经进入安静的睡眠”。这样反复单调而缓慢地默念每句话，每句重复 3 ～ 4 次，就可以很快进入放松状态。自我心理调整法需要练习，首先，要调整自己的呼吸，通过语言暗示进入朦胧状态；其次，要学会高度集中于当前所想的事情上。

第八章　团队飞盘运动中的运动损伤和防护

任何运动项目都会产生不同程度的运动损伤，由于项目的动作特征和要求不同，每种运动项目产生的运动损伤亦有一定的规律和特点。团队飞盘运动虽然不允许身体接触，但其竞技性较强、攻防转换节奏较快、运动强度大，而高难度的跃起接盘、大幅度的转体掷盘等技术动作又几乎是在半蹲或深蹲的状态下完成的，因此，运动中的膝伤和腰伤发生率较高。此外，高强度的奔跑、奋不顾身地打落飞盘和接盘动作也会造成踝关节、腕关节、指关节的扭伤和挫伤以及肌肉劳损等常见的运动损伤。

运动损伤是影响运动员运动寿命的关键因素，也是影响运动员运动状态的因素之一，而成熟的运动队和运动员会通过科学的训练和方法来避免运动伤病的产生，保持良好的竞技状态。通过以下内容，结合日常比赛、训练以及和其他运动项目的比较与借鉴，飞盘运动的参与者们，包括教练、运动员和观众，对飞盘运动中的防护会有一定的了解，以减少运动伤害的发生。

一、飞盘运动的装备

飞盘运动涉及的器材主要分为两个部分：比赛飞盘和个人比赛用品。

1. 比赛飞盘

团队飞盘比赛使用的飞盘都是通过世界飞盘联合会认证的标准竞赛飞盘，保证飞行的同时有其安全性的考量，在防护上不需要运动员进行过多的选择。

2. 个人比赛用品

个人比赛用品一般分为个人防护用品和着装两个部分。

个人防护用品一般包括防晒霜、护目镜、护肘、护膝、护掌、专用比赛手套、运动饮料、能量棒、毛巾等。

个人着装一般包括 2 套及 2 套以上（深、浅）比赛服、比赛用鞋、比赛帽子、头巾等。目前，我们可以通过专业的途径获得专业的比赛用服装、帽子等。

这里需要特别说明一下比赛用鞋。就目前来说，市面上可以买到团队飞盘运动专用的比赛飞盘、训练用飞盘、专业的比赛手套等，唯一买不到的就是专门针对团队飞盘运动的鞋子。目前，国内飞盘运动员大多选用专业足球鞋作为自己的比赛用鞋，少数运动员则会选用专业橄榄球鞋作为自己的比赛用鞋。那么哪一种鞋更适合飞盘运动呢？是不是哪个贵选哪个呢？通过对飞盘运动的解析，我们发现橄榄球运动的运动模式和飞盘运动的运动模式非常相似。所以使用专业橄榄球鞋作为比赛用鞋是目前最适合的，它可以提供更多的专业保护。

此外，在这里还有一样产品是大家忽略的或者说不常用的，就是鞋垫。在通常情况下，普通人是不需要用到这样产品的。但是，如果是一位需要参加比赛的运动员，尤其是参加国内周末两日赛的运动员，一款合适的鞋垫可以帮助运动员远离足底疼痛的困扰。

二、团队飞盘运动员的运动量

为了更好地研究飞盘运动员运动损伤的发生，做出更有针对性的防护，就一定要对飞盘运动的运动量进行测算，只有在明确量化的情况下才可以更好地提供运动防护。通过对飞盘运动员运动量的测量及与大家比较熟悉的足球运动的比较，可以定位飞盘运动员的运动量。

根据国际足联的相关统计，目前一名职业足球运动员全场的累计跑动距离平均为 10000 米，最少的在 6000 米左右，而跑动积极的位置可以高达 12000 米。而人类的平均跑步长度是 65 厘米。也就是说，在一场高水平的职业足球运动赛事中，90 分钟的比赛（不考虑加时赛），专业足球运动员的平均跑动量为 15000 步。

目前，国内还没有专业飞盘运动员，因此从 2017 年起，我们在南京飞盘公开赛、上海飞盘公开赛等十几项主流的民间飞盘赛事中进行了运动量的统计。从目前的统计数据来看，在 60 ～ 80 分钟的比赛中，场上主力运动员的平均跑动量为 12000 步，非主力运动员的平均跑动量为 8000 ～ 10000 步，男女运动员差异不大。

据此可以得出一个非常惊人的结论：国内区域性或全国性飞盘运动赛事（2 日赛）中，非专业飞盘运动员的单场跑动量与欧美国家或世界杯这类顶级足球赛事中的专业足球运动员的相对跑动量竟然在同一个水平层面（表 8–1）。

表 8–1　结论

项目	欧美职业足球运动员	中国业余飞盘运动员
单场比赛时长	90 分钟	60 ～ 80 分钟
步数	15000 步	12000 步

当然，国内飞盘运动员运动量的测量方式并不够严谨，与顶级足球赛事高科技的测量方式相比，存在比较大的误差。同时，职业足球运动员同样的跑动步数，强度上肯定要远远大于业余飞盘运动员。但是，有一点需要注意的是，一个专业足球运动员在一天内只可能参加一场世界级的高水平足球运动竞技。但是，国内的业余飞盘运动员，在一天内最少需要参加 3 场 60 ～ 80 分钟的飞盘比赛，而且间隔休息时间最短的甚至不到 20 分钟。在运动损伤中有一个常识：每增加 10000 步的跑动量，随之带来的运动损伤风险就会翻倍。如果不加以控制，不进行康复性训练，出现运动损伤只是时间问题。考虑到对抗强度、后勤恢复保障团队水平、运动训练强度以及营养补充方面的巨大差距，可以说，国内业余飞盘运动员的运动损伤风险是和职业足球运动员相当的。

如此大的跑动量，国内业余飞盘运动员没有运动损伤吗？他们为什么能跑那么多？基于观察分析和与部分运动员的谈话，得出以下结论：

（1）运动参与者年龄相对较小。业余飞盘运动员的平均年龄在 20 岁左右，基本上以大学生为主，其身体的恢复能力还处在比较强的阶段，能通过自愈来恢复身体损伤。

（2）团队飞盘运动不允许身体接触的规则，在一定程度上保护了运动员，避免了频繁冲击导致的损伤，同时掩盖了很多潜在的伤病风险。

（3）有损伤出现，但是一般处于可控范围，没有引起重视。很多运动员都是长期带着各种伤病参加比赛，由于缺乏对运动损伤的重视，基本不会进行康复性训练，导致严重伤病时才会进行临床治疗。

三、飞盘运动的特点分析

飞盘运动的特点可以归结为：高强度、高耐力、高敏捷的团体竞技项目。

1. 高强度

根据飞盘运动洲际赛事和国际赛事的赛程安排，飞盘运动的跑动量约在每人每天 15000 步。而国内飞盘比赛的跑动量约在每人每天 30000 步。从这两个数据来看，他们的跑动量都与世界级职业足球运动员在职业赛场上或世界杯赛场上的跑动量相当。

2. 高耐力

飞盘运动在比赛中，要求比赛参与者经常做出直线加速、快速侧向移动、跳跃、蹲起等动作，并且这些动作在短时间内不断快速切换。以 2019 飞盘亚锦赛为例，双方队伍在 40 秒内就可能完成一次攻防转换，30 秒内就可以完成进攻得分。如此高强度的比赛对于主力运动员的体能有着非常高的要求。耐力素质较差的运动员既容易发生动作变形，又容易发生个人的损伤。

3. 高敏捷

除了常见的直线加速、快速侧向移动、跳跃、蹲起等动作外，飞盘运动还有一些高难度动作需要完成。例如，快速折返跑、飞扑动作、高 / 低空接盘、截断等。以上动作，对于运动员的敏捷性、身体的协调性都有着比较高的要求，属于高风险动作，是最容易出现运动损伤的动作模式。

四、飞盘运动的防护

前面已经叙述过了，飞盘运动是一项高强度、高耐力、高敏捷性的竞技体育，防护工作尤其重要，这不仅体现在比赛中，还体现在日常训练和赛后康复中。飞盘运动员应该做好以下几个部位的防护工作。

1. 肩部的防护

在飞盘运动中，肩部防护是大多数人容易忽视的。这个部位容易被忽视的原因主要是在初学飞盘动作时，初学者往往有手臂肩膀酸痛史。但是随着学习的深入，这个过程就容易被忽视，人们通常认为等训练一段时间后就会恢复。但是，在对一些高水平运动员观察后发现，肩膀疼痛是很多人面临的问题。

（1）问题的起因。

大部分肩部问题都来自长期的积累。主要成因包括：长期疲劳未能放松，有肩部损伤史且没有得到过系统性康复，没有经过系统性训练，长期错误发力、单侧发力过度，等等。

（2）问题的处理方式。

①比赛及训练前进行充分的热身，保证肩关节及相邻的运动关节部位灵活度以及附着肌肉的温度，并在热身运动中加入针对肩关节灵活性和肩袖力量增强的动作，在训练或比赛结束时，有针对肩关节周围肌肉的拉伸放松，每一个部位的拉伸时间不低于 30 秒。

②对于过度疲劳的部位需要进行适度的放松。我们通常可以选择深层肌肉放松仪（DMS）、贴扎技术、热敷、针灸等对相应的组织进行放松，当然这个过程最好有一位专业的体育康复师全程指导。如果运动员所在城市有专业的机构，如体育医院或体育科研所，可以到这类专业机构接受全面检查后，再制订更为详细的康复计划。

③有损伤史的运动员，应该在损伤出现的早期就接受专业的康复指导，康复师越早介入，恢复速度就越快。如果是陈旧性损伤，那么在运动前应该充分地进行热身，尤其是受伤部位。此外还要做好充分的防护工作，如肩膀部位使用护肩，使用贴布等对受伤部位进行例行防护。

以下为在比赛前利用贴扎技术对肩部进行防护的一种方式（图 8–1），主要用于肩膀抬起时有卡顿，上抬时酸能，也可以用于在多场比赛以后快速放松上臂：

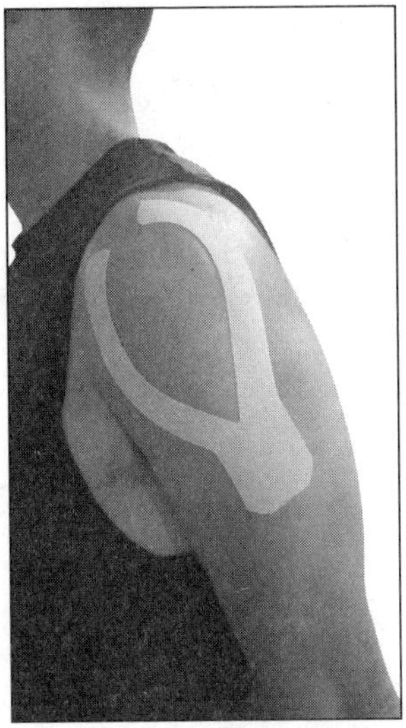

图 8–1　肩部的贴扎防护

a. 准备 Y 形贴布一条，自肱骨外侧中心点到肩峰喙状突止；

b. 将手臂向后伸展，用 80% 的拉力贴向肩峰；

c. 将手臂向前平举屈肘，握住对侧肩膀，用 80% 的拉力贴向肩峰。

如果没有接受过系统的运动培训，尤其是当你觉得在进行该项运动时出现局部疼痛、酸痛等问题，且症状不能得到缓解，一定要咨询专业人士，看看是不是动作出了问题，肌肉出现了代偿。

2. 手部的防护

（1）问题的起因。

在飞盘运动中，手部的防护和技术水平有一定的关系。大部分的损伤都出现在低水平的运动员身上。例如，手部被飞盘击伤，意外摔倒引发的手部损伤等。

（2）问题的处理方式。

①提高竞技水平，改善技术动作，减少动作失误，防止动作变形；

②佩戴专业的手套；

③增强体能训练，防止比赛意外。

以下为一个手部快速消肿的贴扎方式（图 8–2）：

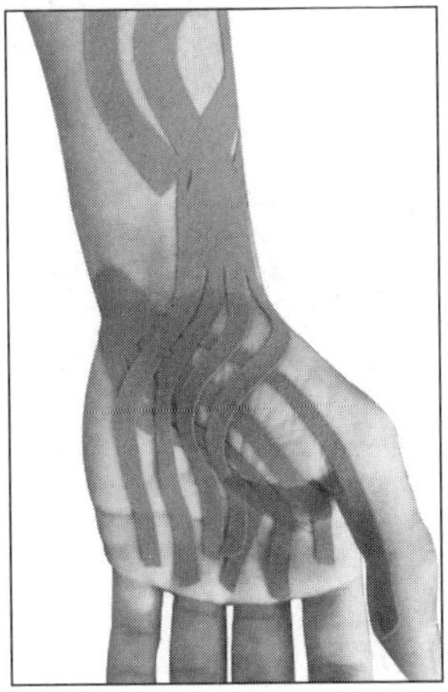

图 8–2　手部快速消肿的贴扎方式

准备两条贴布，剪成八爪鱼状，然后采用漂流贴方式贴于受伤部位。要领是覆盖淋巴组织。

3. 膝关节的防护

在飞盘运动中，运动员对膝关节的防护是最上心，也是做得最多的。

（1）问题的起因。

①飞盘运动的强度非常高，所以，膝关节在运动中可能被过度使用；

②有很多年轻运动员在运动前没有充分热身；

③各种赛场意外。

（2）问题的处理方式。

①防止运动过量，充分做好赛后恢复；

②充分做好赛前热身工作；

③酌情使用护具，防止意外的发生。

也可以采用对膝关节进行加强的贴扎方式（图 8-3），防止意外的发生。处理方式为：

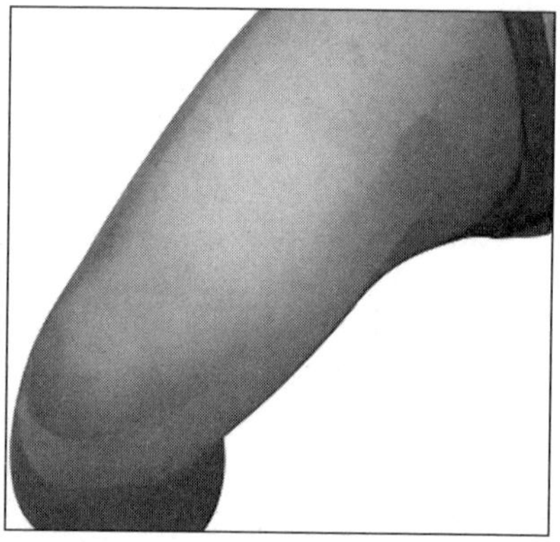

图 8-3　对膝关节进行加强的贴扎方式

a. 2 个约 20 厘米的 I 型贴布；

b. 自膝盖上面，股四头肌向下贴，交会于髌骨前面。

4. 足底的防护

在飞盘运动中，足底防护是最容易被忽视的。但是，也是出现问题最多的地方。为什么？因为在大运动量的情况下，足底会出现多种问题，包括足弓塌陷、足底筋膜炎等。

（1）问题的起因。

①运动量过度；

②选用了错误的鞋子；

③拇外翻、小腿肌肉紧张等因素都会对足底产生影响，导致运动风险，所以要排除外在不良因子。

（2）问题的处理方式。

①控制运动量；

②选用合适的鞋子或者选用支撑作用良好的鞋垫。

防止足弓塌陷的贴扎方法（图 8-4）：

a. 使用一条八爪鱼状贴布，从足跟贴至足掌；

b. 使用一条“I”形贴，从足边缘，自然拉力，贴至足心，该拉力为 100% 贴于足心，再恢复自然拉力贴完末端。

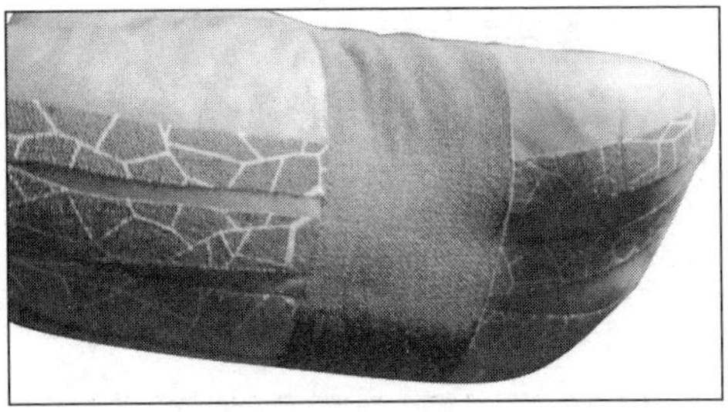

图 8–4　防止足弓塌陷的贴扎方式

5. 踝关节的防护

踝关节扭伤时主要任务是稳定关节、消肿。需要特别注意的是，踝关节扭伤是可能引起骨折的，所以在现场紧急处理后务必前往医院做影像学检查。

（1）问题的起因。

常见原因多为拇外翻，这是发生踝关节扭伤最多的诱因。所以，如果经常发生踝关节扭伤，建议检查一下自己的脚掌拇指，是否有拇外翻症状，需要及时地纠正，严重的可能需要通过外科手术来干预。

（2）问题的处理方式。

利用肌贴，用八爪鱼形状贴布覆盖伤口，再使用八字贴进行固定（图 8–5）。

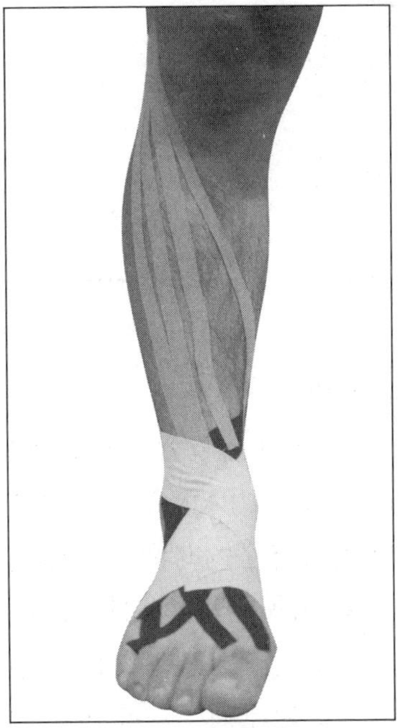

图 8–5　踝关节扭伤后的现场贴扎处理

五、比赛后的注意事项

通常，大家对比赛会很重视，对比赛中出现的各种问题或多或少都有所关心。但是，很多人往往会忽视赛后的一些问题。这些问题看似简单，但是会影响到运动员的下一场比赛，乃至整个赛季的表现。

1. 身体的保暖

有很多运动员在比赛场上不注意身体的保暖。通常，当一名运动员从场上被替换下来会在场边休息。这个时候，他可能需要准备再次上场，也可能继续休息，等待下一场比赛的开始。如果气温比较低，他会注意保暖；如果气温相对合适，他很少会注意保暖（图 8–6）。

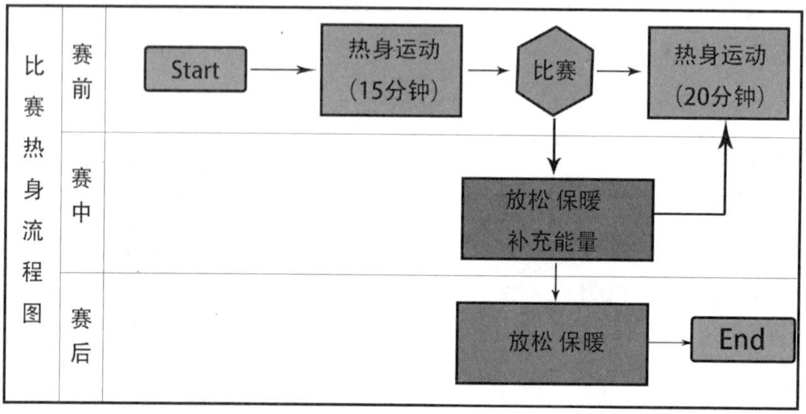

图 8–6　比赛中保暖并继续比赛的参考流程

2. 补水

（1）运动前补水。运动前补充水分可以提高机体的热调节能力，帮助调节运动中的心率。可以在运动前 1 ～ 2 小时喝约 500 毫升的白开水，给肾脏代谢充足的时间，将体液平衡和渗透压调节到最佳状态。注意并不是在运动前 1 ～ 2 小时一次性喝完 500 毫升水，而是根据不同体重和身体的需要，分 2 或 3 次摄入。但在运动前 1 个小时到半个小时，若补水，则应以少量为原则，一般补充 100 ～ 200 毫升即可，喝太多易有饱胀感，反而不利于发挥出理想的运动水平。除了白开水，还可以补充盐水或者功能饮料，视个人情况和运动种类自定。

（2）运动中补水。运动中出汗会带走“额外”的水分（用于散热），让运动员流失比一般状态下更多的水，所以运动中的水分补充更重要。

补充水分的时机与量需掌握适宜，以免摄取不足或过量，造成运动表现下降。具体补充多少根据排汗量定，大约补充排汗量的 80%。炎热的条件下，排汗量为 2 ～ 3 升 / 小时；温和条件下，排汗量为 1 ～ 1.2

升 / 小时；寒冷条件下，排汗量小于 1 升 / 小时。

补充水分时应遵循“少量多次”的原则，根据运动的持续时间长度和剧烈的程度，以及个人出汗量，每次补充 100 ～ 200 毫升含电解质的运动饮料或盐水，可让身体在保持最佳的带水状态的同时，及时补充因大量排汗而流失过多的钠、钾等电解质，帮助延缓疲劳、保持良好的运动状态。

此外，由于运动时会消耗身体肌肉和肝脏的糖原储备，而糖原是运动最直接的热量来源，所以在运动前、运动中和运动后都可以适当地补充葡萄糖，以保障身体的糖原储备，保持运动水平。

（3）运动后补水。一般长跑等高强度的剧烈运动后，容易出现口干、口腔内分泌物较为黏稠的现象，因此建议喝水前先漱一漱口。

运动后不宜只喝白开水，白开水虽然一时解渴，但会造成血浆渗透压降低，增加排尿量，反而延缓人体的复水过程，还会稀释胃液，影响消化。要喝电解质饮料，即含有钠、钾、氯、镁、钙、磷等矿物质的饮料；或者按 1 ∶ 15 的比例，在白开水中加些糖饮用，这样可以保持一定的血糖浓度，延缓疲劳，从而保证健身者的身体健康。

需要特别提醒的是，运动后不宜多喝浓茶或咖啡，适当喝点淡茶或一小杯咖啡也许问题不大，但量过多会有明显的利尿作用，会导致体内水分流失更快。

（4）喝水方式。运动前中后都切忌大口喝水、喝水急，这有可能会导致咳嗽，直呛到肺部，也不要喝太凉的水。推荐使用水袋，既能一边运动一边喝水，还能通过咬嘴吸吮，控制一次的饮水量，对身体更有好处。现在市场上有双仓的水袋，可以装入水和功能饮料，让人在运动中既能补水又能补充电解质。长期坚持运动的人群可以尝试改变自己的喝水习惯，从而得到更好的运动体验。

（5）比赛喝水的小窍门。足球运动员喝的一般是运动饮料而不是一般的水，这些饮料中含有碳水化合物，可以帮助身体补充运动时消耗的糖分，从而提高运动表现。

但因为这些比赛往往没有太多的休息时间（飞盘比赛情况类似），如果运动员们在短时间内补充了太多的糖分，就会出现肠胃不适的情况。

于是，有人提出了糖水漱口法。其理由是：漱口时饮品内的糖分能刺激口腔内的神经感应器（sensory receptor），使它传递讯息到脑部中枢神经系统，让大脑以为将要有食物进入消化系统。而大脑在受到欺骗的情况下会产生能量充沛的感觉，从而降低运动员的“不适感”，帮助运动员缓解疲劳。而研究人员则用脑部影像扫描证实了运动饮料内的糖分的确能够刺激脑内相关皮质，而只有甜味的人工代糖则无法实现同样的效果。

3. **放松**

放松与热身一样重要。通常情况下，放松往往是个人自己做自己的，放松效率很低，只有一些比较成熟的俱乐部队伍有进行集体放松的意识。在有条件的情况下，队员应该一起做放松运动。队员可以采用 PNF（Proprioceptive Neuromuscular Facilitation，本体感觉神经肌肉促进疗法）拉伸的方式，互相帮助拉伸，提高放松效果。

此外，还可以使用筋膜球、肌贴、筋膜枪、泡沫轴等来辅助放松。这里有一个实验数据，在使用漂流贴的放松手段后（小腿），第二天比赛中，小腿抽筋概率下降了 75%、奔跑量提升了 25%。在相同条件下，采用漂流贴手段放松的运动员，在 8 小时的夜间休息中，放松效果接近正常休息效果的 3 倍。

漂流贴小腿放松技术如下（图 8–7）。

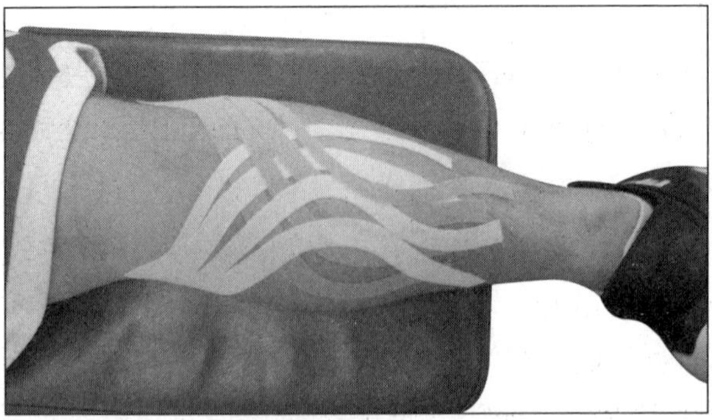

图 8–7　漂流贴小腿放松技术

使用八爪鱼形状贴布，用 40% ～ 50% 的张力，在小腿后侧或者前侧，采用交替、波浪方式覆盖需要放松的肌群。

六、常见的运动损伤处理

1. 擦伤

若创口处有砂石等杂物，须用生理盐水清洗；伤口浅、面积小的擦伤可以用酒精消毒处理；伤口深，则局部擦红药水。若伤得较重，须到医院处理。

2. 扭伤

冷敷、用绷带加压包扎，抬高受伤部位；24 小时后，进行按摩，配合恢复性锻炼。

3. 肌肉拉伤

立即停止运动，冷敷 30 分钟左右，加压包扎或外敷新伤药，切忌热敷和揉搓；24 小时后可进行按摩、针灸和理疗等。

4. 挫伤

立即制动，局部冷敷，用绷带加压包扎，抬高伤肢；48 小时后可进行按摩、热敷和理疗。

5. 脱臼

一旦发生脱臼，应嘱患者保持安静，不要活动，更不可揉搓脱臼部位。如脱臼部位在肩部，可把患者肘部弯成直角，用三角巾把前臂和肘部托起，挂在颈上，再用一条宽带缠过脑部，再对侧脑作结。如脱臼部位在髋部，则应立即让患者躺在软垫上送往医院。

6. 骨折

对开放性骨折，不可用手回纳，以免引起骨髓炎，应用消毒纱布对伤口做初步包扎、止血后，再用平木板固定送医院处理。骨折后肢体不稳定，容易移动，会加重损伤和剧烈疼痛，可找木板、塑料板等将肢体骨折部位的上下两个关节固定起来。如一时找不到用于固定的材料，骨折在上肢者，可屈曲肘关节固定于躯干上；骨折在下肢者，可伸直腿足，固定于对侧的肢体上。怀疑脊柱有骨折者，须平卧在门板或担架上，躯干四周用衣服、被单等垫好，不能抬伤者头部，这样会引起伤者脊髓损伤或发生截瘫。昏迷者应俯卧，头转向一侧，以免呕吐时将呕吐物吸入肺内。怀疑颈椎骨折时，须在头颈两侧各置一枕头或扶持患者头颈部，防止其在运输途中发生晃动。

7. 晕厥

保持伤者平卧位或抬高下肢，解开其衣扣、腰带，使其身体保暖；向心按摩其下肢，给其嗅闻氨水或点掐人中、百会、涌泉等穴位；若有呕吐，须将头部转向一侧，防止舌头或呕吐物堵塞呼吸道；呼吸停止者进行人工呼吸，心跳停止者做胸外心脏按压术。同时，救护者应尽快将其送往医院抢救。

8. 肌肉痉挛

缓慢而均匀地向相反方向牵引痉挛的肌肉，并持续一定时间。

七、PRICE 处理原则

运动受伤有“黄金 48 小时”之说，即治疗急性运动伤害的黄金时间是伤害发生后的 48 小时内。在这个时间内采用冰敷等方式可以大大缩短恢复的过程。这里介绍一下运动损伤后 PRICE 处理原则，按照 PRICE 的顺序正确处理可以较好地缓解痛苦，帮助消肿和愈合，更重要的是能避免运动损伤的加剧，可以说是公认的急性运动伤害标准处理法。

PRICE 保护（protection）、休息（rest）、冰敷（ice）、压迫（compression）、抬高（elevation）5 个词的首字母，这个处理原则适用于关节扭伤 / 脱臼、骨折、撕裂等较为严重的运动急性伤病，也适用于肌肉拉伤、挫伤、炎症等相对轻的运动损伤。平日剧烈运动后感觉身体疲惫、肌肉酸痛，也可以采用 PRICE 原则帮助休息和恢复。

当运动伤害发生时，通常需要立即按照 PRICE 原则进行处理，尤其是之后的 48 小时内都应遵守这个原则。

1. 保护

保护很容易理解。运动伤病一旦发生，首先应立即停止活动，保护受伤部分离开运动场所，避免受伤部位二次受伤或加重。有必要时求助他人帮助转移到安全地带。对急性运动损伤而言，很多人选择性忽视一开始的受伤信号，而后的二次伤害往往变本加厉。

切记不要触碰受伤的部位，不要拿手按压——很多人想当然地认为“按摩治百病”，实际上很多运动急性损伤，按压反而会加重伤势。

同时，尽量避免使用受伤部位，如有膝关节问题，就减少走楼梯次数，减少或取消计划里的深蹲训练。

2. 休息

休息不光指受伤后立即停止活动，也指在整个恢复期内拒绝任何激烈的活动。恢复期内，任何微小的运动伤害如果不进行休息和治疗都可能导致大范围恶化。

休息是一种被动的恢复方式，只有当受伤部位基本没有疼痛，才能开始主动恢复。

3. 冰敷

冰敷通过让血管收缩来消肿，也能减轻痛感，受伤部位冰敷前后的冷热交替，可使血液带来更多康复需要的营养，可以大大缩短恢复的过程。具体来讲，冰敷可以：

（1）通过使血管收缩达到止血效果；

（2）消肿止痛；

（3）缓解肌肉痉挛；

（4）降低细胞代谢速率，进而降低细胞坏死风险。

但冰敷并非万能的，如果是韧带扭伤、肌肉拉伤 / 挫伤、体温过高、身体疼痛、关节发炎，冰敷都能起到保护和加速恢复的作用；而当损伤的部位起水疱或有破损，形成“开放性伤口”时，冰敷就不适宜了。

需要注意，切勿将冰块直接与皮肤表面接触（除非是非静止冰敷，如冰按摩），这会损伤皮肤或导致冻伤。非专业医学冰袋，最好在皮肤和冰块间铺层毛巾。

单次冰敷时长不得超过 20 分钟，建议每敷 15 分钟后拿开冰袋，待皮肤充分回暖后再进行下次冰敷。

如果是对膝盖、手肘、脚踝、手腕等关节部位进行冰敷，可以每隔 5 分钟拿开冰袋，稍作活动后再继续敷。

4. 压迫

压迫可与冰敷一同进行（冰敷的同时压迫受伤部位），但压迫要比保护、休息、冰敷等方式难度更大一些。

压迫的主要作用是帮助控制 / 减少肿胀，并通过对四肢施压增大组织压力，进而减少内出血，另外也有减缓伤口发炎、减少组织液渗出的作用。

最简单的压迫方法是使用弹性绷带做包扎压迫（图 8-8），用卷筒状的弹性绷带缠绕住身体部位。近年运动服装常见的压缩衣 / 压缩裤宣传的提高恢复时间的作用，本质上也可视为一种压迫。

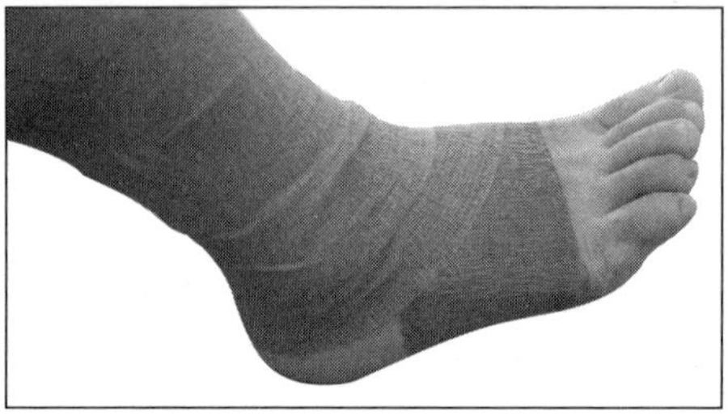

图 8-8　使用弹性绷带做包扎压迫

如何判断压迫是否过紧？在静止状态时感受下是否被压迫部位的血管有跳动感，有则意味着需要解开绷带，重新包扎。

5. 抬高

抬高是指将受伤部位抬高，借助重力作用，帮助积聚在受伤部位的组织液、发炎的体液回流，达到减轻肿胀和疼痛的目的。

抬高的高度，最合适的是让受伤部位高于心脏——上肢可以借助垫子或者吊腕带，下肢则应使受伤部位尽量高于臀部，比如卧姿时腿下垫高（图 8-9）。

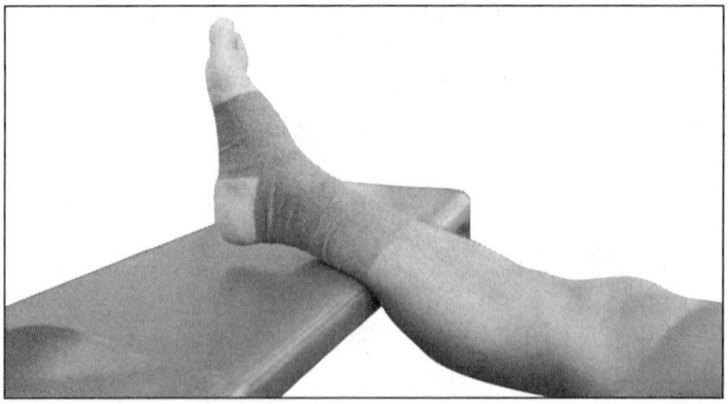

图 8-9　卧姿时腿下垫高

运动伤害发生后，48 小时内都应将受伤部位尽可能长时间地抬高。

需要注意的是，PRICE 原则只是运动损伤发生后的一个应急处理原则，在 48 小时内越早处理越好。如果 48 小时后依然有明显的疼痛肿胀则须尽快就医。

附录 1

世界飞盘联合会
团队飞盘规则（2017 版）

介绍

团队飞盘是使用飞盘进行竞赛的团队运动，每边上场 7 人。它在一个长方形的场地上进行，该场地的宽度大约为一个足球场宽度的一半，两端各有一个得分区。每支队伍的目标是在对方防守的得分区接住飞盘来得分。持盘人不能与飞盘一起跑动，但可以将飞盘投向任何方向，传给任意一位队友。任何一次传盘未完成时，就会发生攻防转换，对方队伍应接过盘权并尝试在对方防守的得分区内得分。比赛通常设定 15 分为目标分，持续约 100 分钟。团队飞盘采用自我裁判且禁止身体接触。飞盘精神指导队员如何判罚比赛并规范队员在赛场上的行为。

这些规则中有许多是一般性的，涵盖了大多数情况，但有些规则涵盖特定情况并凌驾于一般情况之上。

1. **飞盘精神**

1.1 团队飞盘是一项禁止身体接触、自我裁判的运动。所有队员都有责任执行和遵守规则。团队飞盘依赖于每个队员都遵守公平竞赛的飞盘精神。

1.2 运动认定没有队员会故意违反规则；因此，对于非故意的违规行为没有严厉的处罚，而是采用一种以模拟没有违规时最有可能发生的情况的方式来恢复比赛。

1.3 队员应该注意，在场上出现任何需要仲裁的情况时，他们需要担当裁判的角色。队员必须：

1.3.1 知晓规则；

1.3.2 公正、客观；

1.3.3 诚实；

1.3.4 清楚、简要地解释他们的观点；

1.3.5 允许对方有合理的机会发言；

1.3.6 使用尊重的语言尽快解决争议；

1.3.7 在整个比赛中用一致的标准进行示意；并且

1.3.8 仅在犯规程度足以对该行为的结果产生影响的情况下进行示意。

1.4 鼓励比赛的高度竞争性，但绝不应牺牲队员之间的相互尊重、对商定的游戏规则的遵守或比赛的基本乐趣。

1.5 以下行为是良好精神的范例：

1.5.1 当队友们做了错误或不必要的示意，或造成犯规或违规时提醒队友；

1.5.2 当你认为示意是不必要时，收回示意；

1.5.3 称赞对手的高超技术或良好的精神；

1.5.4 向对手介绍自己；并且

1.5.5 冷静地回应分歧或挑衅。

1.6 以下行为明显违反了飞盘精神，所有参赛者都必须避免：

1.6.1 危险的动作和攻击行为；

1.6.2 故意犯规或其他故意违反规则的行为；

1.6.3 嘲弄或恐吓对方队员；

1.6.4 得分后不尊敬对手的庆祝；

1.6.5 做出示意来报复对方的示意；以及

1.6.6 示意对方队员向己方传盘。

1.7 队伍是飞盘精神的守护者，必须：

1.7.1 负责教授他们的队员规则和良好的精神；

1.7.2 处罚表现出不良精神的队员；并且

1.7.3 向其他队伍提供有关如何改进他们秉承飞盘精神的建设性反馈。

1.8 如果新手队员因不了解规则而违规，有经验的队员应解释违反规定的行为。

1.9 经验丰富的队员需要提供规则上的建议并指导场上讨论争议的队员，可以监督涉及新手或年轻队员的比赛。

1.10 规则应该由直接在场上比赛或对比赛有最佳视角的队员来解释。除了队长之外，非场上选手应该避免卷入其中。但是，场上选手可以寻求非场上选手的观点来阐明规则，并协助场上选手作出适当的示意。

1.11 队员和队长对做出所有示意全权负责。

1.12 如果讨论后队员不能达成一致，或者无法明确：

1.12.1 在比赛中发生了什么，或者

1.12.2 场上如果没有示意最有可能发生的情况，飞盘必须返回到最后一个无争议的持盘人手中。

2. 比赛场地

2.1 比赛场地（附录图 1-1）是一个矩形区域，其尺寸和区域如图所示，应基本平坦，没有障碍物，并合理保障队员的安全。

2.2 比赛场地的四周环绕着边界线，由沿长边的两条边线和沿宽边的两条底线组成。

2.3 周界线不是比赛场地的一部分。

2.4 得分线是分隔中心区域和得分区域的线，是中心区域的一部分。

2.5 砖头点是中心区中两条交叉的一米线的交叉点，它与得分线间相隔 18 米，在两条边线的中间。

2.6 八个色彩鲜艳的柔性物体（如塑料圆锥体）标记中心区域和得分区域的角落。

2.7 可移动物体不应出现在比赛场地的周围。如果比赛被非场上选手或物体在距离周界线 3 米内阻挡，任何被阻碍的队员或持盘人可以示意“违规”。

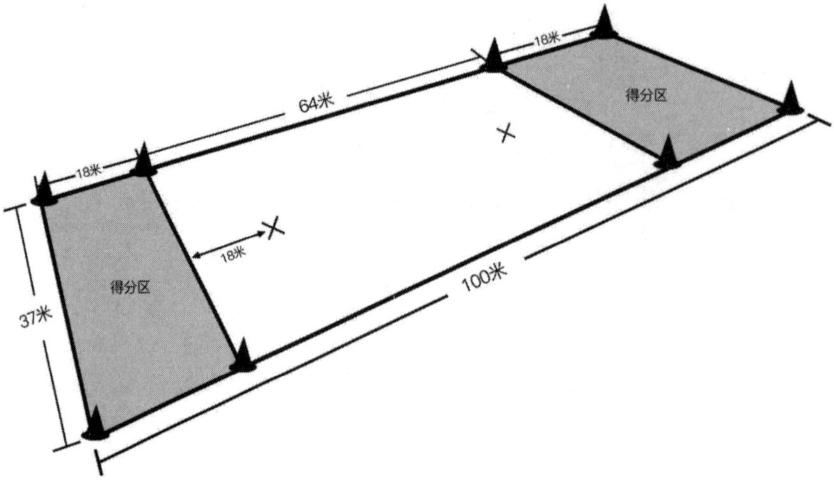

附录图 1–1　团队飞盘场地图

3. 比赛装备

3.1 被双方队长都接受的任一飞盘皆可使用。

3.2 世界飞盘联合会会提供推荐使用的飞盘列表。

3.3 每个队员必须穿区别于其他队伍的队服。

3.4 任何队员不得穿戴会伤害他人或妨碍场上队员比赛发挥的服装或装备。

4. 回合、得分和比赛

4.1 一场比赛由许多回合组成。每个回合以得分告终。

4.2 有一支队伍获得 15 分时比赛结束，该队伍获得该场比赛胜利。

4.3 一场比赛被分成两个周期，称为半场。当一个队伍首先获得 8 分时进入半场。

4.4 每个半场开始时也是当前半场的第一个回合开始。

4.5 每次得分后，如果比赛尚未结束或半场时限未达到时：

4.5.1 下个回合立刻开始；

4.5.2 双方队伍交换他们防守的得分区；并且

4.5.3 得分队伍成为防守方并进行开盘。

4.6 基本结构的变化可用于适应特殊的比赛、队员人数、队员年龄或可用空间。

5. **队伍构成**

5.1 每支队伍在一个回合内可以上场最多7名和至少5名队员。

5.2 一支队伍在得分后和表示准备好进行开盘之前，可以无限制地进行队员替换。

5.3 每支队伍需要设置一名队长代表该队伍。

6. **开赛准备**

6.1 两个队伍的代表应公平决定哪个队伍首先选择：

6.1.1 接收或投掷开盘；或者

6.1.2 先防守哪个得分区。

6.2 另一个队伍获得剩下的选择。

6.3 在下半场开始时，初始选择互换。

7. **开盘**

7.1 在比赛开始时、半场或一次得分后，比赛以一次投掷飞盘开始，称为开盘。

7.1.1 参赛队伍必须为开盘做好准备，不得无理由地拖延。

7.2 只有在两队都示意准备完毕之后才能开盘，开盘方的开盘手需要举手示意，进攻方至少有一人举手示意。

7.3 在发出准备信号后，所有进攻选手必须一只脚站在他们的防守得分线上，并且不改变彼此相对的位置，直到开盘结束。

7.4 在发出准备信号后，所有防守选手必须将脚完全放在得分线的垂直平面后面，直到开盘结束。

7.5 如果一支队伍违反了7.3或7.4，对方队伍可以示意越位违例。该示意必须在接盘队接触到飞盘之前做出，并且尽快重新开盘。

7.6 飞盘一旦投出，所有队员都可朝任何方向移动。

7.7 在进攻队伍接触到飞盘或飞盘触地之前，防守队伍的队员不得在开盘后接触飞盘。

7.8 如果一个进攻选手，无论在界内或界外，在飞盘落地前接触了飞盘，且进攻队伍未能接住它，即为失误（称为“接开盘落地”）。

7.9 如果进攻选手接住开盘，他们必须在赛场上最接近接住飞盘的位置建立一个轴心，即使该点位于他们的防守得分区。

7.10 如果飞盘最初接触了比赛场地，并且从未出界，则持盘人必须在飞盘停止的位置建立轴心，即使该点位于其防守得分区。

7.11 如果飞盘最初接触了比赛场地，然后在未接触进攻选手的情况下出界，则持盘人必须在飞盘第一次越过边界线的位置建立轴心，如果该点位于防守得分区则必须在最接近中心区域的位置建立轴心。

7.11.1 如果飞盘在出界之前接触了进攻选手，则持盘人必须在飞盘第一次越过边界线的位置建立轴心，即使该点位于其防守得分区内。

7.12 如果飞盘在接触比赛场地或进攻选手前接触了出界的区域，则持盘人可在最接近其防守得分区的砖头点处或离飞盘出界最近的中心区域建立轴心（第 11.7 节）。在拾取飞盘之前，必须发出砖头点选项的信号，进攻选手需要单臂伸展举过头顶，并喊出“砖头点”。

8. 飞盘的状态

8.1 以下状态为“死盘”状态，不会有攻防转换：

8.1.1 一个回合开始后，开盘前；

8.1.2 开盘后或一次攻防转换后，飞盘必须被带到正确的轴心点位置，直到建立轴心；或者

8.1.3 一次使比赛停止或导致其他停顿的示意后，直到验盘重新开始。

8.2 飞盘“死盘”状态外的均为“活盘”。

8.3 持盘人不得将“死盘”的盘权转让给其他队员。

8.4 任何队员在飞盘落地后都可以去阻止其滚动或滑动。

8.4.1 如果在试图阻止滚动和滑动时，一个队员明显改变了飞盘的位置，则对方队伍可以要求在接触飞盘的位置建立轴心。

8.5 在攻防转换和开盘后，已获得盘权的队伍必须立刻继续比赛，

不可拖延。

8.5.1 进攻选手必须以步行或更快的速度来直接取回飞盘和建立轴心。

8.5.2 除8.5.1外，在攻防转换后，如果飞盘未出界，且飞盘位置为以下情况，进攻方必须在接下来的时间限制内将飞盘投入飞盘比赛。

8.5.2.1 在中央区域：飞盘停止后10秒内。

8.5.2.2 在得分区内：飞盘停止的20秒内。

8.5.3 如果进攻方违反了8.5，防守方可以给予口头警告（“拖延比赛”）或示意“违例”。

8.5.4 如果有进攻选手在规定的轴心点3米的范围内，并且在口头警告后，该进攻方仍继续违反8.5，防盘人可以开始读秒。

9. 读秒

9.1 防盘人通过宣布“计时开始”来对持盘人实行读秒，从1数到10。读秒中两个数字的间隔必须至少为1秒。

9.2 读秒的声音必须可以使持盘人清楚地听到。

9.3 防盘人只能在以下情况时开始或继续读秒：

9.3.1 飞盘为活盘状态（除非另有说明）；

9.3.2 在持盘人或者正确的轴心点（持盘人不在轴心点上）3米以内；并且

9.3.3 所有防守选手都处于合法地位（第18.1节）。

9.4 如果防盘人离开持盘人超过3米，或者一位新的防守队员成为防盘人，则读秒必须重新从“计数1”开始。

9.5 比赛出现停顿后，读秒在以下情况时可以继续：

9.5.1 在防守方无争议的犯规或违例后，读秒从“1”重新开始。

9.5.2 在进攻方无争议的犯规或违例后，读秒最高从“9”重新开始。

9.5.3 在一次有争议的持盘超时之后，读秒从“8”重新开始。

9.5.4 在其他所有示意后，包括“违规阻挡”，读秒最大从

"6" 重新开始。

9.6 要重新开始一次"最大为n"的读秒，其中"n"由9.5.2或9.5.4确定，含义如下：

9.6.1 如果"x"是示意前完全说出的最后一个数字，则读秒以"（x加一）"或"n"恢复继续，取这两个数字中较低的一个。

10. **验盘**

10.1 每当比赛在某回合因暂停、犯规、违例、有争议的攻防转换、特定的失误、有争议的得分、技术暂停、受伤暂停或讨论而停止时，必须尽快通过验盘重新开始。验盘只能因对示意的讨论而延迟。

10.2 队员在示意后的位置（暂停情况除外，除非另有指定）：

10.2.1 如果比赛在传盘前停止，则所有队员必须返回示意时所在的位置。

10.2.2 如果比赛在传盘后停止，则：

10.2.2.1 如果飞盘返回到持盘人手中，所有队员必须返回到持盘人扔出飞盘时他们所在的位置，或示意时所在位置，取较早者。

10.2.2.2 如果比赛结果成立，所有队员必须返回当飞盘被接住或落地时他们所在的位置。

10.2.2.3 如果除持盘人以外的队员因无争议的违规而获得盘权，则所有队员必须返回在发生违规时所在的位置。

10.2.3 所有队员在验盘前必须维持原位不动。

10.3 任何队员都可以短暂地延长比赛的停止时间，以修复有故障的装备（"装备"），但不可因此停止正常进行中的比赛。

10.4 验盘的队员必须首先与最近的对方选手确认其队伍已准备就绪。

10.4.1 如果在验盘时出现不必要的延迟，对方选手可以发出口头警告（"拖延比赛"），如果延迟情况继续发生，他们可以通过口头表示“比赛开始”来验盘，而无须对方的同意。

10.5 重新开始比赛：

10.5.1 当持盘人持有飞盘时：

10.5.1.1 如果有防守选手在可接触到的范围内时，则防守方必须触摸飞盘。

10.5.1.2 如果没有防守选手在可接触到的范围内时，持盘人必须持飞盘接触地面并高声示意“比赛开始”。

10.5.2 当飞盘在地面上时，最接近飞盘的防守者必须高声示意“验盘完成”。

10.6 如果持盘人试图在验盘前掷盘，或者有人示意了10.2中提到的违例情况，则无论该次传盘是否完成，该次传盘都不成立，并且盘权将重新回到持盘人手中。

11. 出界

11.1 整个比赛场地是界内。周界线不是比赛场地的一部分，属于界外。所有非场上选手都是界外的一部分。

11.2 界外区域由非界内区域和与其接触的一切事物组成，但防守选手除外，为了更好地判定比赛结果，他们始终被视为“界内”。

11.3 一个不在界外的进攻选手即为在界内。

11.3.1 在空中的队员保留其界内/界外状态，直到该队员再次接触界内或界外区域。

11.3.2 拥有盘权的持盘人，在接触了界内区域后接触了界外区域，仍然被认为是在界内。

11.3.2.1 如果持盘人离开了赛场，他们必须在越过周界线的点上建立轴心点(除非14.2生效)。

11.3.3 队员之间的接触并不影响他们界内或界外的状态。

11.4 飞盘在活盘状态下或比赛开始或重新开始后即处于界内。

11.5 当飞盘首次接触界外区域或接触出界的进攻选手时，该飞盘即为出界。进攻选手持有的飞盘与该选手具有相同的界内/外状态。如果飞盘同时被多个进攻选手持有，只要其中一个选手在界外，则该飞盘出界。

11.6 飞盘可能飞出边界线，又返回赛场，队员可以在界外接盘或拦截飞盘。

11.7 飞盘出界的地方为，在接触界外区域或界外队员之前，飞盘最后：

11.7.1 部分或完全在比赛场上的位置；或者

11.7.2 被一名界内队员接触的位置。

11.8 如果飞盘出界且距离需要确立的轴心点超过 3 米，非场上选手可以取回飞盘。最后 3 米必须由持盘人带到赛场。

12. 接盘人及位置

12.1 队员通过展示对非旋转的飞盘的持续控制来“接住”飞盘。

12.2 如果队员由于随后与地面或队友或处在合法位置的对方选手发生接触而失去了对飞盘的控制，则接盘被视为未发生。

12.3 以下属于出界的攻防转换，并且接盘均被视为未发生：

12.3.1 当一名进攻方的接盘者接触飞盘时位于界外；或者

12.3.2 接住飞盘后，进攻方选手在保有盘权的情况下第一次接触是出界的。

12.4 接盘后，接盘队员成为持盘人。

12.5 如果进攻和防守方同时接住飞盘，则进攻方将保留盘权。

12.6 处于既定位置的队员有权留在该位置，对方队员不可以碰触该队员。

12.7 每个队员都有权占据任何未被对方队员占据的场上位置，只要他们在占据该位置时没有主动造成与对方队员的身体接触。

12.7.1 但是，当飞盘在空中时，队员的移动不能仅仅是为了阻止对手去占据一个通向飞盘的合法空位。

12.8 所有队员必须尽量避免与其他队员发生接触，并且在任何情况下队员都不可以认为主动接触是正当的行为。“冲着飞盘去”不是与其他队员发起接触的正当理由。

12.9 当两个或多个队员同时向一个点移动时，可能会出现一些不可避免的、但不影响比赛结果或队员安全的接触。这种接触应尽量减少，但不被视为犯规。

12.10 队员不得使用手臂或腿来阻碍对方队员的移动。

12.11 任何队员不得用身体协助其他队员的移动，也不得使用物品或装备来帮助接触飞盘。

13. 攻防转换

13.1 在以下情况中，盘权从一队转移到另一队：

13.1.1 当进攻方队员没有盘权时，飞盘接触地面(“掉盘”);

13.1.2 传盘被防守队员接住（“拦截”）；

13.1.3 飞盘出界；或者

13.1.4 在开盘过程中，接盘队员在飞盘接触地面之前接触飞盘，但未能接住（“开盘掉落”）。

13.2 以下情况中，盘权从一队转移到另一队并且比赛需要停止：

13.2.1 无争议的进攻方犯规；

13.2.2 持盘人在防盘者读秒到“10”之前没有松开飞盘(“超时”）；

13.2.3 飞盘在没有离开任何一人手的状态下进行了一名队员到另一名队员的转移（“手递手传递”）；

13.2.4 持盘人故意将传出的飞盘偏向自己以使飞盘离开其他选手（“偏转”）；

13.2.5 在试图传盘时，持盘人在释放飞盘后并在其他队员接触飞盘前接住飞盘（“两次接触”）；

13.2.6 进攻选手故意协助队友的移动来接盘；或者

13.2.7 进攻选手使用装备来帮助接盘。

13.3 如果队员确定发生了攻防转换，他们必须立即做出适当的示意。如果对方不同意，他们可以示意“争议”。如果经过讨论，队员不能达成一致，或者不清楚在比赛中发生了什么，飞盘必须返回到最后一个无争议持盘人手中。

13.4 如果读秒过快发生在进攻方没有合理的机会在超时前示意读秒过快的情况下，视为有争议的超时（9.5.3）。

13.4.1 如果持盘人质疑一次超时但进行了传盘，且传盘未完成，则攻防转换仍成立，比赛通过验盘继续进行。

13.5 任何新的进攻方选手可在攻防转换发生后去获取盘权，除了：

13.5.1 在“拦截”后，进行拦截的队员必须持有盘权；

13.5.2 进攻方接盘犯规的情况下，被犯规的队员必须持有盘权。

13.6 如果在攻防转换后有盘权的队员故意掉落飞盘，或将飞盘放在地上，他们必须重新建立盘权并通过验盘重新开始比赛。

13.7 一次攻防转换后，攻防转换发生的位置是：

13.7.1 飞盘已停止的位置或被进攻选手拾取处；或

13.7.2 拦截队员停止处；或

13.7.3 持盘人位于规则 13.2.2、13.2.3、13.2.4、13.2.5 发生的位置；或者

13.7.4 进攻选手位于规则 13.2.6 和 13.2.7 发生的位置；或者

13.7.5 无争议的进攻方接盘犯规发生处。

13.8 如果攻防转换的位置在界外，或者飞盘在攻防转换发生后接触了界外区域，则持盘人必须在离飞盘出界位置最近的中心区域的点处建立轴心点（11.7）。

13.8.1 如果 13.8 不适用，则必须根据 13.9、13.10 或 13.11 建立轴心。

13.9 如果攻防转换的位置位于中心区域，则持盘人必须在该点建立轴心。

13.10 如果攻防转换的位置在进攻方的进攻得分区，持盘人必须在得分线上最近的点建立轴心。

13.11 如果失误位置位于进攻方的防守得分区，持盘人可以选择在何处建立轴心：

13.11.1 在攻防转换发生的点，通过留在该点或进行一次

传盘假动作来确定；或

13.11.2 从攻防转换的地点移动到离该点最近的得分线上的点。

13.11.2.1 在拾取飞盘之前，持盘人可以通过将一只手臂完全伸过头顶来示意从得分线上开始。

13.11.3 立即移动、不移动或得分线发盘示意决定了在何处建立轴心，并且不能撤销。

13.12 如果在攻防转换后，比赛在不知情的状况下继续，比赛停止且飞盘返回到攻防转换发生的位置，队员重新回到他们在攻防转换发生时的位置，通过验盘重新开始比赛。

14. 得分

14.1 如果界内队员接住合规的传盘，他们在接住飞盘后第一次接触的点完全在其得分区内（注：12.1、12.2），则得分。

14.1.1 如果队员认为已经得分，他们可以示意“得分”，然后比赛停止。在有争议的或撤回的得分示意后，比赛必须重新验盘并开始，这类示意被视为在接盘时已发出。

14.2 如果拥有盘权的队员最终在他们的得分线后面确立了轴心，而未满足14.1中关于得分的描述，则队员必须在距离得分线最近的点建立轴心。

14.3 飞盘被接住且有盘权的队员与得分区接触时即算得分。

15. 示意犯规、违规与违例

15.1 由于两个或两个以上双方队员之间的非偶然接触而违反规则是犯规。

15.2 违反有关防盘或走步规则的行为即为违规。违规行为不会使比赛停止。

15.3 所有其他违反规则的行为都是违例。

15.4 只有被犯规的队员可以通过示意“犯规”声明犯规。

15.5 只有持盘人可以通过示意违例的特定名称来声明防盘违规。

任何对方的队员都可以示意走步违规。

15.6 任何对方的选手都可以通过示意违例的特定名称或“违例”来声明违例行为，除非特定规则另有说明。

15.7 当做出停止比赛的犯规或违例的示意时，队员必须停止比赛，一旦他们得知了示意，就必须通过行动或声音来传达该停止信号，并且所有队员都应在赛场上重复这个示意。如果比赛因为讨论而停止，但未做出任何示意，则示意在讨论开始时即被视为已做出。

15.8 在确认违规后应立即做出示意。

15.9 在选手因为听错或漏听示意、不知道规则或没有立即做出示意错误地停止了比赛之后：

15.9.1 如果对方获得或保有盘权,所有随后的比赛结果成立。

15.9.2 如果对方没有获得或保有盘权，飞盘必须返回到最后一个无争议的持盘人手中。

15.10 如果被叫犯规、违规或违例的队员有异议，他们可以示意“有争议”。

15.11 如果队员认为他们示意的“犯规”“违例”或“有争议”不正确，则可以通过示意“撤回”来撤回示意。验盘后重新开始比赛。

16. 犯规或违例示意之后如何继续比赛

16.1 每当做出犯规或违例示意时，比赛立即停止，并且不会有攻防转换（除非在15.9、16.2和16.3中指定的情况下）。

16.2 如果犯规或违例：

16.2.1 是对持盘人做出的示意且持盘人之后试图传盘，或

16.2.2 当持盘人处于投掷行为时示意，或

16.2.3 当示意或犯规、违例行为发生时飞盘在空中，则比赛继续，直到确立盘权。

16.2.4 一旦盘权确立：

16.2.4.1 如果示意犯规或违例的队伍因传盘而获得或保有盘权，则比赛继续，不停止。意识

到这一点的队员可以示意“继续”，以示此规则被使用。

16.2.4.2 如果示意犯规或违例的队伍没有因为传盘而获得或保有盘权，比赛必须停止。

16.2.4.2.1 如果示意犯规或违例的队伍认为盘权受到犯规或违例的影响，飞盘将返还给持盘人进行验盘（除非具体规则另有规定）。

16.3 无论何时示意犯规或违例，如果比赛没有完全停止，并且双方队伍的队员都同意该犯规、违例或示意没有影响比赛结果，则比赛继续。此规则不被任何其他规则取代。

16.3.1 如果有一方队伍得分，则得分成立。

16.3.2 如果比赛没有产生得分，受影响的选手可以弥补任何由犯规、违例或示意所造成的位置劣势并重新验盘开始比赛。

17. 犯规

17.1 危险动作：

17.1.1 不顾其他队员的安全，无论是否有身体接触或何时发生接触，都被认为是危险动作且被视为犯规。此规则不会被任何其他规则取代。如果无争议，必须视为与第 17 节最相关的犯规。

17.2 防守方接盘犯规：

17.2.1 当防守队员在接盘前、接盘时或接盘后与接盘队员首先发生身体接触，不论是否以飞盘为目标，都视为发生防守方接盘犯规。

17.2.2 无争议的防守方接盘犯规后，接盘人在犯规点获得盘权。如果 14.2 适用，则视为死盘，直到在得分线上距离犯规点最近的点建立轴心。如果犯规有争议，飞盘将返回到持盘人手中。

17.3 被迫出界犯规：

17.3.1 被迫出界犯规发生于，当一个身在空中的队员接住飞盘时，在落地前被防守队员犯规，并且该接触使接盘者：

17.3.1.1 在界外而不是界内落地；或者

17.3.1.2 降落在中心区，而不是他们的得分区。

17.3.2 如果接盘者原本应该在他们的得分区内落地，这是一次得分；

17.3.3 如果被迫出界犯规有争议，且接盘人落在界外，飞盘返回到传盘人手上，否则，接盘人保有盘权。

17.4 防守方传盘（防盘者）犯规：

17.4.1 防盘者犯规发生于：

17.4.1.1 防盘者非法站位（18.1），并与持盘人有接触；或

17.4.1.2 防盘者首先与持盘人发生接触，或者在持盘人出盘前持盘人和防盘者都争夺同一个位置而产生接触。

17.4.1.3 如果在持盘人投出飞盘之前发生防盘者犯规，并且持盘人没有进行传盘动作，持盘人可以选择示意“有接触”来示意防盘接触违规。如果接触违规没有争议，比赛不需要停止且防盘者必须重新从1开始读秒。

17.5 夺权犯规：

17.5.1 当防守犯规导致接盘者或持盘人获得盘权后掉盘，即为夺权犯规。

17.5.2 如果本应得分，且该犯规是无争议的，得分成立。

17.6 进攻方接盘犯规：

17.6.1 当接盘人在接盘前、接盘时或接盘后，首先与防守队员发生接触，不论其是否以飞盘为目标，均视为进攻方接盘犯规。

17.6.2 如果犯规是无争议的，结果是攻防转换，防守队员

在犯规点获得盘权。

17.6.3 如果传盘完成且犯规有争议，则飞盘将返回到持盘人手中。

17.7 进攻方传盘（持盘人）犯规：

17.7.1 当持盘人首先与处于合法位置的防盘人接触时，就会发生进攻方传盘犯规。

17.7.2 持盘人在传盘的随挥动作中发生的偶然接触不是犯规的充分理由，应避免。

17.8 阻挡犯规：

17.8.1 当一名队员占据了某个位置导致对方移动中的队员无法躲闪并最终造成接触，称为阻挡犯规，该犯规将被视为接盘犯规或间接犯规（以适用者为准）。

17.9 间接犯规：

17.9.1 当接盘人和防守队员之间发生不会直接影响比赛的接触时，称为间接犯规。

17.9.2 如果犯规无争议，犯规选手可以弥补任何由犯规所造成的位置劣势。

17.10 抵消犯规：

17.10.1 如果进攻和防守方选手都对同一个行为示意犯规，飞盘将返回到持盘人手中。

17.10.2 两个或两个以上不同队伍的队员同时向一个点移动时发生的非偶然接触应视为抵消犯规。

18. 违规和违例

18.1 防盘违规：

18.1.1 防盘违规行为包括：

18.1.1.1 “读秒过快”——防盘者：

18.1.1.1.1 在飞盘变活盘之前开始读秒；

18.1.1.1.2 在开始读秒或重新开始读秒前没有说“读秒开始”；

18.1.1.1.3 读秒间隔少于一秒；

18.1.1.1.4 未按要求正确减少或重置读秒，或

18.1.1.1.5 没有从正确的数字开始读秒。

18.1.1.2 “跨越轴心”——防盘人双脚的连线包含了持盘人的轴心点。

18.1.1.3 “飞盘间距”——防盘人的任意部位距离持盘人的身体躯干小于一个飞盘的直径。但是，如果这种情况完全由持盘人移动引起，则不是违规行为。

18.1.1.4 “包夹限制”——防盘人的手或手臂之间的连线与持盘人的身体躯干相交，或者防盘人身体的任何部分在持盘人的轴心点之上。但是，如果这种情况完全由持盘人的移动引起，则不是违规行为。

18.1.1.5 “双重防守”——一名不是防盘人的防守队员距离持盘人的轴心点小于三米，且没有防守另一名进攻选手。然而，仅仅跑过这个区域并不是“双重防守”。

18.1.1.6 “阻挡视野”——一名防守队员用他身体的任一部分去故意阻挡持盘人的视线。

18.1.2 防守方可以对防盘违规提出异议，在该情况下比赛停止。

18.1.3 在18.1.1中列出的所有防盘违规后，如果没有争议，防盘者必须从示意前最后完全说出的数字减去一开始重新读秒。

18.1.4 在纠正不合规的站位之前，防盘者不能恢复读秒。否则视为再次发生防盘违规。

18.1.5 以下情况持盘人可以示意防盘违例并停止比赛，而不是示意防盘违规：

18.1.5.1 读秒不正确；

18.1.5.2 没有进行读秒；

18.1.5.3 有一个非常严重的防盘违规，或者

18.1.5.4 存在连续防盘违规行为。

18.1.6 如果持盘人示意防盘违规或防盘违例，并且试图在示意之前、期间或之后传盘，则示意无效，如果传盘未完成，则攻防转换成立。但是，如果飞盘因另外的违规而返回到持盘人手中，则必须相应地调整读秒。

18.2 “走步”违规：

18.2.1 只要持盘人完全在界内或已在界内建立轴心，他们随时可以尝试传盘。

18.2.1.1 然而，在空中抓住飞盘的界内队员可以在落地之前尝试传盘。

18.2.2 接住飞盘并在界内落地后，持盘人必须尽快降低速度且不可以改变方向，直到建立轴心点。

18.2.2.1 持盘人可以在降低速度的过程中进行传盘，只要在整个传盘过程中与赛场保持接触。

18.2.3 持盘人只能通过建立一个“轴心点”来改变方向（轴心），“轴心点”即其身体的一部分与赛场上的某个点保持持续接触的点。

18.2.4 躺下或跪着的持盘人不需要建立轴心。

18.2.4.1 如果他们站起来，只要轴心建立在同一位置，就不是走步。

18.2.5 走步违规发生于：

18.2.5.1 持盘人在赛场上的一个不正确的点建立了轴心；

18.2.5.2 持盘人在建立轴心或释放飞盘之前改变方向；

18.2.5.3 接盘后持盘人未能尽快降低速度；

18.2.5.4 持盘人在释放飞盘之前未能保持已建立的轴心；

18.2.5.5 持盘人在整个传盘过程中未能与赛场保持接触；或

18.2.5.6 队员为了向某一方向移动而故意漏接或延迟接盘。

18.2.6 在无争议的走步违规示意后（“走步”），比赛不会停止。

18.2.6.1 持盘人按照示意走步队员的指示在正确的位置建立一个轴心，不能拖延。

18.2.6.2 任何读秒都暂停，持盘人不得投掷飞盘，直到在正确的位置建立轴心。

18.2.6.3 在重新开始读秒之前，防盘者必须说“读秒开始”。

18.2.7 如果走步违规后在纠正轴心之前持盘人进行了传盘且传接盘成功，防守方可以示意走步违例。比赛停止，飞盘返回到持盘人手中。持盘人必须返回到违规时所在的位置。比赛必须验盘重新开始。

18.2.8 如果走步违规后，传接盘未成功，比赛继续。

18.2.9 在一次有争议的走步违规后，且持盘人还未掷出飞盘，比赛停止。

18.3 “阻挡”违例：

18.3.1 如果防守队员防守一名进攻选手，而另一名选手阻止他们向该选手移动，则该防守队员可以示意“阻挡”。但是，如果被防守的选手和阻碍的选手都在尝试接盘，则不视为阻挡。

18.3.1.1 在进行“阻挡”示意之前，防守队员可以有两秒时间来确定该次阻挡是否会影响比赛。

18.3.2 如果比赛停止，受阻的选手可以移动到如果阻挡没有发生他们将处于的位置，除非另有说明。

18.3.3 所有队员都应做出合理的努力，以避免出现阻挡。

18.3.3.1 在任何比赛中断期间，对方队员可以同意稍微调整他们的位置，以避免潜在的阻挡行为发生。

19. 比赛中断

19.1 受伤中断

19.1.1 受伤的队员或受伤队员队中的任何队员都可以示意受伤中断。

19.1.2 如果任何队员有敞露或出血的伤口，必须示意受伤中断，且必须立即换人，直到伤口被治疗并包扎才可以重新加入比赛。

19.1.3 如果受伤不是由对手造成的，队员必须选择被替换，或使用一个暂停。

19.1.4 如果受伤是由对手造成的，队员可以选择留在场上或被替换。

19.1.5 如果受伤的队员接住了飞盘，又因伤掉落飞盘，则该队员将保有盘权。

19.1.6 除非受伤的队员在示意中断之前选择继续比赛，否则受伤中断被视为是在受伤时示意的。

19.1.7 如果当示意受伤中断时飞盘在空中，则比赛继续，直到传盘被接住或飞盘落地。如果受伤不是犯规造成的，该接盘或攻防转化成立，比赛在该次停止后重新开始。

19.2 技术中断

19.2.1 任何队员如果发现危及队员的情况，可示意“技术中断”停止比赛。比赛必须立即停止。

19.2.2 持盘人在比赛过程中可以示意技术中断，以更换严重损坏的飞盘。

19.2.3 在一次技术中断示意之后：

19.2.3.1 如果示意或发生的问题不影响比赛，则传盘或攻防转换成立，且比赛重新于飞盘所在位置开始；

19.2.3.2 如果示意或发生的问题确实影响了比赛，飞盘将回到持盘人手中。

19.3 如果一名队员因受伤或不合规的设备技术中断后被替换，对方队伍也可以选择替换一名队员。

19.3.1 替补选手承担他们替换的选手的全部状态（位置、盘权、读秒等）。

20. 暂停

20.1 示意暂停的队员必须用双手或一只手和飞盘形成“T”，并应向对方队员做出“暂停”的声音示意。

20.2 每队在每个半场中可以使用两次暂停。

20.3 在一个回合开始后和两队都表示准备好之前，两队的队员都可以示意暂停。暂停将延长回合开始与开盘之间的时间 75 秒。

20.4 开盘后，只有拥有盘权的持盘人在飞盘与地面无接触的情况下可以示意暂停。暂停从“T”形成时开始，持续 75 秒。在此类暂停后：

20.4.1 除受伤外，不允许换人。

20.4.2 比赛在轴心点重新开始。

20.4.3 持盘人保持不变。

20.4.4 其他所有进攻方选手可以在比赛场上的任何点确立位置。

20.4.5 一旦进攻选手选定了位置，防守方可以在赛场的任何点确立位置。

20.4.6 除非更换了防盘者，否则读秒保持不变。

20.5 如果持盘人试图在己方队伍没有剩余暂停次数时示意暂停，则比赛停止。防盘者必须在验盘重新开始比赛之前，给重新开始比赛要采用的读秒加 2 秒。如果这会导致读秒变为 10 或以上，则这被视为“超时”失误。

定义

名词	释义
掷盘	参阅投掷动作
影响比赛	如果该违规行为未发生，比赛结果可能会有很大不同的行为
进攻得分区	相关队伍当前尝试得分的得分区
最佳视角	队员能提供的最完整的观点，包括比赛中涉及的飞盘、地面、队员和边线角标的相对位置
砖头	任何落在界外且未被接盘队接触的开盘
示意	明确宣布发生了犯规、违规、违例或受伤。应使用以下术语：犯规、走步，特定的防盘违规的名称，违例（特定的违例名称），超时、技术中断和受伤
中心区	赛场的区域，包括得分线，但不包括得分区和边界线
验盘	防守方触摸飞盘以重新开始比赛的动作
防守得分区	相关队伍目前试图阻止对手得分的得分区
防守队员	不拥有盘权队伍的任何队员
得分区	比赛场地尽头的两个区域之一，队伍可以通过在那接住飞盘来得分
建立轴心	一次交换盘权后，轴心点即被确定，且持盘人通过将身体的一部分（通常是一只脚）放在那里来建立。在接到一次传盘后，持盘人只有在确定一个轴心后才可以围绕轴心进行转动。他们通过使身体的一部分与赛场上的某点保持持续接触来建立轴心
得分线	分隔中心区与每个得分区的线
地面	地面由所有坚固物体组成，包括草地、角标、运动装备、水瓶、树木，围栏、墙壁和非场上人员，但不包括场上选手、他们穿的衣服、空中物体和雨水
触地	指与特定事件或动作直接相关的所有队员与地面的接触，包括落地或恢复身体平衡（如跳跃、飞扑、绊倒或摔倒）
防守	指当一名防守队员在进攻选手3米范围内防守该进攻选手并对其做出反应的行为
偶然接触	任何实质上不危险且不影响比赛的接触
发起接触	任何向合法定位的对手移动（其静止位置，或基于其既定速度和方向的预期位置），且该移动导致了不可避免的非偶然接触
截盘	当防守队员接住进攻队的队员的掷盘时
合法位置	某位队员在场上确立的静止位置，不包括在考虑到时间和距离的情况下，该队员的伸展开的、不会阻挡对方队员的手臂和腿

续表

名词	释义
边线	规定比赛区域的边界线。在没有画边线的场地上，边界由两个标志物所延伸的虚拟线条确定，宽度与两个标志物相当。线段不超过标定用的两个标志物
冲着飞盘去	当飞盘在空中，并且队员试图以任何方式与飞盘接触时，如接住或拦截飞盘。这包括向他们希望与飞盘接触的位置跑去的过程
防盘者	可以向持盘人进行读秒的防守队员
非场上选手	包括队伍成员在内，任何一名不在场上比赛的选手
进攻选手	其队伍拥有盘权的队员
界外（OB）	任何不属于比赛场地的事物，包括边界线
边界线	将中心区或得分区与出界区域分开的线，它们不是赛场的一部分
轴心	在身体某一部位跟场地的某一点一直保持接触的前提下，往任何方向转动，这个点叫轴心点
轴心点	转换盘权，开盘，暂停，离开中心区后持盘人必须在赛场上确定轴心的一个点或是已经建立的轴心点。如果持盘人还没完全停止移动或还没进行轴转，则视为还没建立轴心
比赛	开盘之后和得分之前的时间。比赛可能由于示意停止，在这种情况下验盘重新开始比赛
队员	最多 14 个实际参与当前回合的人之一
盘权	持续接触和控制非旋转飞盘。接盘等于占有该传盘的盘权。由于飞盘触地而失去盘权将使该选手从此刻起不再拥有盘权。选手持有的飞盘被视为该选手的一部分。队员拥有盘权或即将捡起飞盘的队伍被视为有盘权的队伍
赛场	包括中心区和得分区的区域，但不包括边界线
开盘	在上下半场比赛开始或一次得分后一方将盘掷给另一方开始比赛的动作，开盘不被视为一次合法的传盘
接盘者	所有除了持盘人的进攻选手
比赛中断	所有由于犯规、违例、讨论、受伤或暂停导致的比赛停止状态，需要验盘重新开始比赛
掷盘	在投掷动作后飞行的飞盘，包括导致持盘人和飞盘失去接触的假动作和故意掉盘。传盘等同于掷盘
持盘人	拥有盘权的进攻选手，或是在掷盘结果确定前掷出飞盘的选手
投掷动作	投掷动作是指将动力从持盘人转移到飞盘在飞行的方向，并完成掷盘。轴转和随挥动作不是投掷运动的一部分
攻防转换	任何导致双方队伍转换盘权的事件。攻防转换不被视作违例
飞盘停止的位置	指飞盘被接住，自然停住或停止滚动和滑动的位置

法定许可

本作品（《世界飞盘联合会团体赛规则（2017）》）获得知识共享许可归属2.5许可证。作品的许可方和原作者是世界飞盘联合会，是一家在美国科罗拉多州注册的非营利性法人单位。

您可以自由：

——复印、分发、展示和表现该作品

——制作衍生作品

——将作品用于商业用途

在以下条件下：

——您必须按作者或许可方指定的方式处理作品属性。

——对于任何再次使用或分发，您必须向其他人说明此作品的许可条款。

——如果您获得世界飞盘联合会的许可，则可以免除这些条件中的任何一个。

您的合理使用和其他权利不受上述影响。

附录 2

PDGA 世界职业掷准飞盘协会
官方掷准飞盘规则

（修订于 2019 年 1 月 17 日）

800 掷准飞盘简介

掷准飞盘运动的目标是，用最少的飞盘投掷次数完成掷准场地上所有目标筐【洞】，每一个目标筐为一个单独的记分单元。

在每一洞的比赛中，从开盘区开始，到目标所在处结束。在选手开盘投掷后，后续的每次投掷从上次投掷形成的投掷点开始。当选手完成一个洞时，便去下一个洞的开盘区继续投掷，直到完成所有的洞。

掷准飞盘场地通常设在具有各种不同地势的林区中，对飞盘的飞行形成自然障碍。选手不可以用任何方法去改变场地，以降低某个洞的难度。除规则中另行规定外，选手须在保持场地原貌的前提下进行比赛，并在飞盘的投掷点投掷。

801 规则运用

801.01 公平性

这些规则旨在促进所有掷准飞盘选手的公平竞争。在使用这些规则时，选手应当根据具体情况采用最适合的规则。若有争议未在规则中声明，应本着公平的原则做出裁决。在这种情况下，可以对现有规则做出合理的解读，并参照规则中所体现的公平原则做出裁决。

801.02 判罚

（1）选手在一个【选手组】中一起进行比赛，以方便公正记分并确保比赛符合规则。任何须由组做出的决定应当得到组内多数人的同意。

（2）当选手有明显违规行为时，其他选手有权利和义务指出该违规行为，并按规处理。该判罚必须在违规行为发生后立即作出（时效性）且即刻生效（强制性），【失误】除外（记错得分等具备延迟性的犯规）。

（3）当组内一选手需要指出或确认组内其他选手的违规行为时，须让全组人员知晓。

（4）当选手初次违反某些特定规则时，会先被给予【警告】。后续相同的违规行为会导致加罚投掷。指出某一选手的违规行为造成警告时，无须他人确认，即可对其进行警告。上一轮比赛中的警告不计入下一轮比赛，也不计入复赛。

（5）若选手做出的违例判罚会导致一次或多次加罚投掷，该判罚只有当该违规行为同时被同组的另一名选手或赛事裁判确认后，才会生效。一次【罚盘】是指当选手违例或根据规则重置投掷点产生的，使选手总成绩多计一次投掷数的处罚（而不是让选手多扔一次盘）。

（6）【赛事裁判】，或【裁判】由负责人指定，在比赛中依据规则进行合理的判罚。裁判可作出或判定对任何选手违例行为的判罚。裁判做出的判罚不需要通过其他人的确认即可生效。裁判也参赛时，不可在自己所在组别的赛事中担任裁判。

（7）【负责人】是负责掌管锦标赛或赛事活动的人。负责人可以是锦标赛负责人（TD）、赛场负责人，或是联赛负责人。只有负责人有权取消选手的参赛资格。负责人作出的决定为最终裁决。

（8）若某次投掷或某个行为违反了多条规则，应按照罚盘数最多的规则进行判罚。如果违反的多条规则所规定的罚盘数相同，则应按照最先违反的规则进行判罚。

801.03 申诉

（1）当一个选手组无法就某一裁决达成一致时，裁决应本着对本次投掷的选手最有利的原则进行。

（2）在及时且清楚地告知组内选手自己的申诉请求后，选手可就组内选手的判决向裁判提出申诉，或就裁判的判决向负责人提出申诉。如果裁判或负责人在场，该组可站在场边等待申诉被受理，让其他选手组继续比赛。

（3）如果裁判或负责人不在场，投掷者可以做一组临时投掷，测试该裁决可能产生的每一种结果，之后再向裁判或负责人提交关于该裁决的申诉。

（4）如果裁决被推翻，裁判或负责人可根据规则调整选手的成绩。或者，负责人可以让该选手重新进行一个洞或多个洞的投掷。负责人做出的裁决为最终裁决。

802 投掷

802.01 一次投掷

【投掷】是为了改变飞盘的位置状态而给予飞盘动力以及出手的动作。在比赛中，每一次改变投掷点的投掷都将被计数。

802.02 比赛顺序

（1）在第一洞开盘时，记分卡上列出的选手顺序即为投掷顺序。

（2）按照前一洞的成绩决定当前洞开盘的投掷顺序；完成前一洞所用的投掷数最低者先开盘，第二低的第二个开盘，以此类推。成绩相同则不改变投掷顺序。

（3）所有选手都在开盘区外各自确立了投掷点后，【投掷点离目标最远的选手】为下一位投掷者。

（4）如果选手在同一个投掷点进行第二次投掷，或重新投掷，则该选手为下一位投掷者。【重新投掷】指在相同的投掷点上进行的额外投掷，重新投掷将取代原先的投掷。

（5）为了加快比赛的进程，只要次序在前的选手同意，或投掷不会影响到次序在前的选手，排在之后的选手也可以进行投掷。

（6）不按顺序进行投掷算礼仪违例。

（7）在比赛期间，除非裁判要求或是前一组选手按照规则在一旁待命，各选手组必须按照次序进行比赛。

802.03 超时

（1）选手在场并且在下列情况后的 30 秒内未投掷，判为超时：

①之前的选手已经完成投掷，且

②该选手有足够的时间到达并且确定投掷点，且

③按照投掷顺序轮到该选手投掷，且

④比赛区域没有障碍，也没有干扰。

（2）首次超时的选手会受到警告。若选手在同一轮比赛中，之前受到过超时警告的情况下再次超时，该名选手加罚一盘。关于选手未在场，但已经轮到其投掷的情况，参见 811.（6）.⑤。

802.04 开盘

（1）每一洞的比赛，从选手在开盘区内开盘开始。【开盘区】是以选手所在的台面四边为界的区域。如果没有台面，则开盘区为垂直于开盘线、长度为 3 米的区域。【开盘线】为开盘区前沿的界线，或是两个开盘区标记物外边缘之间的连线。

（2）当飞盘出手后，选手在开盘区域内至少有一个支撑点，且所有支撑点必须在开盘区内。【支撑点】是选手飞盘出手瞬间与场地表面接触的身体的任一部位，也可以是其他提供支撑的物体。选手在飞盘出手之前或之后，可以利用开盘区外的支撑点。但飞盘出手的瞬间不可以。

（3）违反 802.04.（2）的选手会被判定为站位违规，并加罚一盘。

802.05 投掷点

（1）【投掷点】是赛场上选手站立并且投掷的场地表面。【场地表面】是一个平面，通常为地面。它能够支撑选手，从而让选手得以站立。一个场地表面可以在另一个场地表面之上或之下。如果不清楚某个表面是不是一个场地表面，须由裁判或负责人做评判。

（2）每一洞首次投掷的投掷点为开盘区。

（3）指定投掷区算作一个投掷点。【指定投掷区】是场地上由负责人划定的，选手在指定条件下进行投掷的一块区域。指定投掷区可以采取与开盘区或开盘线相同的规则标记和使用。开盘区可以作为指定开盘区使用。

（4）在所有其他情况下，投掷点是一个20厘米宽和30厘米长的矩形，其中心位于投掷线上，与标记飞盘尾部外沿相切。【投掷线】是场地表面上的假想线，从掷准目标中心延伸穿过标记盘中心。【标记盘】或【标记】是根据802.06标记投掷点的飞盘。

802.06 标记投掷点

（1）选手投掷出的、在界内场地表面上落位的飞盘可作为标记盘。

（2）除此之外，选手也可以选择将迷你标记飞盘紧贴着飞盘前部外沿放置在处于投掷线上的场地表面上，以标记投掷点。【迷你标记飞盘】是尺寸较小的飞盘，不用于比赛，规格符合PDGA对迷你标记飞盘的技术标准。

（3）若飞盘出手后没有在界内的场地表面上落位，或须根据规则改变投掷点，选手可根据可行的规则使用迷你标记飞盘标记投掷点。

（4）未按照上述方式标记投掷点，视为标记违例。选手首次标记违例时会受到警告。在同一轮比赛中，后续的每次标记违例都会被加罚一盘。

802.07 站位

（1）若投掷点已经由标记飞盘标记，则当飞盘出手时，选手必须：

①确保至少有一个支撑点与投掷点接触；且

②确保任何支撑点距目标的距离不得小于标记飞盘后边缘与目标的距离；且

③确保所有的支撑点在界内。

（2）开盘区用作指定投掷区，请参见802.04.（2）。

（3）违反802.07.（1）或802.07.（2）的选手将被记为站位违例，并加罚一盘。

803 障碍和解除

803.01 移动障碍

（1）选手选择站位时，原则上尽可能不要移动任何赛场上永久性或一体性的障碍。一旦选定站位，选手便不能再为了给投掷腾出空间而移动障碍。因选手的投掷动作而造成的障碍移动，不算违规。

（2）选手不得移动赛场上的任何障碍，但下列情况除外：

①选手移动部分或全部覆盖投掷点或在站立处的临时障碍，无论障碍主体是向前或向后延伸。【临时障碍】是任意未固定的单个或多个零碎物体（例如，石头、树叶、小树枝或断开的树干），也可以是由负责人指定的任意物品。

②选手可以要求其他人员挪位或移开他们的物品。

③选手可以重置赛场设备，使其恢复原来的摆放位置，包括移除障碍。

（3）若选手未按照上述规定移动任何赛场上的障碍，加罚一盘。

803.02 解除障碍

（1）选手可解除下列位于投掷点之前或之后的障碍：机动车辆、会伤人的昆虫或动物、人群或任何负责人指定的物体或区域。要解除障碍，选手需要标记新的投掷点。新的投掷点应在投掷线上离目标更远的地方，同时离原先的投掷点最近。

（2）如果有大型固定障碍阻挡了选手，使其不能按规定在标记飞盘后站立，或不能在场地表面上方或下方标记飞盘，那么选手可在投掷线上紧挨障碍物后方投掷线上标记新的投掷点。

（3）选手若未按照上述规则解除障碍，加罚一盘。

（4）选手可以在任何时候，向组内其他选手表明意图之后，进行选择性解除，重置投掷点。选手须在投掷线上离目标更远处标记新的投掷点。同时，该选手加罚一盘。

（5）若在由于飞盘出界或高于场地表面两米而罚盘后的下一次投掷进行选择性解除，则不会受到罚盘处罚。

803.03 损坏赛场

选手故意损坏赛场的任何部分，加罚两盘。同时，根据《赛事手册》的第 3.03 节，该选手还可能被取消参赛资格。

804 路径限制

804.01 规定路线和规定物体

【规定路线】限制了飞盘飞向目标时的可能采取的路径，规定路线受到一个或多个规定物体的限制。一个【规定物体】指示规定路线通过其左侧、右侧、上方或下方。最常见的规定路线为【单规定路线】，即为路线从规定物体左侧或右侧通过；【双规定路线】即为路线从两个规定物体之间穿过；【限高双规定路线】即为在双规定路线的上方设置高度限制。

804.02 禁止路径

（1）限制线

①【限制线】是由负责人在场地表面上标记的一条线，用于显示飞盘偏离了规定路线。

②如果没有为单规定路线划定限制线，则可将从该规定物体的中心向禁止通行一侧延伸，垂直于连接该规定物体与上一规定物体之间的连线的直线作为限制线。如果没有上一规定物体的话，用开盘区。

③如果没有为双规定路线划定限制线，则应有两条线，每条对应一个规定物体。每条线按照上述单规定路线的标准划定。

④双规定路线也可能限高，此时有第三条线连接两规定物体，禁止通行一侧在线的上方或下方。

（2）如果从上个投掷点的方向来看，飞盘完全穿过限制线之后落位并未穿回该线，则此次投掷为错线投掷。之后的单次或多次投掷使飞盘穿过限制线，都不能算作穿过限制线。

（3）错线投掷的选手，将被加罚一盘。下一次投掷的投掷点是该规定路线的指定投掷区。若未设置指定投掷区，则为之前的投掷点。

（4）最近的规定路线，若其限制线和投掷点与目标的连线相交，则被视为所有标记投掷点、站位、障碍、解除相关规则中的“目标”，806.01 敲杆区域除外。

805 位置限制

805.01 确立位置

（1）出手的飞盘落停时的地点为一个【位置】。

（2）出手的飞盘首次停止移动时，即认为落停。水中或树叶上的飞盘随水、树叶或风而一起移动，也认为是落停状态。

（3）若飞盘落停时处于场地表面之上或之下，则规定其位置在飞盘正下方或正上方的场地表面上。

（4）若飞盘出手后破碎，则其位置是最大块碎片所在的地方。

805.02 两米之上的飞盘

（1）【两米规则】指的 805.02 中的规则。只有当负责人声明其生效时，该规则才会生效。负责人可声明两米规则是否对整场比赛、部分洞、单个目标有效。

（2）两米规则生效时，当飞盘落停于界内场地表面两米之上时（以飞盘的最低点和其正下方的场地表面之间的距离为准），选手加罚一盘。此时飞盘的位置为其正下方的场地表面。

（3）飞盘被当前洞上的目标筐所支撑，不适用于两米规则。

（4）选手在评判做出之前移动飞盘，该飞盘会被记作落停于两米之上。

805.03 遗失飞盘

（1）当选手到达其认为的飞盘落停区域后，若在三分钟之内无法定位飞盘，即认为飞盘遗失。组中的任何选手或裁判均可进行三分钟的计时，开始计时时，必须通知该组。

（2）组中的所有选手必须协助搜寻飞盘，否则视为礼仪违例。

（3）确认遗失飞盘的选手，将被加罚一盘。下次投掷从上一次投掷点开始。在该洞上，如果为遗失飞盘设置了指定投掷区，则选手可从指定投掷区开始投掷，而不是上一个投掷点。

（4）在比赛结束之前，如果发现选手遗失的飞盘其实是被拿走或移除了，则选手在该洞的得分中减去两次投掷次数。

（5）如果为丢失飞盘设置了指定投掷区，负责人可允许选手直接前往指定投掷区，若如此做，加罚两盘。

806 区域限制

806.01 敲杆区域

（1）任何从迷你标记飞盘的后沿到目标底部十米内的投掷均视为【敲杆】。

（2）敲杆出手之后，选手必须在标记飞盘后完全控制住身体平衡，之后才能继续向目标前进。没能做到此点的选手，算作站位违例，加罚一盘。

806.02 界外

（1）【界外区域】是负责人指定的不可进行比赛的区域，界外不可设立投掷点。界外标线也是界外区域的一部分。赛场上，任何非界外区域的区域即为界内。

（2）当飞盘的位置明显且完全被界外区包围时，即为飞盘出界。

（3）当飞盘无法找到时，如果有明显的证据表明飞盘已经在界外区域落停，算作飞盘出界。缺少此类证据，则认为飞盘遗失。比赛根据规则 805.03 继续进行。

（4）飞盘出界的选手，加罚一盘。该选手下次投掷可从下列地方开始：

①上一个投掷点；或

②在场地表面由标记飞盘确定的投掷点。投掷点的位置应在垂直于界外线的一米线上。该一米线从飞盘出界点向界内延伸一米。

③如果没有上述垂直投掷点，则标记飞盘应该在最接近出界点的场地表面标记投掷点，并且该点距离界外区域的距离都不得超过一米。

④只有经 PDGA 赛事总监事先同意，负责人才能限制上述出界时投掷点的选择。经负责人酌定后，选手还可从下列地点开

始下一次投掷：

a. 在指定的指定投掷区内，或

b. 在场地表面由标记飞盘确定的投掷点。投掷点的位置应在垂直于界外标线的一米线上。该一米线从飞盘位置距场外边界线最近的点向界内延伸。

（5）若投掷出的飞盘的落位在界内，且离界外线不足一米，原投掷点可转移至新的投掷点。新的投掷点应在其所属的一米线上。

（6）界外线实际上是竖直方向的平面。在界外线的一米内做标记时，一米解除区可以从该竖直平面上的任何一点出发。

（7）如果已经为界外区域提供了指定投掷区，负责人可允选手直接前往该指定投掷区，若如此做加罚两盘。

（8）如果在出界判定做出之前，选手就移动飞盘，则飞盘被判为出界。

806.03 临时区域

（1）【临时区域】是临时的积水，或是赛前由负责人专门指定的任何临时区域。【临时积水】是属于界内的任意水域，且负责人并未将其划入出界区域。

（2）要解除临时区域，选手的投掷点要进行转移至最近的投掷点，该投掷点应离目标更远，并且在投掷线上。（除非负责人宣布了更大的解除区域）。

806.04 缓冲区

【缓冲区】是由负责人指定，不能进行飞盘投掷的区域，或者是被禁止进入的界内区域。除了不会被计加罚投掷，缓冲区的规则执行起来与界外区域相同。

806.05 危险区

（1）【危险区】由负责人指定，若飞盘落停在危险区内会导致加罚。

（2）若飞盘明显且完全被危险区包围，则认为飞盘处于危险区内。

（3）飞盘落入危险区内的选手，加罚一盘。不重置投掷点。

（4）在针对飞盘是否位于危险区的评判还未做出之前，如果投掷者移动飞盘，则认为飞盘处于危险区。

807 完成一洞

（1）【掷准目标】是为了清楚判断比赛是否完成的器材。【目标筐】的设计目的是接住飞盘，一般由篮筐、链条以及固定在柱子上的链条支架组成。【物体目标】通常有一个标记过的目标区。

（2）若要通过目标筐完成一个洞的比赛，投掷者必须将飞盘出手，且飞盘必须从链条支架下方、篮筐上方通过，最后静止时被目标筐所支撑。

（3）若要通过物体目标完成一个洞的比赛，投掷者必须将飞盘出手，且飞盘击中物体目标上被标记的目标区域。

808 记分

（1）记分卡第一行登记的选手首先负责领取和保管该组记分卡。

（2）组内各个选手按所分配的任务量记分。也可经组内各选手同意后，由某位选手或记分员自愿多承担一些记分任务。

（3）每个盘道比赛完成后，计分人员记录组内每一位选手的分数，并且要让组内每一位选手知晓自己的得分。任何警告或加罚都应与该洞所得分数一起标注。

（4）选手在一个洞上的得分是其投掷的次数，包括加罚的投掷次数。一轮比赛的总分，是该轮所有洞的得分以及加罚的总和。使用“次数”之外的任何单位记分（包括记分缺失）都将按照 808.（7）.②中的规则处理。

（5）如果对选手记录的得分有分歧，该组将对该洞的比赛进行复核，并尝试就正确的得分达成一致。如果选手组无法就选手的得分达成共识，尽快寻求裁判或负责人的帮助。如果该组中的所有选手均认为分数记录不正确，则在记分卡提交之前可以更正分数。

（6）所有选手须在【一轮结束】之后的 30 分钟内上交记分卡，通常在此时间段内，最后一组选手已完成最后一洞比赛并提交他们的记分卡。若未能及时提交记分卡，记分卡上所有选手都将被加罚两盘。

（7）记分卡提交后，记录的总分为最终得分，但下列情况除外：

①负责人宣布比赛结束前或所有奖项已经颁布前，可能会增加或减少加罚。

②如果有选手总分不正确、记录不规范或记分丢失，则在正确的总分中加罚两盘。由于上交计分卡之后对选手的违例行为做出的判罚导致的分数调整，不会造成加罚。

809 其他投掷

809.01 作废投掷

在向组员说明情况之后，选手可以选择将最近一次投掷作废。此时，选手的得分中计入作废投掷一次，并加罚一盘。选手从飞出该作废盘的投掷点重新投掷。由于作废投掷而造成的加罚忽略不计。

809.02 临时投掷

（1）【临时投掷】为额外的投掷，如果临时投掷没有作为最终完赛的一部分，则该投掷不算入选手的分数。选手在进行临时投掷前须通知其他所有组员。

（2）临时投掷用于：

①节省时间，选手可以在以下情况中随时宣布采用临时投掷。

a. 当前无法立即确定飞盘的状态，因为其可能遗失、出界或错过了规定路线；并且，

b. 其小组赞同临时投掷可以节省时间。

之后该选手接着从被选手组或裁判认定为正确的投掷点做出的正确投掷后继续完成比赛。

②当根据规则产生不同的投掷点时，寻求后续的裁定。当组中的一名选手不同意该选手组的决定而裁判又不能在场马上解决时，或是组中的一名选手希望得到裁判的裁定时，可以采取一组临时投掷，作为申诉的一部分。两组投掷的得分都要记录下来。一旦申诉得到解决，只算正确投掷的那组得分。

809.03 **试投**

（1）【试投】是指任意以非竞赛目的改变投掷点做出的投掷。将未使用的飞盘飞至一边和将盘回传给选手包括在内的在空中飞行距离不超过五米的投掷不算作试投。飞盘从手中掉落不算试投。

（2）试投的选手加罚一盘，本次投掷本身可被忽略。

810 干扰

（1）若盘落于界内场地落停后被人为移动，在该组成员同意后将其移回首次落停的地方。落停在其他地方的飞盘无须重置投掷点，在该组同意后，飞盘位置根据其首次落停的地方来确定。

（2）该组同意后，已经移动的标记飞盘须被放置回其先前所处的地点。

（3）击中人或动物身上的飞盘，将从最终停止移动的位置开始下一次投掷。

（4）飞盘的运动轨迹被故意改变时，在小组认定的接触发生点产生位置。该选手可以选择继续从现产生的投掷点投掷或从上一投掷点重新投掷。

（5）以下列任何方式故意干扰飞盘的选手加罚两盘：

①改变飞盘出手后的运动轨迹（防止伤害除外）；或者

②移动或掩盖出手的飞盘或标记飞盘［甄别、取回、标记或810.（8）允许的过程除外］。

（6）如果选手自身或携带的设备干扰自己的投掷，该选手加罚一盘，下次投掷从飞盘首次落停的地方开始。关于故意干扰，参见810.（4）。

（7）选手不得站在或把设备遗留在可能会干扰飞盘比赛的地方。如果选手认为投掷会被干扰，可以要求其他选手移动挪开或移开其设备。拒绝这样做是礼仪违例行为。

（8）若飞盘占据了其他选手投掷点的位置，该飞盘可以被移动。投掷完成后，将飞盘放回由小组认定的其第一次落停的位置。

811 错误比赛

（1）选手应为自己能够正确地完成比赛负责。在比赛开始之前，选手应参加【选手会议】，以了解比赛中可能存在的任何特殊情况，包括额外的洞、替补开盘区、替补目标位置、界外区、规定路线和指定投掷区。

（2）如果选手未能正确地按照规定的顺序完成比赛中的每一个洞，或者从一个不正确的投掷点处投掷，即为【错误比赛】。

（3）如果在记分卡提交后发现错误比赛，选手将被加罚两盘。

（4）站位违规和试投不是错误比赛。

（5）根据《赛事手册》第 3.03 节，故意在比赛中以错误的比赛方式获得竞争优势的选手可被取消参赛资格。

（6）错误比赛的类型：

①投掷点不正确。选手是从一个不正确的投掷点投掷的。例如，选手：

a. 从不属于当前洞的开盘区开盘；或者

b. 从其他不是由自己投掷出的飞盘建立的投掷点投掷；或者

c. 将出界的飞盘视为界内继续比赛；或者

d. 从错过规定路线的飞盘建立的投掷点处投掷；或者

e. 把缓冲区当作非缓冲区并进行投掷。

如果错误比赛之后没有继续投掷，该错误比赛可被忽略。选手继续从正确的投掷点投掷，并为错误比赛加罚一盘。如果在错误比赛后再次投掷，选手可继续比赛，但须加罚两盘。

②目标错误：选手使用不属于本洞的目标完成比赛。如果选手没有继续投掷，则比赛从所产生的投掷点继续。如果使用了目标筐为掷准目标，则飞盘视为在场地表面之上并根据 805.01.（3）比赛。如果选手已经在下一开盘区开盘了，将会因为错误比赛加罚两盘。

③未能完成一个洞：选手没有完成上一洞时就在下一洞上投掷或完成一轮比赛。错误比赛的洞的得分是在该洞上投掷的数量，加罚两盘（因为错误比赛），再加罚一盘（完成未完成洞所需）。故意不完成洞会导致退赛。

④未按照正确顺序比赛：选手已经以错误的顺序完成了一个洞的比赛。之后的比赛中，选手须按照正确的顺序进行。不管在该轮比赛中选手错序完成几个洞的比赛，都将因为错误比赛在该选手的总得分上加罚两盘。任何已完成的洞的得分不做更改。

⑤由于迟到或缺席而错失比赛：如果一个选手在轮到自己投掷时缺席，并且至少在30秒内未出现，那么该选手不得在该洞再进行投掷。选手在该洞的成绩为标准得分加四。【标准得分】是在正常天气条件下，高水平的掷准飞盘选手在相应的洞上进行零失误比赛时应该取得的分数，该标准由负责人决定。对于迟到的判定，请参见《赛事手册》第1.05.（2）节。

⑥遗漏比赛：一轮比赛已经完成，但选手漏掉了一个或多个洞的比赛。对于遗漏的赛道，选手的得分为标准得分加四。

⑦错误洞：选手完成了不属于该轮比赛的洞，而没有完成规定的洞。该选手在正确洞的得分上加罚两盘。

⑧多余洞：选手完成了不属于该轮比赛的洞。在该选手的总得分上加罚两盘。完成的多余洞的投掷不计算在成绩内。

⑨错误的起始洞或选手组：选手在错误的洞或选手组里开始了比赛，而不是该选手被分配的起始洞或选手组。选手继续比赛，在第一洞比赛得分上加罚两盘。

812 礼仪

（1）选手不可：

①进行伤及其他人员，或是干扰其他选手的飞盘投掷；

②未经同意不按顺序投掷，或是影响另一位选手；

③做出干扰他人或缺乏体育精神的行为，例如：

a. 大声喊叫（提醒飞盘将打到别人的叫喊除外）；

b. 辱骂他人；

c. 击打、踢踹、丢弃公园、场地或其他选手的设施和装备；

d. 其他选手投掷时移动或讲话；

e. 冒险向远处选手进行投掷。

④把设备放在可能影响其他选手或阻挡飞盘行进的地方；

⑤乱扔垃圾，包括烟头等；

⑥抽烟产生烟雾，影响其他选手。

（2）选手必须：

①遵照规范行事，包括：

a. 帮助寻找遗失的飞盘；

b. 按照要求移动设备；

c. 公正记分。

②监督同组其他选手投掷，确保投掷符合规则，并帮助确定飞盘位置。

（3）当选手违反任一礼仪规范时，将受到警告。在之后的同一轮比赛中，该选手每一次违反礼仪规范，将加罚一盘。违反礼仪规范的行为可由任何受影响的选手提出或指认，也可由裁判提出或指认。对于反复违反礼仪规范的选手，赛事主管有权取消其参赛资格。

813 装备

813.01 不合格飞盘

（1）比赛中使用的飞盘必须符合 PDGA 技术标准中规定的所有条件。

（2）生产后经过改造，改变其原来的飞行特性的盘，为不合格盘，比赛过程中造成的磨损以及对飞盘适度磨光以使缓和成型缺陷或刮擦除外。过度磨光或用可检测到厚度的材料涂在飞盘上，为不合格盘。只有当负责人宣布夜间或雪地游戏时，才允许在飞盘上添加装置使其更容易被找到（如灯、丝带或彩色粉尘）。

（3）破裂或有洞的飞盘，不合格。

（4）除非负责人批准，否则被选手或裁判质疑的飞盘视为不合格。

（5）在比赛时投掷不合格飞盘的选手加罚两盘。反复抛出不合格飞盘的选手可能会根据 PDGA《赛事手册》第 3.03 节的规定被取消比赛资格。

（6）比赛中使用的所有飞盘，除了小型标记飞盘外，都必须被特殊标记。选手首次使用未标记飞盘时会受到警告。之后，每使用一次未标记飞盘，加罚一盘。

813.02 不合格器具

（1）选手不得使用直接协助投掷的任何装置。允许使用能减少或控制对皮肤磨损的器具（如手套、胶带、绷带或纱布）和医疗用品（如膝盖或脚踝支架）。不允许放置物体作为定向辅助工具。只要在压缩时厚度不超过一厘米，就可以将诸如毛巾或垫的物品放在投掷点上。

（2）被选手或裁判质疑的器具是不合格的，除非经负责人批准。

（3）在一轮比赛期间的任意时刻使用不合格器具被发现，该选手将被加罚两盘。反复使用不合格器具的选手可能会根据 PDGA《赛事手册》第 3.03 节被取消参赛资格。